Urban | Kohlhammer
Taschenbücher

Grundrisse der Erziehungswissenschaft

Herausgegeben von Jörg Dinkelaker, Merle Hummrich, Wolfgang Meseth, Sascha Neumann und Christiane Thompson

Die Autorin

Prof. Dr. Christiane Hof lehrt an der Goethe-Universität Frankfurt am Main mit den Schwerpunkten Erwachsenenbildung/Weiterbildung.

Christiane Hof

Lebenslanges Lernen

Eine Einführung

2., überarbeitete Auflage

Verlag W. Kohlhammer

2., überarbeitete Auflage 2022

Alle Rechte vorbehalten
© W. Kohlhammer GmbH, Stuttgart
Gesamtherstellung: W. Kohlhammer GmbH, Stuttgart

Print:
ISBN 978-3-17-042137-0

E-Book-Formate:
pdf: ISBN 978-3-17-042138-7
epub: ISBN 978-3-17-042139-4

Vorwort der Herausgebenden

Die »Grundrisse der Erziehungswissenschaft« verfolgen angesichts der zunehmenden Ausdifferenzierung und Pluralisierung von pädagogischen Feldern und wissenschaftlicher Grundlagen den Anspruch einer begrifflich-systematischen Einführung in die Erziehungswissenschaft. Die Reihe führt in erziehungswissenschaftliche Teildisziplinen und Forschungskontexte ein, wobei ihr Bezug zu pädagogisch-professionellen Feldern eine besondere Berücksichtigung erfährt. Im Sinne gesellschafstheoretischer Reflexion greift die Reihe z. B. auch zeitgenössische Schlüsselprobleme der erziehungswissenschaftlichen und pädagogischen Reflexion auf.

Die »Grundrisse der Erziehungswissenschaft« zielen darauf ab, widerstreitende Auffassungen in Forschung, Theoriebildung und Praxis als Teil erziehungswissenschaftlicher Selbstverständigung zu vermitteln und auf gesellschaftliche Wandlungsprozesse, Problemstellungen und Konflikte zurückzubeziehen. Ein Nachdenken über Erziehung, Bildung und Lernen erfordert gleichermaßen eine breite Einbettung in die wissenschaftliche Diskurslandschaft wie in andere gesellschaftliche Kontexte (Politik, Wirtschaft, Religion, Medizin). Indem die »Grundrisse« auch die historische Genese, die epistemologischen Konturen und öffentlichen Geltungsbedingungen erziehungswissenschaftlichen Wissens und pädagogischer Semantiken aufgreifen, eröffnen sie überdies eine kritische Reflexion ihrer Methoden und Wissensformen.

Herausgebende
Jörg Dinkelaker (Martin-Luther-Universität Halle-Wittenberg)
Merle Hummrich (Goethe-Universität Frankfurt am Main)
Wolfgang Meseth (Goethe-Universität Frankfurt am Main)
Sascha Neumann (Eberhard Karls Universität Tübingen)
Christiane Thompson (Goethe-Universität Frankfurt am Main)

Vorwort zur zweiten Auflage

Das Thema Lebenslanges Lernen ist schon seit den 1960er Jahren auf der Agenda der Bildungspolitik und wird seit Ende des 20. Jahrhunderts zunehmend in der pädagogischen Praxis wie auch der erziehungswissenschaftlichen Forschung aufgegriffen. Manche sprechen unterdessen auch von der Selbstverständlichkeit des Lebenslangen Lernens. Zugleich aber mehren sich zweifelnde Stimmen, die etwa fragen: »Lifelong Learning Will Be the New Normal – But Are We Ready?« (PEW Trendmagazin).[1]

In dieser Situation scheint es passend, dass sich die Herausgebenden dieser Reihe und der Verlag dazu entschieden haben, eine aktualisierte Neuauflage des Bandes »Lebenslanges Lernen« zu publizieren.

Ich habe in der Überarbeitung weiterhin das Konzept verfolgt, das Thema in seinen vielfältigen Dimensionen zu beleuchten und dabei neuere Entwicklungen aufzugreifen. Dieser Ansatz soll dazu beitragen, allzu einfache Perspektiven zu vermeiden. So wäre sicherlich verkürzt, die gegenwärtige Aufmerksamkeit, die dem Lebenslangen Lernen gewidmet wird, allein der Digitalisierung zuzuschreiben. Ebenso reicht es wohl nicht, allein die individuellen Kompetenzen für lebenslange Lernprozesse zu fokussieren. Vielmehr gilt es gesellschaftliche, technologische, institutionelle und individuelle Faktoren zu berücksichtigen – und zugleich pädagogische Fantasie und Kreativität in der Unterstützung Lebenslangen Lernens zu ermöglichen.

Die vorliegende aktualisierte Neuauflage möchte hierzu einen Beitrag leisten, indem sie die vielfältigen Aspekte des Themas anspricht und Perspektiven zur analytischen und pädagogisch-praktischen Bearbeitung

---

1 https://www.pewtrusts.org/de/trend/archive/spring-2020/lifelong-learning-will-be-the-new-normal-but-are-we-ready

eröffnet. Dabei ist allerdings einschränkend zu sagen, dass aufgrund der Breite und Komplexität des Lebenslangen Lernens manche Lücke bleiben wird. Aber es passt ja zum Thema, dass die Beschäftigung mit dem Lebenslangen Lernen ein lebenslanger und damit auch unabschließbarer Prozess ist.

München/Frankfurt im November 2021
Christiane Hof

Inhalt

Einleitung

Eine Beschäftigung mit dem Thema des Lebenslangen Lernens erscheint auf den ersten Blick erklärungsbedürftig – stellt doch das Lebenslange Lernen kein neues Phänomen dar. Vielmehr ist davon auszugehen, dass die Menschen sich im Laufe ihres Lebens schon immer neues Wissen und Fertigkeiten angeeignet haben. So zeigt etwa die Redewendung ›man lernt nie aus‹, dass »die Vorstellung von einem kontinuierlichen und periodisch-situativen Lernen während des ganzen Lebens dem Alltagsbewußtsein geläufig ist« (Dräger 1979, S. 114).

Vor dem Hintergrund dieser Selbstverständlichkeit des Lernens über die gesamte Lebensspanne ist es umso bemerkenswerter, dass diesem Phänomen gegenwärtig eine derartig große Aufmerksamkeit geschenkt wird. Die Hintergründe und Implikationen dieses Diskurses sollen in vorliegender Einführung dargestellt und erörtert werden.

Bei genauerem Hinsehen erweist sich die Situation dabei allerdings als recht unübersichtlich. So verweist das Lebenslange Lernen zum einen auf ein Verb, das den Prozess der Aneignung von Wissen, Fertigkeiten und Fähigkeiten beschreibt. In dieser Perspektive wird herausgestellt, dass Menschen im Laufe ihres ganzen Lebens lernen. Das Lebenslange Lernen beschreibt hier den Prozess der individuellen Aneignung und Verarbeitung von (neuen) Informationen. Dieses Lernen kann deskriptiv beschrieben und in seinen individuellen, organisatorischen oder gesellschaftlichen Bedingungen untersucht werden – es kann aber auch mit normativen Implikationen versehen werden (vgl. Leicester/Parker 2001). Dann gilt nur die Aneignung solchen Wissens als Lebenslanges Lernen, das als wertvoll angesehen wird.

Für die anderen ist das Lebenslange Lernen ein Substantiv, das als weitreichendes Reformkonzept (vgl. Schuetze 2005a) die Zukunft des

Lernens bestimmen wird. Allerdings ist die konkrete Ausgestaltung dieses Verständnisses vom Lebenslangen Lernen als Konzept nicht eindeutig. So verfolgt dieses Konzept für die einen eine sozial-utopische Zielsetzung und verspricht eine gleichere und freiere Gesellschaft, in der Lernen und Wissen eine zentrale Rolle spielen. Für die anderen ist das Lebenslange Lernen nichts anderes als ein Synonym für die Erwachsenen- oder Weiterbildung: »Lebenslanges lernen ist Weiterbildung, bedeutet Weiterlernen, lebenslang oder zumindest berufslebenslang« (Schuetze 2005b, S. 56).

Um Klarheit in diesen doch recht verworrenen Diskurs zu bringen, sollen im Folgenden verschiedene Perspektiven unterschieden und in ihren grundlegenden Ansätzen charakterisiert werden. Dabei gehe ich davon aus, dass das Phänomen des Lebenslangen Lernens, welches nicht nur von Brödel (1998) als anthropologisches Phänomen bezeichnet wird, Mitte des 20. Jahrhunderts zu einem öffentlichen Problem geworden ist. Das heißt, dass es vorher nicht – oder zumindest nicht zentral – als etwas angesehen wurde, das fraglich ist und besonderen Nachdenkens oder Handelns bedurfte. Die Feststellung, dass das Lebenslange Lernen zum Problem geworden ist, impliziert, dass es als Erkenntnis- und als Handlungsproblem angesehen wurde und wird (vgl. zu diesem Ansatz auch Weisser 2002, S. 11).

Fokussiert man das Lebenslange Lernen als Handlungsproblem, dann lassen sich zwei zentrale Perspektiven unterscheiden. Auf der einen Seite stellt sich die bildungspolitische Frage der Gestaltung von sozialen und institutionellen Bedingungen und auf der anderen Seite die pädagogisch-didaktische Frage, wie Lernumgebungen zu gestalten sind, damit individuelles Lernen möglich wird.

Der bildungspolitischen Perspektive kommt eine besondere Bedeutung bei der Etablierung des Lebenslangen Lernens im öffentlichen Diskurs zu. Vor allem die Reporte großer internationaler Organisationen orientieren sich seit den 1970er Jahren am Lebenslangen Lernen als Prinzip für die Bewältigung gesellschaftlicher Wandlungsprozesse. Ausgangspunkte der Argumentation sind dabei vor allem die Diagnose einer sich etablierenden Wissens- und Informationsgesellschaft und die Annahme, dass das traditionelle Kompetenz-Vorrats-Modell der Erziehungs- und Bildungssysteme den Anforderungen zukünftiger Lebensverhältnisse nicht mehr genügen könne. Eine Neuorientierung müsse sich am Konzept des Lebenslangen Lernens ausrichten. Die Bildungspolitik möchte hierzu Perspektiven zur Gestaltung von institutionellen Rahmenbedingungen formulieren.

Wie der bildungspolitische nimmt auch der pädagogische Diskurs seinen Ausgangspunkt bei einer Beschreibung der gegenwärtigen Erziehungssituation und fordert eine Reform des Erziehungs- und Bildungssystems. Allerdings rückt hier die Frage in den Mittelpunkt, wie Bildungsangebote über die gesamte Lebensspanne pädagogisch gestaltet werden können (vgl. Arnold 2000). Der Fokus wird dabei nicht mehr nur auf Bildungseinrichtungen und die dort stattfindenden formellen, professionell gestalteten Lehr-Lern-Arrangements gerichtet. Vielmehr soll nun auch das Lernen in intermediären Einrichtungen (am Arbeitsplatz, im Museum, im Internet etc.) pädagogisch gestaltet werden.

Betrachtet man demgegenüber das Lebenslange Lernen als Erkenntnisproblem, dann gilt es, die empirischen und theoretischen Zugänge zur Analyse des Phänomens zu untersuchen. Es stellt sich also die Frage, was wir empirisch über lebenslange Lernprozesse wissen und welche Forschungsparadigmen hier zur Anwendung kommen. Die Einbeziehung empirischer Untersuchungen ist besonders wichtig, um die zum Teil sehr normativ geführte Diskussion durch konkrete Forschungsergebnisse zu unterfüttern bzw. zu differenzieren.

Nicht zuletzt gilt es aber auch, die theoretische Diskussion aufzugreifen. Dies betrifft zum einen die Frage der Begriffsbildung und zum anderen die Implikationen, die sich für Erziehungswissenschaft und Bildungsforschung aus der Hinwendung zum Lebenslangen Lernen ergeben. Anzusprechen sind in diesem Zusammenhang etwa die traditionellen Unterscheidungen zwischen dem Lernen Erwachsener und dem Lernen der Kinder, zwischen Lernen und Arbeiten, zwischen Lernen und Leben. Diese werden im Kontext des Diskurses über das Lebenslange Lernen problematisiert und öffnen den Blick für eine Perspektive, die das Lernen im Lebenslauf in den Mittelpunkt rückt.

Die vorliegende Einführung beleuchtet das Lebenslange Lernen in seinen vielfältigen Dimensionen. Im *ersten Kapitel* wird herausgearbeitet, dass das Lebenslange Lernen zwar als gleichsam natürliches, mit dem Leben konstitutiv verbundenes Phänomen anzusehen ist, dass diese Selbstverständlichkeit des Lebenslangen Lernens aber mit der Etablierung eines gesellschaftlichen Diskurses zu diesem Thema verloren gegangen ist (▶ Kap. 1). Nun bildet das Lebenslange Lernen den Gegenstand eines Diskurses, in dem das Lernen des Einzelnen, die Inhalte und Formen, die Ziele und Funktionen sowie die sozialen und institutionellen Kontexte des Lernens beschrieben, konzipiert und normativ gefordert werden. Die Einbettung des Lebenslangen Lernens in den gesellschaftlichen Kontext wird besonders deutlich, wenn es in einer historischen Perspektive beleuchtet wird. Das *zweite Kapitel* erörtert das Lebenslange Lernen als bildungspolitisches Programm (▶ Kap. 2) und das *dritte Kapitel* beschreibt es als Herausforderung für die pädagogische Praxis (▶ Kap. 3). Im *vierten Kapitel* werden zentrale empirische Befunde vorgestellt (▶ Kap. 4) und das *fünfte Kapitel* befasst sich mit den theoretischen Herausforderungen, die die Hinwendung zum Lebenslangen Lernen für Erziehungswissenschaft und Bildungsforschung zur Folge hat (▶ Kap. 5). Im abschließenden *sechsten Kapitel* geht es darum, (neue) berufliche Tätigkeitsfelder für Pädagoginnen und Pädagogen im Feld des Lebenslangen Lernens aufzuzeigen (▶ Kap. 6). Auf diese Weise sucht die vorliegende Einführung nicht nur eine Einbettung dieses Phänomens in verschiedene Kontexte, sondern auch einen Beitrag zur Weiterentwicklung der erziehungswissenschaftlichen Diskussion.

1 Systematische und historische Annäherungen an das Lebenslange Lernen

1.1 Diskurs und Phänomen Lebenslanges Lernen

Eine Einführung zum Thema »Lebenslanges Lernen« steht vor der Aufgabe, die zentralen Begriffe definieren zu müssen. Dies erweist sich allerdings im Zusammenhang mit der vorliegenden Thematik als nicht einfach, da sich der Begriff des Lebenslangen Lernens sowohl auf das *Phänomen des Lernens* bezieht als auch auf den öffentlichen *Diskurs über das Lernen*. Darüber hinaus sind sowohl das Lernen als auch der Diskurs über das Lernen eingebettet in den je konkreten historisch-gesellschaftlichen Zusammenhang – dies manifestiert sich nicht nur im Wandel des Lernens, sondern auch in einem Wandel des Verständnisses vom Lebenslangen Lernen.

Im Blick auf das Phänomen des Lernens verweist der Begriff des Lebenslangen Lernens darauf, dass Menschen im Verlauf ihres Lebens lernen und dass es sich dabei um ein ganz alltägliches Phänomen handelt. Will man diese Seite des Lebenslangen Lernens beschreiben, dann ist ein umfassendes Lernverständnis erforderlich, welches das Lernen des Menschen über den gesamten Lebenslauf und in seinen verschiedenen Formen wie auch vielfältigen Inhalten umfasst. Der Begriff beschreibt somit alle Formen des Lernens über die gesamte Lebensspanne.

Dieses Verständnis vom Lebenslangen Lernens wird unterstellt, wenn darauf verwiesen wird, dass Menschen sich im Laufe ihres Lebens immer wieder neues Wissen aneignen, neue Probleme lösen und Situationen bewältigen, neue Erfahrungen machen und diese verarbeiten, neue Fähigkeiten und Fertigkeiten erwerben. Die Aussage, dass das Lernen über die gesamte Lebensspanne zu den Grunderfahrungen des Menschen gehört, gilt nicht nur für den modernen Menschen, der sich aufgrund rasanter technischer und sozialer Veränderungen immer wieder an veränderte Situationen anpassen muss. Auch in der Geschichte finden sich vielfach Beispiele für die Allgegenwart lebenslanger Lernprozesse (vgl. Casale/ Oelkers/Tröhler 2004, Dräger 1979, Kell 1996, Knoll 2007).

Die Selbstverständlichkeit Lebenslangen Lernens lässt sich zum einen aus der Tatsache erklären, dass Lernen eine biologisch und evolutionär bedingte Notwendigkeit darstellt. Denn – wie die Pädagogische Anthropologie dies formuliert – der Mensch ist als »Mängelwesen« (Gehlen 1986, S. 17) zu begreifen, der seine Lebens- und Handlungsfähigkeit lernend zu erwerben hat. Evolutionstheoretisch betrachtet erfordert ein Überleben die Anpassung des Menschen an die Umwelt. Dies geschieht durch die Aneignung von Fertigkeiten und Kenntnissen. Die Entwicklung neuer Kompetenzen orientiert sich dabei an den Anforderungen und Situationen der unmittelbaren Umwelt. In diesem Sinne ist Lernen ein lebenslang notwendiger Prozess (vgl. Gerlach 2000, S. 157) und ein konstitutiver Teil der sozialen Realität (vgl. Kell 1996, S. 48). Leben ist gleichsam identisch mit Lernen (vgl. Lengrand 1972, Singh 2002, S. 17) – eine Sichtweise, die schon Dewey unter dem Theorem der konstitutiven Verbindung von Bildung und Erfahrung ausgeführt hat (Dewey 1933/1986, 2000).

Darüber hinaus ist das Lebenslange Lernen aber auch Gegenstand des öffentlichen Diskurses. So lässt sich seit den 1970er Jahren und verstärkt seit den 1990er Jahren eine explizite Thematisierung des Lebenslangen Lernens feststellen. In diesem Zusammenhang sind vor allem die bildungspolitischen Konzepte zu nennen, die das Lebenslange Lernen als »neue« Antwort auf den beschleunigten Wandel der Lebensverhältnisse im 20. Jahrhundert »entdeckt« haben. Vor allem die supranationalen Organisationen wie die UNESCO und die OECD haben das Thema auf die Agenda gebracht (▶ Kap. 2). Lebenslanges Lernen tritt dabei nicht mehr allein als Grundlage menschlichen Lebens auf, sondern erfährt eine strategische und funktionale Zuspitzung. Nun wird die Frage in den Mittelpunkt gerückt, welche Bedeutung dem Lebenslangen Lernen für die Bewältigung gesellschaftlicher Probleme zukommt. Das Thema ist damit nicht das Phänomen des Lernens im Lebenslauf, sondern das Lernen in seiner Funktion für die Gesellschaft oder gesellschaftliche Teilsysteme (zu den Kennzeichen funktionaler Argumentation vgl. Weisser 2002).

Betrachtet man das Lebenslange Lernen als Diskursphänomen, dann rückt die Art und Weise in den Mittelpunkt, in der über das Lernen gesprochen wird. In diesem Zusammenhang ist nicht nur das Aufkommen eines eigenständigen Diskurses zum Lebenslangen Lernen interessant, sondern auch die Tatsache, dass sich das Verständnis vom Lebenslangen Lernen im zeitlichen Verlauf verändert hat.

Beide Dimensionen des Begriffs, das Lebenslange Lernen als Lernphänomen wie auch als Diskursphänomen, müssen in ihrem Zusammenhang und auch in ihrer Einbettung in den historisch gesellschaftlichen Kontext gesehen werden. So wäre es etwa verkürzt, die zunehmende Verbreitung der Idee des Lebenslangen Lernens allein dem politischen Diskurs und der darin fokussierten funktionalen und gegenwärtig vor allem ökonomischen Argumentation zuzuschreiben. Vielmehr ist auch eine (stille) Durchsetzung Lebenslangen Lernens als biografische Realität zu konstatieren, die den politischen Diskurs flankiert (vgl. Field 2006, S. 4). Der eigentliche »Siegeszug des Lebenslangen Lernens« (Nittel/Schöll 2003, S. 3) gründet insofern nicht nur in einer bildungs- oder europapolitischen Programmatik, sondern vor allem auch in der faktischen Durchsetzung dieses Bildungsprinzips (vgl. Brödel 2003, S. 118).

Insgesamt muss die gegenwärtige Bedeutung des Lebenslangen Lernens als zentrales Bildungskonzept im Kontext verschiedener sozialer wie auch konzeptioneller Wandlungsprozesse gesehen werden. Dabei ist zu beachten, dass sich das Verständnis vom Lebenslangen Lernen im Zuge des historischen Ausbaus institutionalisierter Lernmöglichkeiten verändert hat. Darüber hinaus haben verschiedene gesellschaftliche Entwicklungstrends (vgl. Alheit/Dausien 2016, sowie Field 2006) und nicht zuletzt die Fortentwicklung der (Weiter-)Bildungsforschung selbst zu dem »erstaunlichen Paradigmenwechsel« (Alheit/Dausien 2016, S. 2) geführt, der das Lebenslange Lernen nun zu neuem Leben erwachen ließ.

1.2 Historische Veränderungen des Lebenslangen Lernens

1.2.1 Vom individuellen Lernen im Lebenszusammenhang zur Fokussierung des Lernens in Bildungseinrichtungen

Betrachtet man das Lebenslange Lernen in historischer Perspektive, dann ist es nicht nur als selbstverständliches Phänomen anzusehen, sondern auch in seiner Einbettung in den jeweiligen gesellschaftlichen Kontext zu betrachten. Eine historische Betrachtung fokussiert demzufolge die Rahmenbedingungen des Lebens und des Lernens. Sie eröffnet damit einen differenzierteren Blick auf unterschiedliche Lernformen (vgl. hierzu auch die Arbeiten zur historischen Anthropologie: Casale/Oelkers/Tröhler 2004, Tröhler 2004).

In diesem Zusammenhang ist zu konstatieren, dass Lernen in *vor*modernen Gesellschaften zumeist eingebunden in den Lebenszusammenhang stattfand (vgl. Dräger 1976). Im Vordergrund stand das sozialisatorische Lernen, welches als unmittelbares Tradieren der Kenntnisse und Fertigkeiten der älteren Generation an die jüngere beschrieben werden kann. Es zeichnet sich dadurch aus, dass in konkreten Alltagssituationen neues Wissen erworben wird. Mit dem Übergang in die Moderne ändert sich die Situation. Durch die Wandlung von einer feudalen, agrarischen Gesellschaft zu einer bürgerlichen, industriellen Gesellschaft wurden die relative Statik und Unveränderlichkeit des sozialen Lebens aufgebrochen. Insbesondere die Entwicklung neuen Wissens und neuer Techniken führten dazu, dass das Lernen durch Imitation und Teilhabe an der Tätigkeit der Älteren nicht mehr ausreichte. Außerdem bewirkten die beginnende Industrialisierung und der Prozess der Verstädterung, dass viele Menschen anderen Berufen nachgingen als ihre Eltern. Entsprechend war es erforderlich, sich neue Kenntnisse und neue Fertigkeiten anzueignen. In dieser Situation entwickelte sich auf der einen Seite ein Bedürfnis der Menschen nach Information und Wissen, auf der anderen Seite etablierten sich verschiedene Lern- und Bildungsangebote. Neben dem Ausbau der Schule und der Einführung der allgemeinen Schulpflicht sind hier diverse Einrichtungen zu nennen, die im 18. und vor allem im 19. Jahrhundert die Selbstbildung der Erwachsenen unterstützen wollten (vgl. Dräger 1984, Hein 2003). Im Zuge der Etablierung und zunehmenden Ausweitung institutionalisierter Bildungsangebote im 19. Jahrhundert veränderte sich nicht nur die quantitative Anzahl der Lernmöglichkeiten, sondern auch die Qualität des Lernens. Denn zunehmend findet Lernen nun auch außerhalb des konkreten Lebensvollzugs in einer abgetrennten Lernsituation statt. Dies impliziert das Vorhandensein eines oder einer Lehrenden, der bzw. die sich durch einen Wissens- oder Kompetenzvorsprung auszeichnet und dem Adressaten bzw. der Adressatin, der oder die durch entsprechende Wissens- oder Kompetenzdefizite charakterisiert ist, durch geeignete Aktivitäten (Vortragen, Vormachen, Arrangieren, Beraten etc.) zu Lernen und Bildung verhelfen will. Ausgangspunkt des Lernens in einem solchen pädagogischen Arrangement (vgl. hierzu auch Prange/Strobel-Eisele 2015) ist demnach die Hierarchie zwischen einem oder einer Wissenden und einem oder einer weniger Wissenden. Ziel ist die Aufhebung dieser Differenz. Wenn der bzw. die Lernende den Stand des oder der Lehrenden erreicht hat, dann werde er oder sie in der Lage sein, das eigene Leben selbst zu gestalten.

Mit der Entstehung einer Vielzahl von Bildungsinstitutionen, die Angebote zur Bildung Erwachsener machten, vollzog sich somit nicht nur der Ausbau der Erwachsenen- und Weiterbildung als Teil des Bildungssystems, sondern fand auch eine Fokussierung auf das organisierte Lernen statt. Damit verschwand zwar nicht das sozialisatorische Lernen, welches durch unmittelbare Teilhabe an der nun veränderten Kultur und Lebenswelt gekennzeichnet ist, wohl aber veränderte sich die Vorstellung von der relevanten Form des Lernens. So wurde das Augenmerk nun in erster Linie auf organisierte Bildungsangebote gerichtet. Dieser institutionenzentrierte Blick auf die Erwachsenenbildung (Kade/Nittel/Seitter 2007) unterstützte damit (unfreiwillig) die »Generalisierung eines lehrbezogenen Lernbezugs« (Kade/Seitter 2007a, S. 139, im Original hervorgehoben). Lernen erscheint damit als Ergebnis von Lehren und Erwachsenenbildung gilt als Fortsetzung schulisch strukturierten Lernens (vgl. Dräger 1976, S. 69). Dies führt zu einer Ausweitung der ehemals altersmäßig begrenzten Schülerrolle auf den gesamten Lebenslauf eines Individuums – eine Entwicklung, die mit der Wende von der Erwachsenen- zur Weiterbildung dazu führt, dass Erziehungs- und Bildungsangebote nicht mehr auf einzelne Lebensphasen beschränkt, sondern als lebenslang notwendig erachtet werden.

Dieser Fokus auf das Lernen in Bildungseinrichtungen wird auch in der internationalen bildungspolitischen Diskussion der 1970er Jahre aufgegriffen. Insbesondere der englischsprachige Begriff der »lifelong education« bringt die Forderung nach einer Ausweitung institutionalisierter Bildungsangebote über die gesamte Lebensspanne gut zum Ausdruck. So schreibt etwa der UNESCO-Bericht über Ziele und Zukunft unserer Erziehungsprogramme: »Es geht auch nicht mehr darum, punktuell und ein für alle mal Wissen zu erwerben, sondern sich darauf einzustellen, während des ganzen Lebens ein sich ständig entwickeltes Wissen zu erarbeiten und ›leben zu lernen‹.« (Faure 1973, S. 22). Bildung – verstanden als Teilnahme an organisierten Lehr-Lern-Arrangements – ist in diesem Verständnis nicht auf einzelne Lebensphasen begrenzt und kann auch nicht irgendwann abgeschlossen sein, sondern weitet sich auf das ganze Leben aus. Insofern wird auch von »permanenter Erziehung« gesprochen.

1.2.2 Vom Ausbau institutionalisierter Weiterbildung zum Lernen im Lebenslauf

Das Konzept permanenter Erziehung ging davon aus, dass die Teilnahme an Bildungsorganisationen mit ihren curricular strukturierten, die Aneignung systematischen Wissens anstrebenden Bildungsgängen eine Vermittlung von Handlungsfähigkeit für alle Menschen ermöglicht. Nun gab es allerdings vielfache Anzeichen dafür, dass dieses Ziel nicht im erhofften Ausmaß erreicht wird. Genannt seien die theoretischen Einsichten (Illich 1971/2003) und empirischen Befunde, die darlegen, dass eine schlichte Ausdehnung der »Beschulung« nicht zu einer Verbesserung der Lernfähigkeit und Lernbereitschaft führt. So belegen eine Reihe von jüngeren empirischen Studien vor allem in Großbritannien, dass der quantitative Ausbau von Weiterbildungsangeboten ohne die drastische Veränderung der Rahmenbedingungen und der Qualität des Lernprozesses bei

einer Mehrzahl der Betroffenen zu Motivationsverlust und zu einer in-
strumentellen Einstellung zum Lernen führt, die keineswegs das eigenge-
steuerte Weiterlernen in späteren Lebensphasen fördert, sondern eher
unterdrückt (vgl. Alheit/Dausien 2016, S. 9).

Vor dem Hintergrund dieser Einsichten verstärkten sich die Bemühungen um eine Veränderung organisierter Lehr-Lern-Arrangements
(▶ Kap. 3). Den Anknüpfungspunkt hierfür bildete ein Verständnis
vom Lernen, das dieses nicht auf formale Lernprozesse einschränkt, sondern die Bildung Erwachsener auch außerhalb organisierter Erwachsenenbildung einbezieht (vgl. Geißler/Kade 1982).

So hatte schon die OECD 1973 zwischen Education und Learning
unterschieden und herausgestellt, dass mit *Education* alle Formen des
»organised and structured learning confined to an intentionally created
situation« (OECD 1973, S. 17) gemeint sind. Dagegen wird *Learning* definiert als »essential characteristic of the living organism, nessecary for
its survival and evolution« (OECD 1973, S. 17).

Zunehmend wird nun angesprochen, dass Lernen nicht nur in pädagogisch arrangierten Erziehungssituationen stattfindet. Damit wird die
Aufforderung verbunden, dass auch die pädagogische Gestaltung von
Lernprozessen sich an den Merkmalen des alltäglichen Lernens zu orientieren habe – eine Aufforderung, die man zwar schon in den 1970er Jahren in den bildungspolitischen Papieren lesen kann, die aber erst Mitte
der 1990er Jahre Eingang in den deutschen pädagogischen Diskurs gefunden hat (Dohmen 1996). Auch in den bildungspolitischen Programmen der 1990er Jahre wird explizit nicht mehr der Ausbau institutionalisierter Bildungsangebote, sondern die Entwicklung der individuellen
Lernkompetenz gefordert (OECD 1996a, Delors 1996). An die Stelle der
permanenten Erziehung rückt also das Lebenslange Lernen. Dieses finde
nicht nur in formalen Bildungseinrichtungen, sondern auch außerhalb
pädagogisch gestalteter Settings – und damit in Form von informellem
Lernen – statt. Entsprechend liege die Verantwortung für das Lernen
nicht allein bei den Lehrenden, sondern insbesondere bei den Lernenden selbst.

Der Titel des OECD-Berichts »Lifelong Learning for All« bringt die
Veränderung zum Ausdruck, die der Diskurs über das Lebenslange Lernen nimmt: An die Stelle einer Ausweitung institutionalisierter Lernan-

gebote tritt nun die Hinwendung zum Lernen als individueller Tätigkeit. So betont der Bericht »the intrinsic as opposed to instrumental value of education and learning« (OECD 1996a, S. 89). Damit einhergehend wird herausgestellt »the promotion in learners of the personal characteristics required for subsequent learning, including the motivation and capacity to engage in self-managed, independent learning« (ebd., S. 89). Insgesamt geht dies mit einem neuen Lernverständnis einher:

> »Learning as consumption‹ is an imperfect term to describe learning activities that contribute directly to the quality of life rather than aiming mainly to enhance economic potential. The essential difference between learning as consumption and learning als investment is the time perspective. If the education activity is being undertaken with a view to immediate satisfaction, then learning is a consumptive activity. If the learning activity is undertaken with the aim of increasing utility or satisfaction in the future, then the investment motive determines the choice for education.« (ebd., S. 90)

Innerhalb der OECD wird vom lifelong learning als »attitude« gesprochen (ebd., S. 90). Zu dieser Haltung gehören aber nicht nur die Fähigkeit und Bereitschaft zum Weiter-Lernen, sondern auch die Fähigkeit, mit der Vielfalt an Informationen umzugehen. Außerdem bedürfe es der Kompetenz, Problemsituationen zu analysieren und Lösungsvorschläge zu entwickeln. Diese Fähigkeiten habe sich das Individuum vor dem Hintergrund seiner individuellen Voraussetzungen und der konkreten sozialen Anforderungen selbst anzueignen. Da das Lebenslange Lernen als »continuation of conscious learning throughout the lifespan« (ebd., S. 89) nicht nur für die einzelnen Lernenden, sondern auch für die ökonomische, politische und soziale Weiterentwicklung wichtig ist – und da die Möglichkeiten der Teilhabe an lebenslangen Lernprozessen sozial ungleich verteilt sind (▶ Kap. 4) –, ist es erforderlich, dass hierbei auch staatliche und ökonomische Organisationen Unterstützung leisten. Ziel müsse es sein, die sozio-ökonomischen, institutionellen und individuell-dispositionalen Barrieren zum Lebenslangen Lernen abzubauen (vgl. ebd., S. 92ff.). Insgesamt thematisiert der Bericht allerdings nicht die pädagogische Gestaltung von Lernen, sondern die Formen und die Ziele Lebenslangen Lernens als individuelle Aufgabe.

Dieser Wechsel von *education* zum *learning* wird in den 1990er Jahren auch von den anderen supranationalen Organisationen vollzogen

(▶ Kap. 2). Lernen wird nun nicht mehr auf pädagogisch strukturierte Lernangebote in Bildungseinrichtungen begrenzt, sondern in seinen vielfältigen Institutionalisierungsformen ernst genommen.

>»Lebenslanges Lernen umfasst alles formale, nicht-formale und informelle Lernen an verschiedenen Lernorten von der frühen Kindheit bis einschließlich der Phase des Ruhestands. Dabei wird ›Lernen‹ verstanden als konstruktives Verarbeiten von Informationen und Erfahrungen zu Kenntnissen, Einsichten und Kompetenzen« (BLK 2004, S. 13).

Im Mittelpunkt steht somit »jede zielgerichtete Lerntätigkeit, die einer kontinuierlichen Verbesserung von Kenntnissen, Fähigkeiten und Kompetenzen dient« (Memorandum 2000, S. 3).

Insgesamt zeigt sich auch hier deutlich, dass nun die Selbststeuerung der Lernenden betont wird (vgl. Tuijnman/Boström 2002, S. 102). Außerdem wird Lebenslanges Lernen unter der Perspektive der Kontinuität betrachtet: »Beim lebenslangen Lernen werden sämtliche Lernaktivitäten als ein nahtloses, ›von der Wiege bis zum Grab‹ reichendes Kontinuum gesehen.« (Memorandum 2000, S. 9). Damit aber – so lässt sich an dieser Stelle zusammenfassen – ist das Lernen im Lebenslauf zum Bezugspunkt der Rede vom Lebenslangen Lernen avanciert.

Der Perspektivenwechsel, der mit dem terminologischen Übergang von *Education* zu *Learning* einhergeht, manifestiert sich auch in den vorrangigen Themen des Diskurses. So geht es nicht mehr in erster Linie um die Schaffung von Rahmenbedingungen für die pädagogische Gestaltung institutionalisierter Lehr-Lern-Prozesse. Stattdessen wird die ganze Gesellschaft in ihrer Verantwortlichkeit für das Lebenslange Lernen angesprochen. Dies führt zur Thematisierung der vielfältigen Formen des Lernens. Auch werden traditionelle Unterscheidungen des pädagogischen Diskurses abgewertet. So soll die Differenz zwischen Lernen und Arbeiten ebenso eingeebnet werden wie die Unterscheidung zwischen Erstausbildung und Weiterbildung, sozialisatorischem Lernen im sozialen Umfeld und systematischem Lernen in Bildungseinrichtungen. Auch sollen der Arbeitsplatz als Bildungsumfeld erkannt und die Kooperation von Bildungssystem und Wirtschaftsunternehmen ausgebaut werden. Nicht zuletzt werden Kultureinrichtungen und Medien als »wirksame Mittel der außerschulischen Weiterbildung oder Erwachsenenbildung anerkannt.« (Memorandum 2000, S. 94). Insgesamt geht die Forderung nach Lebenslangem Lernen also mit einer Entgrenzung einher: »Bildung ist nicht mehr räumlich oder zeitlich begrenzt und kann so selbst zu einer Dimension des Lebens werden.« (ebd., S. 95).

1.3 Gesellschaftliche Hintergründe für die Ausweitung lebenslanger Lernprozesse

Die Veränderungen, die das Verständnis vom Lebenslangen Lernen erfahren hat, dürfen nicht nur als Ergebnis des bildungspolitischen Diskurses verstanden werden. Sie müssen auch in ihren gesellschaftlichen Rahmenbedingungen gesehen werden. So bildete der Übergang von einer vormodernen zu einer modernen Gesellschaft den Kontext für die Einführung der allgemeinen Schulpflicht ebenso wie für die Etablierung vielfältiger Institutionen zur Bildung Erwachsener. Die gesellschaftlichen Entwicklungen im 20. Jahrhundert wiederum stellen den zentralen Hintergrund dar für die Hinwendung zum Lebenslangen Lernen diesseits und jenseits pädagogischer Institutionen. Insbesondere sind hier die Veränderungen von Wissen, Arbeit, Subjektbildung und Zeit zu nennen, auf die im Folgenden kurz eingegangen werden soll.

1.3.1 Anforderungen einer modernen Wissensgesellschaft

Als Hintergrund für die Hinwendung zum Lebenslangen Lernen wird zumeist die Etablierung einer modernen Wissensgesellschaft genannt. Herausgestellt wird dabei die These, dass in der modernen Wissensgesellschaft die Orientierung am wissenschaftlichen bzw. durch Experten geprüften Wissen unabdingbar sei. Die postindustrielle Informations- und Wissenschaftsgesellschaft propagiert demnach das wissenschaftliche Wis-

sen als zentrale Ressource und verweist auf die Veränderung der Berufs-
struktur, die sich durch professionalisierte, akademisch qualifizierte Wis-
sensarbeiter auszeichnet (vgl. Bell 1985, S. 221).

Mit dem Ausbau neuer Informations- und Kommunikationstechniken
wandeln sich – so die Argumentation – darüber hinaus auch die gesellschaftlichen Anforderungen an die Lernbereitschaft der Gesellschaftsmitglieder. Insbesondere die Veränderungen, die sich heute mit dem Stichwort der Digitalisierung beschreiben lassen, verändern Infrastrukturen,
Wirtschaftssysteme und Lebensgewohnheiten (BMBF 1997). Wissenschaftliche und technische Entwicklungen führen darüber hinaus zum
Ausbau wissensbasierten Wirtschaftens (OECD 1996b, S. 7) und Arbei-
tens (Vonhof 2016). Auch dies erfordert die Bereitschaft zu flexibler Um-
und Weiterqualifizierung.

Darüber hinaus wird zunehmend deutlich, dass dieser Hinweis auf
die Beschleunigung der Wissensproduktion in modernen Gesellschaften
nur einen Teil des Phänomens beschreibt. Denn die Entwicklung einer
wissenschaftszentrierten Gesellschaft führt nicht nur dazu, dass wissenschaftlich produziertes Wissen zur zentralen Ressource gesellschaftlicher
Produktion wird, sondern zugleich auch zur Einsicht in die Grenzen
wissenschaftlicher Rationalität. Insofern wird im Zuge der Weiterentwicklung der Wissensgesellschaft zunehmend die scheinbare Objekti-
vität wissenschaftlichen Wissens problematisiert und Wissen in seinem
Kontext betrachtet. Damit rückt der individuelle oder institutionelle
Umgang mit dem Wissen in den Vordergrund. »Wissen« gilt nicht mehr
als »kulturelles Kapital« (Bourdieu), das die gesellschaftlichen Strukturen
bestimmt. Stattdessen avanciert Wissen selbst zu einem Phänomen, das
in seinen gesellschaftlichen Bedingungen und Folgen zu analysieren ist.
Alheit/Dausien beschreiben das »Wissen« der Informationsgesellschaft
folgerichtig als ein *doing knowledge*. Dieses verändert nicht nur die möglichen Steuerungsprozeduren und das Qualitätsmanagement, sondern es
verändert auch den Charakter des Lernens und der Bildung. »Es geht
nicht mehr um Vermittlung und Weitergabe feststehender Wissens-
bestände, Werte und Fertigkeiten, sondern um eine Art ›Wissensosmo-
se‹, um den auf Dauer gestellten Austausch von individueller Wissensproduktion und organisiertem Wissensmanagement.« (Alheit/Dausien
2016, S. 9).

Wissen wird damit als etwas erkannt, das unter Bezugnahme auf spezifische Verfahren formuliert wird. Es handelt sich demnach um eine »Realitätsgewissheit« (Luhmann 1995, S. 166, vgl. auch Heidenreich 2003), die aufgrund sozial akzeptierter Methoden und Verfahren gewonnen wird. Wissen bildet dadurch die Grundlage für Handlungsfähigkeit – ist allerdings auch veränderbar, wenn die als wahr geltenden kognitiven Schemata in der Konfrontation mit der Erfahrung sich als falsch erweisen.

»Kennzeichnend für die Wissensgesellschaft ist die Bereitschaft, tradierte und eingelebte Anschauungen und Erwartungen auf den Prüfstand zu stellen. Die These der Wissensgesellschaft betont, dass in der heutigen Gesellschaft Erwartungen immer häufiger als Wissen behandelt werden, d. h. als lernbereite, prinzipiell veränderbare Erwartungen« (Heidenreich 2002, S. 342).

In diesem Zusammenhang wird auch der Tatsache Aufmerksamkeit geschenkt, dass das Wachstum wissenschaftlichen Wissens mit der Produktion größerer Unsicherheit und dementsprechend mit der Einsicht in die Zerbrechlichkeit und Kontingenz von Wissen einhergeht (vgl. Stehr 2000). Damit bekommt die Fähigkeit zum Umgang mit Wissen – einschließlich des Umgangs mit Nicht-Wissen (vgl. Helsper/Hörster/Kade 2003, Kade/Seitter 2007b) und der Kompetenz zur Reflexion von Wissen – eine herausragende Bedeutung. Zugleich wird dadurch aber auch die Frage aufgeworfen, wie Menschen dieser neuen Anforderung entsprechen können, wie und wo sie die hierfür notwendigen Kompetenzen erwerben können. Die Idee des Lebenslangen Lernens verspricht eine Antwort auf diese neue Herausforderung.

1.3.2 Veränderung der Arbeit in der spätmodernen Gesellschaft

Im Laufe des 20. Jahrhunderts nahm die *Lebensarbeitszeit* kontinuierlich ab. Lag 1906 die durchschnittliche Arbeitszeit im Jahr noch bei ca. 2900 Stunden, so waren es 1946 nur noch 2440 und 1988 nur noch 1899 Stunden (vgl. Hall 1999, S. 427, zit. nach Alheit/Dausien 2016, S. 7). Auch die *Struktur der Arbeitsplätze* hat sich verändert: So wird ein Wandel konstatiert von industriellen Arbeitsplätzen hin zum Dienstleistungssektor. Für die Ausbreitung des Lebenslangen Lernens relevanter ist in diesem Zusammenhang wahrscheinlich die Computerisierung der Arbeitsplätze. Die vielfältigen Veränderungen im Kontext von Arbeit lassen sehr anschaulich werden, wie viel Neues Menschen aller Altersstufen in den vergangenen Jahren lernen mussten. Die Ausbreitung der EDV ist auch ein anschauliches Beispiel für den ständigen und beschleunigten Wandel, dem die berufliche Arbeit unterliegt (vgl. hierzu zusammenfassend Baethge/Baethge-Kinsky 1998) und der unterdessen unter dem Label *Arbeit 4.0* diskutiert wird.

Blickt man auf die Veränderungen von Arbeit, dann zeigt sich, dass neben der Digitalisierung vor allem eine zunehmende Wissensbasierung vielschichtige Veränderungen in den Arbeitsbedingungen wie auch den Arbeitsaufgaben mit sich bringt. Auffallend ist dabei die zunehmende Notwendigkeit, sich aktiv mit neuen Herausforderungen zu befassen und die Arbeit aktiv zu gestalten. So ist etwa laut dem sechsten »*European Survey on Working Conditions*« (Eurofound 2017) das Lösen unvorhergesehener Probleme für 84 % der Befragten (N = 21.500) real, 78 % müssen ihre eigene Arbeit bewerten, 71 % neue Dinge lernen und 61 % komplexe Aufgaben bearbeiten. Da alle diese Anforderungen die Produktion und Reflexion von Wissen erfordern, lässt sich von einer großen Bedeutung wissensbasierter Arbeitstätigkeiten sprechen – wobei herauszustellen ist, dass diese Anforderungen zwar verstärkt, aber keineswegs ausschließlich bei gehobenen und hochqualifizierten Tätigkeiten vorkommen.

Auch die Entscheidungsspielräume – bezogen auf Arbeitsabläufe, Geschwindigkeit und Methoden – schätzen 68 % bis 71 % der Befragten als hoch ein. Dies verweist auf erforderliche Selbstorganisations- und Reflexionskompetenzen.

Das aber bedeutet, dass die Menschen über höhere Basisqualifikationen verfügen müssen, um an modernen Arbeitsplätzen tätig sein zu können – Qualifikationen, die heute eben nicht mehr allein in der Schule und der beruflichen Ausbildung erworben werden können, sondern im Zuge Lebenslangen Lernens fortlaufend aktualisiert werden müssen.

Darüber hinaus wird darauf hingewiesen, dass die Menschen durch die Automatisierung am Arbeitsplatz aus Routinetätigkeiten verdrängt werden, die Computerisierung neue Lesefähigkeiten erfordert und Reflexions- und Problemlösungskompetenzen zunehmend bedeutsam werden. Im Kontext der Diskussion um das sog. agile Lernen und Arbeiten (Vonhof 2019) werden entsprechend Fähigkeiten zum zielgerichteten und teamorientierten Arbeiten, zur kritischen Analyse von Informationen, zur Reflexion und Lösung komplexer Probleme erwartet.

Nicht zuletzt ist festzuhalten, dass *diskontinuierliche Erwerbsverläufe* zunehmend selbstverständlich werden – und dies kann sich auf Phasen der Arbeitslosigkeit ebenso beziehen wie auf einen Wechsel von Berufs- und Fortbildungs- oder Familienphasen oder auf einen Wechsel in den Arbeitstätigkeiten und (un-)freiwilligen Berufsabbrüchen. Diese Entwicklungen haben die Erwartungen an das klassische Lebenslaufregime irritiert (vgl. Kohli 1985, 2002) und individuelle Lebensplanung wesentlich riskanter gemacht (vgl. z. B. Heinz 2000).»Lebenslanges Lernen bietet sich hier als innovatives Steuerungsinstrument notwendiger Lebenslaufpolitiken geradezu an« (Alheit/Dausien 2016, S. 8). So haben die steigende Lebenserwartung sowie das frühere Ausscheiden aus dem Erwerbsprozess sowie häufige Wechsel in den Erwerbsbiografien zu einer steigenden Nachfrage nach Lernmöglichkeiten – insbesondere im persönlichkeitsbildenden Bereich – geführt (vgl. Halimi 2000, S. 16f.).

1.3.3 Individualisierung und reflexive Modernisierung als Motor für Lebenslanges Lernen

Die Notwendigkeit zur Hinwendung zum Lebenslangen Lernen resultiert nicht zuletzt auch aus gesellschaftlichen Veränderungsprozessen, die Ulrich Beck mit dem Label der Individualisierung und reflexiven Modernisierung umschrieb (Beck 1986). Herausgestellt wird dabei, dass sich in modernen Gesellschaften die Bindungen der Individuen an soziale Milieus und klassische Mentalitäten gelockert und sich die Wahl- und Entscheidungsmöglichkeiten der Gesellschaftsmitglieder vervielfacht haben. Für die Einzelnen führen diese Freiheiten zugleich zu der Notwendigkeit, die je konkrete Lebenssituation zu analysieren und zu gestalten, verschiedene Erfahrungs- und Handlungsfelder miteinander zu verknüpfen und zum Teil unvereinbar erscheinende Zumutungen und Anforderungen verschiedener Lebensbereiche in der eigenen alltäglichen Lebensführung auszubalancieren. Damit verbunden ist – so die These von der »reflexiven Modernisierung« – die Notwendigkeit kontinuierlicher Reflexivität der eigenen Handlungen sowie die Fähigkeit, sich neue flexible Kompetenzstrukturen anzueignen. Hierfür aber seien lebenslange Lernprozesse unabdingbar (vgl. Alheit/Dausien 2016, S. 10f., vgl. auch Hurrelmann 2003).

Die zunehmende Bedeutung einer Bearbeitung der Fragen individueller Weiterentwicklung, Identitätsfindung und Sinnsuche (vgl. Wiesner/Wolter 2005, S. 24) zeigt sich etwa darin, dass die Nachfrage nach Lernmöglichkeiten im persönlichkeitsbildenden Bereich massiv angestiegen ist (vgl. Halimi 2000, S. 16f.) In der Erwachsenenbildungsforschung wird diese neue Funktion mit dem Hinweis auf die Bedeutung von Orientierungswissen versehen (Fell/Feuerlein-Wiesner 2002, Friedenthal-Haase 1998).

Zu dieser Situation passt auch die Entwicklung eines Bildes vom Erwachsenen als einem sich ständig (neu) entwerfenden Menschen, »der in der Verflüssigung des fest gefügten Selbst seinen eigenen Lebenslauf dauernd rekonstruiert und neu schreibt.« (Seitter 2001, S. 93). Das »alte, eindimensionale, auf Kontinuität ausgerichtete Lebensverlaufsbild der Schule-Arbeit-Familie-Ruhestand-Sequenz« (Baltes 2001, S. 29) gilt als überholt. Diese »lineare Sequenzierung« des Lebenslaufs wird ersetzt durch eine »dynamische Parallelisierung« des Lebensverlaufsbildes. Demzufolge wird betont, dass Biografien nicht mehr in Phasen verlaufen, sondern beispielsweise in der Arbeitsphase noch eine Schule besucht wird oder im Ruhestand weiter – etwa ehrenamtlich – gearbeitet wird.

1.3.4 Beschleunigung des Lebenstempos

Im Kontext der Diagnose einer modernen Wissensgesellschaft wird immer wieder die Beschleunigung des technischen Wandels und der Wissensproduktion herausgestellt. Die Forderung nach Lebenslangem Lernen erscheint damit gleichsam als notwendige Folge dieser gesellschaftlichen Veränderungen. Bei genauerer Betrachtung sind es allerdings nicht nur Technik und Wissenschaft, die immer neue Produkte entwickeln – und damit zum Teil auch Lebenserleichterungen in Form von Zeitgewinn mit sich bringen (man denke etwa an die Waschmaschine oder den ICE). Vielmehr ist auch eine Beschleunigung des Lebenstempos und damit eine »Steigerung der Handlungs- und Erlebnisepisoden pro Zeiteinheit« auszumachen (Rosa 2005, S. 135). Das objektive Geschehen vollzieht sich rascher als es im je eigenen Handeln und Erleben reaktiv verarbeitet werden kann – und dies führt für die Subjekte zur Angst, etwas zu verpassen oder zu einem Anpassungszwang. Beides zeigt sich dann in Gestalt eines Gefühls von Stress.

> »Eine hochdynamische Gesellschaft wie die spätmoderne erzwingt daher eine Entsprechung in den Selbstverhältnissen und Identitätsmustern der Individuen in Form einer Prämierung von Flexibilität und Wandlungsbereitschaft gegenüber Beharrung und Kontinuität: Subjekte müssen sich entweder von vornherein als offen, flexibel und veränderungsfreudig konzipieren oder sie laufen Gefahr, permanente Frustration zu erleiden, wenn ihre auf Stabilität ausgerichteten Identitätsentwürfe an einer sich schnell verändernden Umwelt zu scheitern drohen« (ebd., S. 239f).

Hartmut Rosa entwickelt daher die These, dass es in modernen Gesellschaften zu einer Beschleunigung kommt nicht nur in dem, was die Individuen tun und erleben, sondern auch in dem, was sie sind (ebd., S. 240). Das Konzept des Lebenslangen Lernens kann als eine Form der Bearbeitung der damit angesprochenen Veränderungen der objektiven Zeitgestaltung, aber auch der damit verbundenen handlungs- und subjektbezogenen Veränderungen verstanden werden (Schmidt-Lauff 2008).

1.4 Zusammenfassung und offene Fragen

Das Lebenslange Lernen erweist sich – dies dürfte bislang deutlich geworden sein – somit als ein recht komplexes Phänomen. Dies resultiert unter anderem daraus, dass es zwar die Subjekte sind, die ihr ganzes Leben lang lernen, dass aber darüber hinaus dieses Lernen auch eingebettet ist in je spezifische historische Situationen, in unterschiedliche institutionelle Möglichkeiten und gesellschaftliche Erwartungen.

Mit anderen Worten: Das Lernen der Subjekte ist in einen gesellschaftlichen Diskurs eingebettet.

Dabei zeigt der historische Blick, dass sich das Lernverständnis gewandelt hat von der Selbstverständlichkeit des Lernens im Lebenslauf über die Fokussierung institutionalisierter Lehr-Lern-Arrangements bis hin zur Entwicklung eines zeitlich, räumlich und inhaltlich entgrenzten Lernverständnisses. Vor dem Hintergrund dieser Einsicht lassen sich folgende allgemeine Bestimmungsmerkmale des Lebenslangen Lernens festhalten:

- Lebenslanges Lernen beschreibt ein Lernen, das *zeitlich* nicht auf einzelne Lebensphasen begrenzt ist, sondern sich auf den gesamten Lebenslauf bezieht.
- Lebenslanges Lernen bezieht sich *räumlich* nicht nur auf das Lernen in pädagogischen Einrichtungen wie Kindergarten, Schule, Erwachsenen- und Berufsbildungsorganisationen, sondern auch auf das Lernen im Alltag oder in intermediären, hybriden Institutionen, in denen sowohl Bildungsabsichten als auch andere Ziele verfolgt werden.
- Lebenslanges Lernen beschreibt ein Lernen, dass sich *inhaltlich* nicht nur auf einen bestimmten allgemein-bildenden Kanon oder konkrete berufsqualifizierenden Inhalte beschränkt, sondern die Vielfältigkeit aller Lebensbereiche beinhaltet und neben Selbst- und Weltwissen auch Fertigkeiten und normative Orientierungen einschließt.

Zusammenfassend ist an dieser Stelle festzuhalten, dass Lebenslanges Lernen heute eine Perspektive auf Lernen beschreibt, die das Lernen als einen kontinuierlichen Prozess versteht und traditionelle, institutionalisierte Bildungsformen ebenso einbezieht wie informelle und in sonstige Lebensvollzüge eingebettete individuelle Lernprozesse.

Zugleich aber ist die Existenz einer Vielfalt und Unterschiedlichkeit an Perspektiven zu konstatieren. So kommen je andere Aspekte in den Blick, wenn das Lebenslange Lernen als Antwort auf gesellschaftliche Veränderungen begriffen wird, die durch politische Rahmenbedingungen oder pädagogische Lernangebote gestaltet werden sollen – oder wenn es als empirisch zu beschreibender individueller Lernprozess über den Lebenslauf begriffen wird. Wieder andere Fragen tauchen auf, wenn das

Lebenslange Lernen als Diskursphänomen beleuchtet wird. Dann wird mit dem Begriff eine bildungspolitische Forderung oder ein pädagogisches Programm beschrieben, welches dazu dient, wahrnehmbare Phänomene zu ordnen und in Handlungsprogramme zu transformieren.

Die Art und Weise des Redens über das Lebenslange Lernen hat sich im Lauf der Geschichte verändert. Mit der Hinwendung zum Lebenslangen Lernen in der Mitte des 20. Jahrhunderts hat der öffentliche und bildungsbezogene Diskurs zunächst eine Perspektive eingenommen, die das pädagogisch betreute und in Lehr-Situationen eingebettete Lernen in den Mittelpunkt stellte. Entsprechend wurde die professionelle Gestaltung von Lernarrangements innerhalb von Bildungsinstitutionen fokussiert und eine Ausweitung pädagogischer Angebote ins mittlere und höhere Erwachsenenalter gefordert.

Diese Sicht konnte erst mit der Entwicklung eines umfassenden Lernverständnisses korrigiert werden, welches das Lernen des Menschen über den gesamten Lebenslauf und in seinen verschiedenen Formen wie auch vielfältigen Inhalten beinhaltet. Dies aber bedeutet, dass das Lebenslange Lernen weder auf die Teilnahme an formalen Lernangeboten zu begrenzen ist noch auf das Lernen im Erwachsenenalter. Vielmehr impliziert das Konzept alle Formen des Lernens über die gesamte Lebensspanne.

Mit diesem weiten Verständnis vom Lebenslangen Lernen stellt sich auch das Verhältnis von Lebenslangem Lernen und Erwachsenenbildung neu dar: Der Verweis darauf, dass Lernen innerhalb und außerhalb pädagogischer Institutionen stattfindet und dass hierbei nicht die Verortung im Bildungssystem, sondern der individuelle Bildungsprozess im Vordergrund steht, verdeutlicht, dass Lebenslanges Lernen mehr ist als Erwachsenen- oder Weiterbildung. Da aber ein Großteil des Lebenslangen Lernens im Erwachsenenalter stattfindet, ist es verständlich, dass die Weiterbildung eine besondere Nähe zum Thema Lebenslanges Lernen aufweist. Allerdings – aber dies wird sicherlich die Herausforderung für die zukünftige Bildungspraxis wie auch Bildungstheorie und Forschung darstellen – liegt die Besonderheit des Lebenslangen Lernens gerade darin, das Lernen im Lebenslauf in den Mittelpunkt zu stellen.

2 Lebenslanges Lernens als bildungspolitisches Programm

Den bildungspolitischen Veröffentlichungen der UNESCO, OECD und EU kommt eine besondere Bedeutung bei der Etablierung des Lebenslangen Lernens im öffentlichen Diskurs zu. Aus diesem Grund soll an dieser Stelle die Diskussion um das Lebenslange Lernen, wie es im Rahmen bildungspolitischer Überlegungen geführt wird, vorgestellt werden.

2.1 Die Hinwendung zum Lebenslangen Lernen

Den Ausgangspunkt der öffentlichen Diskussion um das Lebenslange Lernen bildet die Diagnose einer weltweiten Bildungskrise Ende der 1960er Jahre, wie sie in Deutschland etwa von Picht unter dem Stichwort »Bildungskatastrophe« beschrieben wurde (Picht 1964). Problematisiert wird dabei ein »veraltetes, starr strukturiertes, an alterhergebrachten Zielen festhaltendes, institutionen-fixiertes Bildungssystem, das ein inflexibles Wissen produziert, welches den komplexen Anforderungen einer ›dynamischen‹ Lebenswelt nicht angepasst ist« (Gerlach 2000, S. 160f). Gefordert wird eine Neugestaltung pädagogischer Institutionen und Prozesse, in der die einzelnen Bildungsbereiche – von der vorschulischen Erziehung über die Pflichtschule, die weiterführende Schule, Berufsausbildung sowie Erwachsenen- und Weiterbildung – aufeinander bezogen sind. Diese Erneuerung wird in den 1970er Jahren unter dem Stichwort »Lebenslanges Lernen« diskutiert (Gerlach 2000, Knoll 1974,

Kraus 2001, Schemmann 2002). Die Argumentation basiert dabei auf einer funktionalen Perspektive: Lebenslanges Lernen wird als Antwort auf eine spezifische gesellschaftliche Situation gedeutet und der Bildungspolitik kommt die Aufgabe zu, auf Probleme und mögliche Lösungen hinzuweisen.

So bestand beispielsweise der Auftrag der 1971 eingesetzten Erziehungskonferenz der UNESCO darin,»eine kritische Bilanz der Erziehungssituation weltweit zu ziehen und politische Leitlinien und Prioritäten für eine Strukturreform zu finden« (Nacke/Dohmen 1996, S. 156). In der Bearbeitung dieser Aufgabe entwickelt der Bericht eine Argumentation, in der das Lebenslange Lernen zum einen als Antwort auf den wissenschaftlichen und technologischen Wandel gefordert wird. Ein zweites Argument, welches die Notwendigkeit einer Bildungsreform begründet, ist der Hinweis auf die zunehmende Bildungsungleichheit zwischen den Staaten wie auch zwischen den Bevölkerungsgruppen. Diese Situation birgt die Gefahr, dass die Teilhabe aller Menschen am gesellschaftlichen Leben erschwert wird. Die Möglichkeit der Teilhabe aller Menschen wird dabei aus dem Recht jedes Menschen abgeleitet, an der Gestaltung seiner Zukunft teilzunehmen (vgl. Faure 1973, S. 20). Die Grundlage für die Teilhabe aller aber basiert auf der Teilhabe an Technologie und an gesellschaftlicher Entscheidung – also an der Möglichkeit der Demokratie. Dies wiederum setzt den Ausbau institutionalisierter Bildungsangebote für alle Menschen in allen Lebensphasen voraus, erfordert aber auch die Einbeziehung neuer Lernorte. So verweist der Report beispielsweise auf den Betrieb als Erzieher (Faure 1973, S. 265). Auch fordert er die Aufhebung der Trennung zwischen Schule und Lebenswirklichkeit (vgl. Faure 1973, S. 39). Damit plädiert er für eine Ausweitung pädagogisch organisierter Lernangebote. Zugleich stellt er fest, dass sich nicht nur Pädagoginnen und Pädagogen, sondern alle Teile der Gesellschaft – mit all ihren erzieherischen, sozialen und wirtschaftlichen Mitteln – für die Ermöglichung von lebenslangen Lernprozessen einsetzen sollen (vgl. Faure 1973, S. 43). Dadurch sei die Grundlage für die Etablierung einer Lerngesellschaft geschaffen (Jütte 2011).

Während die UNESCO die demokratische Entwicklung der internationalen Gemeinschaft im Blick hat, rückt mit dem OECD-Bericht von 1973 die wirtschaftliche Perspektive stärker in den Mittelpunkt. »The broadly humanistic ideals that had inspired Faure and his followers were replaced by what the government's left-wing critics calls ›the new vocationalism‹« (Field 2001, S. 7).

Die OECD (Organisation für wirtschaftliche Zusammenarbeit und Entwicklung) wurde 1960 als Nachfolgeorganisation der OEEC (Organisation for European Economic Corporation) gegründet. Ihr Auftrag besteht darin, zu einer Ausweitung des Welthandels beizutragen und dadurch Rahmenbedingungen zu schaffen, die den einzelnen Mitgliedstaaten zu Wirtschaftsentwicklung, Beschäftigung und hohem Lebensstandard verhelfen sollten (vgl. Schuetze 1995). Dass sich die OECD mit bildungspolitischen Fragen befasst, mag auf den ersten Blick verwundern. Es lässt sich aber aus Artikel 2 (b) der Gründungsurkunde erklären. Hier wird als ein Ziel die Förderung von Wissenschaft, Forschung, Technologie und beruflicher Bildung (vocational training) genannt. Die Entwicklung von Wissenschaft und der Ausbau der individuellen Bildung der Bevölkerung – hier konkret bezogen auf die berufliche Bildung – erscheinen damit als wichtige Grundlagen für das wirtschaftliche Wachstum. Dieser Zusammenhang wird unter dem Stichwort »Humankapital« beschrieben. Für die OECD hat Bildung damit eine doppelte Rolle: »zum einen trägt sie wesentlich zum wirtschaftlichen Wachstum bei, zum anderen ist sie ein wesentliches Instrument für die Erreichung des Ziels des Wirtschaftswachstums, nämlich die Beförderung des öffentlichen Wohls« (Schuetze 1995, S. 2).[2]

Ausgangspunkt der Überlegungen der OECD ist wiederum die Diagnose neuer Anforderungen der Wissensgesellschaft und die Notwendigkeit, die Menschen (besser) auf ihre zukünftige Rolle in der Gesellschaft vorzubereiten. Dies könne aber nicht durch eine zeitliche Ausdehnung der individuellen Ausbildungszeiten geschehen, da durch die zu lange Ausgrenzung der jüngeren Generation aus dem gesellschaftlichen (Arbeits-)Leben die gesellschaftliche Integration und Erneuerung gefährdet sei. Als Alternative präsentiert die OECD das Konzept der »Recurrent

---

2 Im Rahmen dieses Selbstverständnisses der OECD übernahm das *Centre for Educational Research and Innovation* (CERI) die Aufgabe »to promote and support the development of reseach activities in education« (OECD 1973, S. 2).

education«. Es sieht vor, dass die Lernenden im Anschluss an die Erstausbildung »in gewissen zeitlichen Abständen zu Veranstaltungen organisierten Lernens zurückkehren« (Jourdan 1978, S. 9). Derartige Bildungsangebote, die von den Menschen in Intervallen besucht werden können, ermöglichen – so die Idee – eine Verkürzung der Erstausbildung und gleichzeitig ein den je konkreten Bedingungen flexibel anpassbares Bildungsangebot. Die Verantwortung für die Teilnahme an solchen Lernangeboten – und damit für das Gelingen des Lebenslangen Lernens – wird dabei den Individuen zugeschrieben:

> »The guiding principle for a recurrent education system as seen in the perspective of lifelong development of the individual is that of a self-sustained and self-controlled learning and development process. An essential condition for this is that the learning situation be perceived as relevant to the learner's interests and as potentially contributing to his own further development and ability to play a meaningful role in the several situations in which he is involved: family, work, social, cultural, and political« (OECD 1973, S. 34).

Mit dieser Akzentuierung der individuellen Selbstverantwortung wird einerseits ein Aspekt des Lernens und der Bildung genannt, der in der bildungsphilosophischen Tradition – etwa bei Humboldt – unter dem Stichwort der Selbsttätigkeit des Subjekts thematisiert wurde. Andererseits aber manifestiert sich hier auch die Individualisierung gesellschaftlicher Risiken, da eine Verlagerung des Blickwinkels von den Lehrenden auf die Lernenden stattfindet. Dies hat Konsequenzen:

> »Ein System Lebenslangen Lernens hat nur wenig Raum für vorgeschriebene rigide Strukturen, für sequentielle Curricula oder Programme für jeden Lerner im gleichen Alter. In einem solchen System ist es vielmehr vom Lerner selbst abhängig, *was* er oder sie jenseits der Grundbildungsjahre zu Hause und in der Schule lernt – und *wann, wo* und *wie* er oder sie lernt. Lebenslanges Lernen wird damit zu einem ›Menu à la carte‹ anstelle einer Standard-Mahlzeit mit einem oder mehreren festgelegten Gängen. Damit hat aber auch der/die Einzelne nicht nur eine größere Wahlmöglichkeit, sondern auch mehr Verantwortung dafür, die Initiative zu ergreifen und unter den verschiedenen Möglichkeiten, die ihm offen stehen, eine – oft schwierige – Wahl zu treffen« (Schuetze 2005, S. 63).

2.2 Verstummen und Wandlungen des Diskurses

Ende der 1970er Jahre wurde der Ruf nach dem Lebenslangen Lernen wieder leiser. Die auf internationaler Ebene entwickelten Programmschriften wurden – trotz einzelner Praxisprogramme wie etwa der »Bildungsurlaub«, der an das Konzept der phasenweisen Erziehung anschließt (vgl. Nuissl 2006) – weder von der Erziehungswissenschaft noch von der nationalen Politik in größerem Maße aufgegriffen. Belangér sieht hierfür drei mögliche Erklärungen:

1. Die wirtschaftliche Krise dieser Zeit stellte die Selbstverständlichkeit andauernden Wachstums in Frage und trübte damit auch die optimistische Sichtweise des Lebenslangen Lernens;
2. die Orientierung des Diskurses an einer einheitlichen Vision Lebenslangen Lernens, die wenig Spielraum für nationale und kulturelle Differenz zuließ,
3. die Verbindung zwischen den Diskursen zum Lebenslangen Lernen und zur gesellschaftlichen Modernisierung. Dies führte dazu, dass die Kritik an der Modernisierung auch zu einer Kritik des Lebenslangen Lernens führte (vgl. Belangér 1997, Schemman 2002, S. 131).

Die Situation änderte sich erst wieder Mitte der 1990er Jahre. Nun wurde das Thema von der Europäischen Kommission aufgegriffen und ganz konkret auf die Situation der Europäischen Union bezogen (vgl. Field 2006, S. 16). So fasste das Europäische Parlament im Oktober 1995 den Beschluss über die Veranstaltung eines Europäischen Jahres des lebensbegleitenden Lernens (1996). Es bezog sich dabei auf Vorschläge der Europäischen Kommission, die in ihrem »Weißbuch über Wachstum, Wettbewerbsfähigkeit und Beschäftigung« (1993) konstatiert hatte, dass allgemeine und berufliche Bildung zum wirtschaftlichen und sozialen Wandel sowie zu Bekämpfung der Arbeitslosigkeit beitragen könnten.

Lebenslanges Lernen wird dabei als angemessene Antwort auf die Bedrohungen und Möglichkeiten der Globalisierung, der Informationstechnologie und den Funktions- und Strukturwandel gesellschaftlicher bzw. beruflicher Arbeit angesehen. Denn der immer schnellere Wandel führe – so wird hier argumentiert – zu einer raschen Entwertung der in der beruflichen Erstausbildung erworbenen Qualifikationen und Kompetenzen, weshalb eben lebensbegleitende Fort- und Weiterbildung zur Erhaltung der Beschäftigungsfähigkeit im Interesse ebenso der Individuen wie der ganzen Volkswirtschaft unumgänglich werde (vgl. Wiesner/Wolter 2005, S. 18f.). Wenn Europa sich gegen Asien und die USA durchsetzen wolle, dann müssten die einzelnen europäischen Staaten ihre Besonderheiten und ihre Ressourcen im Bereich von Erziehung und Training sowie in anderen politischen Bereichen bündeln. Neben dem Erhalt der Beschäftigungsfähigkeit erfordere dies die Entwicklung eines Gefühls für europäische *citizenship* und damit einer Förderung der sozialen Inklusion. Auch hierfür sei Lebenslanges Lernen zentral.

Lebenslanges Lernen wird hier wiederum in einen funktionalen Argumentationszusammenhang gestellt – wobei die ökonomischen Erwartungen in den Vordergrund treten. Wichtig für den stärkeren Einfluss, den der Diskurs des Lebenslangen Lernens auf Politik und Praxis nimmt, ist dabei die Tatsache, dass die Europäische Union – im Unterschied zu den anderen internationalen Institutionen – als ein Akteur auftritt, der Einfluss auf die nationalen Politiken nehmen kann (vgl. Field 2001, S. 8f., Schemmann 2002, S. 133f.). Das »Europäische Jahr des lebensbegleitenden Lernens« (1996) führt mithin nicht nur zur Publikation neuer umfangreicher Dokumente der UNESCO und der OECD, sondern auch zu verschiedenen nationalen Strategien zur Realisierung Lebenslangen Lernens auf bildungspraktischer Ebene. Entsprechend einer politischen *top-down*-Strategie wurden die einzelnen Mitgliedsländer insbesondere durch die Europäische Kommission angehalten, das Konzept des Lebenslangen Lernens in die nationale Diskussion einzubringen und politische Umsetzungsinstrumente zu entwickeln. Damit bekommt der Diskurs zum Lebenslangen Lernen einen neuen Aufschwung – sodass gar von einer zweiten Boomphase gesprochen wird (Schemmann 2002, S. 133).

2.3 Verschiedene bildungspolitische Programme

2.3.1 Vom institutionalisierten Lehren zum individuellen Lernen – die Vorschläge von OECD und UNESCO

Den Ausgangspunkt des OECD-Berichts von 1996, der unter dem Titel »Lifelong Learning for All« publiziert wurde, bildet wiederum eine Situationsbeschreibung, die die gesellschaftlichen Veränderungen in den Mittelpunkt rückt und eine Erneuerung von Erziehung und Bildung einfordert. Interessant ist dabei, dass neben der Diagnose einer Wissens- und Informationsgesellschaft und dem daraus abgeleiteten Erfordernis einer permanenten Aktualisierung beruflicher Kompetenzen nun auch die Frage des sozialen Zusammenhalts thematisiert wird. Indem Lernen als wichtige Absicherung gegen gesellschaftliche Ausgrenzung angesprochen wird, treten in den 1990er Jahren sozialpolitische Überlegungen neben ökonomische Argumente. Damit argumentiert die OECD Mitte der 1990er Jahre nicht mehr in erster Linie ökonomisch. Vielmehr wird die Forderung nach Lebenslangem Lernen *auch* durch die Notwendigkeit sozialer Integration begründet:»Learning is the most necessary insurance against exclusion and marginality, educational activity represents a particuly important source of involvement and participation in light of the many pressures now putting social cohesion at risk.« (OECD 1996, S. 91f.).

Lebenslanges Lernen – hier nun begriffen als »continuation of conscious learning throughout the lifespan« (OECD 1996, S. 89) – ist nicht nur für die einzelnen Lernenden bedeutsam, sondern auch für die ökonomische, politische und soziale Weiterentwicklung des Gemeinwesens. Die Verantwortung für die Lern- und Bildungsaktivitäten wird dabei dem einzelnen Individuum überlassen. Dies zeigt sich etwa darin, dass vom *lifelong learning* als »*attitude*« (OECD 1996, S. 90) gesprochen und die Intentionalität des Lernprozesses herausgestellt wird. Die Fähigkeit und Bereitschaft zum lebenslangen Weiter-Lernen hat das Individuum sich vor dem Hintergrund seiner individuellen Voraussetzungen und der konkreten sozialen Anforderungen selbst anzueignen. Da die Möglichkeiten der Teilhabe an lebenslangen Lernprozessen allerdings sozial ungleich verteilt sind (▶ Kap. 4), ist es erforderlich, dass staatliche und ökonomische Organisationen Unterstützung leisten und versuchen, die sozio-ökonomischen, institutionellen und individuell-dispositionalen Barrieren zum Lebenslangen Lernen abzubauen (vgl. OECD 1996, S. 92ff.).

Als Bezugspunkt für die Förderung Lebenslangen Lernens verwendet die OECD zunehmend das Konzept der Kompetenzen – bzw. der Skills (OECD 2021):

>»Individuals' ability to adapt and thrive in a fast-evolving world rests on their having acquired strong foundation skills, the willingness to learn and a habit of learning (otherwise known as lifelong learning attitudes). These skills and attitudes are vital for them to absorb and expand the knowledge and skills required to navigate new labour-market needs and life circumstances.« (OECD 2021, S. 3)

Dies wird damit begründet, dass sich Länder mit guter ökonomischer Prosperität, sozialem Zusammenhang und positivem Wohlbefinden dadurch auszeichnen, dass ihre Bürgerinnen und Bürger über hohe Kompetenzen im Bereich der Mathematik (*numeracy*) und Lesefähigkeit (*literacy*) sowie beim Problemlösen und in der Computernutzung verfügen. Daraus wird die Perspektive abgeleitet, dass es sinnvoll sei, Lebenslanges Lernen durch eine Förderung der Entwicklung relevanter Kompetenzen (*Skills*) über den Lebenslauf zu unterstützen. Dies soll durch eine Thematisierung der Bedeutung lebenslanger Lernaktivitäten sowie die Förderung durch die Etablierung guter Bildungsbedingungen insbesondere in der frühen Kindheit und für Menschen in sog. bildungsfernen Milieus erreicht werden. Darüber hinaus gilt es, finanzielle und soziale Barrieren für Lebenslanges Lernen (bei Individuen und Unternehmen) abzubauen sowie die Erträge Lebenslangen Lernens sichtbar machen. Neben dem Erwerb formaler Qualifikationen fordert die OECD auch die Anerkennung und Zertifizierung non-formal und informell erworbener Kompetenzen. Zu guter Letzt plädiert sie für die Entwicklung einer Bildungspraxis, die sich an den Bedürfnissen und Bedarfen der Lernenden orientiert.

Vor diesem Hintergrund erscheint die empirische Erfassung von Kompetenzen, wie sie im Rahmen der PIACC-Studie realisiert wird, nur ein diagnostischer Schritt für die Entwicklung adressatenorientierter Bildungsangebote (zu PIACC vgl. auch Schmidt-Hertha 2018).

Auch die UNESCO widmete sich in den 1990er Jahren wieder der Frage der zukünftigen Bildungskonzepte und -strukturen. Unter der Leitung von Jacques Delors veröffentlichte sie ihren Bericht zur Bildung für das 21. Jahrhundert unter dem Titel »Lernfähigkeit: Unser verborgener Reichtum«. Bildung gilt hier wiederum als »eines der wichtigsten Mittel, um die Entwicklung der Menschheit besser und in größerem Einklang zu fördern« (Delors 1997, S. 11).

> »Das nächste Jahrhundert wird ungeahnte Möglichkeiten der Kommunikation und der Verbreitung und Speicherung von Informationen hervorbringen. Bildung muß zwei auf den ersten Blick scheinbar widersprüchliche Aufgaben erfüllen. Sie muß effizient und in großem Maßstab den wachsenden Berg sich ständig ändernden Wissens und das Know-how einer Informationsgesellschaft vermitteln. Das ist Grundlage der Fähigkeit, die in der Zukunft gebraucht wird. Gleichzeitig muß Bildung den Menschen einen Orientierungsrahmen bieten, damit sie nicht in dieser Flut oftmals oberflächlicher Informationen ertrinken, die sowohl die Öffentlichkeit als auch die Privatsphäre überschwemmen. Ebenso darf Bildung nicht den Blick dafür verlieren, dass ihre eigentliche Aufgabe die Entwicklung von Individuen und Gemeinschaften ist. Sie muß sozusagen eine Navigationskarte für eine komplexe Welt im Umbruch liefern und zugleich auch den Kompaß, damit die Menschen ihren Weg darin finden« (Delors 1997, S. 73).

Aufgrund dieser Situationsdiagnose stellt er fest, dass die traditionellen Antworten der Pädagogik nicht ausreichen:

> »Es reicht nicht mehr, jedes Kind schon früh mit einer bestimmten Wissensmenge zu versorgen, von der es dann in Zukunft zehren kann. Jeder einzelne muß befähigt werden, sein ganzes Leben hindurch lernen zu können, um sein Wissen zu mehren, Fertigkeiten und Qualifikationen zu erwerben und sich einer wandelnden, komplexen und miteinander verknüpften Welt anpassen zu können.« (ebd., S. 73)

Intendiert werden

- die Fähigkeit, Wissen zu erwerben. An Stelle der Aufnahme einzelner Informationen soll es darum gehen, Wissen um Prozesse der Wissensgenerierung zu erwerben; nicht ein Spezialwissen, sondern Allgemeinwissen gilt als Voraussetzung für Kommunikation; Lernen von Lernfähigkeit (Konzentrationsfähigkeit, Erinnerungsvermögen, Denkfähigkeit);

- das Lernen, zu handeln: Entsprechend sollen Sozial- und Problemlösungskompetenzen neben fachliche Qualifikationen treten. Begründet wird dies durch den technischen Fortschritt, der eine Abkehr von der rein körperlichen Arbeit hin zur geistigen Arbeit und damit zu höheren Qualifikationen und zur Teamarbeit mit sich bringt;
- das Lernen, zusammenzuleben: Hier geht es einmal um ein Kennenlernen der Anderen (interkulturelle Bildung), aber auch um die Fähigkeit der Perspektivenübernahme; diese ist vor allem dadurch zu schulen, dass gemeinsame Projekte durchgeführt werden (im Sport, in der Arbeit etc.);
- und das Lernen für das Leben:»das grundlegende Prinzip [lautet, C. H.], dass Bildung zur allumfassenden Entwicklung jedes Individuums beitragen muß, also Körper und Geist, Intelligenz, Sensibilität, ästhetisches Empfinden, persönliche Verantwortung und geistige Werte. Jeder Mensch muß befähigt werden, eigenständiges, kritisches Denken zu entwickeln und zu einem eigen Urteil zu gelangen, um für sich selbst zu bestimmen, was er oder sie in verschiedenen Lebensumständen tun sollte« (ebd., S. 81).

Die UNESCO fokussiert auch weiterhin die »Education for All« (https://unevoc.unesco.org/home/Education+For+All). Neben der Entwicklung der Arbeitskräfte werden auch die aktive Beteiligung als Bürgerin und Bürger durch *political empowerment* sowie die soziale Integration als wesentliche Aspekte des Lebenslangen Lernens definiert. Thematisch wird der Blick auf Alphabetisierung und Grundbildung sowie die Förderung Lebenslangen Lernens auch außerhalb Europas, insbesondere in Afrika, gerichtet. Auch der Weltbericht zur Erwachsenenbildung von 2020 formuliert das Motto »Niemand soll zurückbleiben: Teilnahme und Teilhabe«.

2.3.2 Lebenslanges Lernen als Grundlage für die Entwicklung Europas und der Welt: die Konzepte der Europäischen Union und der Weltbank

Seit Anfang der 1990er Jahre verstärken sich auf europäischer Ebene die Aktivitäten zur Förderung Lebenslangen Lernens. So wurde das lebensbegleitende Lernen als angemessene Antwort auf die globalen wirtschaftlichen, wissenschaftlich-technischen und gesellschaftlichen Wandlungsprozesse »entdeckt« und sollte durch die Ausrufung des Jahres 1996 als Jahr des lebensbegleitenden Lernens auch in konkrete Strategien umgesetzt werden. Das Konzept des Lebenslangen bzw. lebensbegleitenden Lernens wurde dabei einerseits in den »Dienst industrieller Wettbewerbsfähigkeit« gestellt, andererseits aber auch als »eine Frage der persönlichen Erfüllung und der Wahrnehmung der individuellen staatsbürgerlichen Rechte« angesehen (Gass 1996, S. 5). Entsprechend gilt Lebenslanges Lernen sowohl als Beitrag zur Beschäftigungsfähigkeit als auch zur Förderung der Allgemeinbildung – verstanden als die »Fähigkeit, die Bedeutung der Dinge zu erfassen, zu verstehen und kreativ zu sein« (Europäische Kommission 1995, S. 7).

Verstärkt wurde diese bildungspolitische Programmatik der Europäischen Union noch durch die *Lissabon-Vereinbarung* des Europäischen Rats (2000), die das Ziel festschreibt, »die Union zum wettbewerbsfähigsten und dynamischsten wissensbasierten Wirtschaftsraum der Welt zu machen« (Europäischer Rat in Lissabon am 22. und 23. März 2000). Dem Lebenslangen Lernen wird dabei eine Schlüsselrolle zur Entwicklung ökonomischen Wachstums und sozialen Zusammenhalts zugeschrieben. Ergänzt werden die Absichtserklärungen durch das *Memorandum zum Lebenslangen Lernen* (2000), welches wiederum betont,

> »dass sich Europa unbestreitbar auf dem Weg in das Zeitalter des Wissens befindet – mit all seinen Konsequenzen für das kulturelle, wirtschaftliche und soziale Leben. Lern-, Lebens- und Arbeitsmuster wandeln sich rasch. Das bedeutet nicht nur, dass sich einzelne an den Wandel anpassen, sondern auch, dass sich ›eingefahrene‹ Handlungsmuster ändern müssen« (ebd., S. 3).

Auch die *Entschließung des Rates der Europäischen Gemeinschaft* vom 27. Juni 2002 zum lebensbegleitenden Lernen betont, dass allgemeine und berufliche Bildung unentbehrlich sind für die Förderung des sozialen Zusammenhalts für ein aktives Staatsbürgertum und erfülltes Privat- und Berufsleben sowie für die Anpassungs- und Beschäftigungsfähigkeit. Auffallend ist dabei, dass die Anpassungs- und Beschäftigungsfähigkeit in den Vordergrund gerückt wird. Entsprechend gilt lebensbegleitendes Lernen als wichtige Basis zur Erleichterung der Mobilität der europäischen Bürger sowie die Verwirklichung der Ziele der Europäischen Union. Als Ziele der EU werden genannt:

»wohlhabender, wettbewerbsfähiger, toleranter und demokratischer zu werden. Jeder sollte die Möglichkeit erhalten, sich durch lebensbegleitendes Lernen die Kenntnisse anzueignen, die er benötigt, um als aktiver Staatsbürger an der Wissensgesellschaft und am Arbeitsleben teilnehmen zu können.« (ebd., S. 2)

Im Zentrum all dieser Verlautbarungen und Beschlüsse der Europäischen Union steht die Absicht, »to propose ways of bringing education and training in line with the requirements of the single European market« (Field 2006, S. 16). Die Argumentation ist dementsprechend relativ einfach: Die Europäische Union ist konfrontiert mit den Bedrohungen und Möglichkeiten der Globalisierung, der Informationstechnologie und der Anwendung der Wissenschaft. Wenn sie sich gegen Asien und die USA behaupten will, müssen die einzelnen europäischen Staaten ihre Besonderheiten und ihre Ressourcen im Bereich von Erziehung und Training sowie in anderen politischen Bereichen bündeln. Dadurch ließe sich auch das Gefühl für europäische *citizenship* entwickeln und die soziale Inklusion fördern. Hierfür sei Lebenslanges Lernen zentral.

Lebenslanges Lernen wird dabei definiert, als »jede zielgerichtete Lerntätigkeit, die einer kontinuierlichen Verbesserung von Kenntnissen, Fähigkeiten und Kompetenzen dient« (Europäische Kommission 2000, S. 3). Mit dieser Bestimmung wird – wie schon in den Konzepten der 1990er Jahre – eine Eingrenzung auf das Lernen in pädagogischen Institutionen abgelehnt und das Lernen der Individuen in den verschiedensten Lernkontexten betont. Zugleich aber ist mit dem Fokus auf ›zielgerichtete Lerntätigkeiten‹ das beiläufige Lernen (Reischmann 1995) explizit ausgeklammert.

Dieses Lernen solle – so die Idee der Kommission – nicht nur lebenslang im Sinne einer zeitlichen Kontinuität sein, sondern auch lebensumspannend[3]:

»Der neue Begriff eines ›lebensumspannenden Lernens‹ bringt eine neue Dimension in das Bild ein, indem er auf die ›räumliche‹ Ausdehnung des Lernens abstellt, das in allen Lebensbereichen und -phasen stattfinden kann. Die ›lebensumspannende‹ Dimension verdeutlicht die *Komplementarität von formalem, nicht-formalem und informellem Lernen*. Sie macht uns bewusst, dass sinnvolles und vergnügliches Lernen auch in der Familie, in der Freizeit, im Gemeinwesen und bei der täglichen Arbeit stattfindet. Das Konzept des ›lebensumspannenden Lernens‹ führt uns vor Augen, dass Lehren und Lernen Rollen und Tätigkeiten sind, die zu unterschiedlichen Zeiten und an unterschiedlichen Orten unterschiedliche Gestalt annehmen können, wobei es auch zu einem Rollentausch kommen kann.« (Europäische Kommission 2000, S. 10)

Im Memorandum der Europäischen Kommission wird somit neben der zeitlichen Ausdehnung des Lernens auf den gesamten Lebensverlauf auch die räumliche Ausdehnung des Lernens herausgestellt:

»Bislang war es in erster Linie das formale Lernen, mit dem sich die Politik beschäftigt hat und das die Ausgestaltung der Bildungs- und Ausbildungsangebote wie auch die Vorstellung der Menschen davon, was als ›Lernen‹ angesehen wird, geprägt hat. Das Kontinuum des Lebenslangen Lernens rückt das nicht-formale und das informelle Lernen stärker ins Bild. Nicht formales Lernen findet per definitionem außerhalb von Schulen und Ausbildungsstätten statt. In der Regel wird es nicht als ›richtiges‹ Lernen empfunden, und die Lernergebnisse werden auf dem Arbeitsmarkt nicht unbedingt gewürdigt. Nicht-formales Lernen wird somit üblicherweise unterbewertet. Beim informellen Lernen hingegen besteht die Gefahr, dass es überhaupt nicht wahrgenommen wird, obgleich es sich hier um die älteste Form des Lernens handelt […]. Informelle Lernkontexte bieten ein enormes Reservoir an Lerngelegenheiten und könnten eine wichtige Quelle für Innovationen im Bereich der Lehr- und Lernmethoden sein« (Europäische Kommission 2000, S. 10).

Damit wird betont, dass Lernen innerhalb und außerhalb pädagogischer Institutionen stattfinden kann. Die Pädagoginnen und Pädagogen haben dementsprechend nicht nur die Aufgabe, Wissen und Fertigkeiten

---

3 Interessant ist die Frage, warum hier ein neuer Begriff eingeführt wird. Gerlach (2000) vermutet, dass hier ein psychologisches Moment hereinspielt: um die ängstigende Vorstellung von einer lebenslangen Eingebundenheit in Lernprozessen aufzuweichen.

zu vermitteln, sondern auch die Kompetenz zu individuellem lebensbegleitendem Lernen zu fördern.

Durch entsprechende pädagogische Maßnahmen sollten alle in Europa lebenden Menschen die gleiche Chance erhalten, sich an die Anforderungen des sozialen und wirtschaftlichen Wandels anzupassen und aktiv an der Gestaltung von Europas Zukunft mitzuwirken. In diesem Sinne ist die Förderung der aktiven Staatsbürgerschaft sowie der Beschäftigungsfähigkeit Ziel des Lebenslangen Lernens (vgl. Europäische Kommission 2000, S. 4). Auch veröffentlicht das Europäische Parlament Empfehlungen zu den »Schlüsselkompetenzen für Lebensbegleitendes Lernen« (2006). Als relevant werden muttersprachliche und fremdsprachliche Kompetenz, mathematische Kompetenz, Computerkompetenz, Lernkompetenz, soziale Kompetenz sowie Eigeninitiative, unternehmerische Kompetenz, Kulturbewusstsein und kulturelle Ausdrucksfähigkeit angesehen.

Genauere Angaben über die Wege, wie das Ziel des Lebenslangen Lernens in der Europäischen Gemeinschaft realisiert werden solle, formuliert das Memorandum (Europäische Kommission 2000) in Form von sechs Grundbotschaften. Diese beziehen sich auf

- die Gewährleistung eines umfassenden und ständigen Zugangs zum Lernen, damit Qualifikationen erworben und aktualisiert werden können,
- die deutliche Erhöhung der Investitionen in Humanressourcen,
- die Entwicklung effektiver Lehr- und Lernmethoden,
- die deutliche Verbesserung der Methoden zur Bewertung von Lernbeteiligung und Lernerfolg nicht nur in formalen, sondern vor allem auch in nicht-formalen und informellen Lernkontexten,
- die Gewährleistung eines besonderen Zugangs zu hochwertigen Informations- und Beratungsangeboten über Lernmöglichkeiten in Europa und während des gesamten Lebens für alle,
- die Schaffung von Möglichkeiten für Lebenslanges Lernen in unmittelbarer Nähe der Lernenden. Hier ist insbesondere an die Nutzung von informations- und kommunikationsbasierten Technologien gedacht.

Die Argumentation orientiert sich hiermit nicht nur an der Beschäftigungsfähigkeit und damit den wirtschaftlichen Zielen der Europäischen Union. Sie nimmt auch das Individuum als Bezugspunkt: Jeder und jede sollte das in der Europäischen Grundrechte Charta verbürgte Recht auf Bildung nutzen können. Allerdings stellt der Rat fest, dass der Zugang zu lebensbegleitendem Lernen weiterhin für viele Bürgerinnen und Bürger noch keine Realität darstellt. Aus diesem Grund ist es besonders wichtig, dass die einzelnen Mitgliedstaaten im Rahmen ihrer Verantwortung Strategien ausarbeiten, um das lebensbegleitende Lernen zu fördern. Hierzu zählen politische Konzepte und Grundsätze ebenso wie die Bereitstellung finanzieller Mittel, die Förderung des Lernens am Arbeitsplatz, die Aus- und Weiterbildung der im Bereich des lebensbegleitenden Lernens tätigen Lehrenden und Ausbildenden, die Entwicklung von wirksamen Maßnahmen zur Validierung der Ergebnisse von Lernprozessen und die Entwicklung von Konzepten der Information, Beratung und Orientierung über Aus- und Weiterbildungsangebote. Innerhalb des umfassenden Bemühens, lebensbegleitendes Lernen für alle Bürgerinnen und Bürger an allen Orten in formeller und informeller Weise zu fördern, wählt der Rat dennoch bestimmte Schwerpunkte. Wichtig sind ihm

- der Zugang zu Angeboten des lebensbegleitenden Lernens, insbesondere für benachteiligte Personen,
- die Möglichkeiten zum Erwerb bzw. Auffrischen von Grundfertigkeiten, insbesondere IT-Kenntnisse, Fremdsprachen, Technologiekultur, Unternehmergeist und soziale Kompetenzen.

Eine Förderung soll darüber hinaus durch die Formulierung eines europäischen Qualifikationsrahmens für Lebenslanges Lernen unterstützt werden, der die Anerkennung von Qualifikationen im Bereich der allgemeinen und beruflichen Bildung erleichtern soll. Die entsprechende Empfehlung des Europäischen Parlaments

»verfolgt das Ziel, einen gemeinsamen Referenzrahmen als Übersetzungsinstrument zwischen verschiedenen Qualifikationssystemen und deren Niveaus zu schaffen, und zwar sowohl für die allgemeine und die Hochschulbildung als auch für die berufliche Bildung. Dies wird zu einer besseren Transparenz,

Vergleichbarkeit und Übertragbarkeit der Qualifikationsbescheinigungen führen, die den Bürgern gemäß der Praxis in den verschiedenen Mitgliedstaaten
ausgestellt wurden« (Europäischer Rat 2008, S. 12).

Damit wird an dieser Stelle erneut sichtbar, dass das Lebenslange Lernen sich hier als politische Strategie präsentiert. Diese zeichnet sich dadurch aus, dass von Seiten der EU allgemeine Leitlinien formuliert werden, die es in nationalen Handlungsempfehlungen umzusetzen gilt. Die
Umsetzung wird dabei einerseits durch finanzielle Mittel und andererseits durch die Vorgabe spezieller Themen – etwa die Förderung bil-
dungsferner Gruppen – gelenkt.

Anknüpfend an das *Memorandum über Lebenslanges Lernen* (Kommission
2000) formulierte der Europäische Rat die *Europäischen Agenda für Erwachsenenbildung* (Europäischer Rat 2011) und betont weiterhin, dass
»lebenslanges Lernen und die Weiterentwicklung von Qualifikationen
Schlüsselelement der Reaktion« auf die Wirtschaftskrise, den demografi-
schen Alterungsprozess und die Vorgaben der Wirtschafts- und Sozial-
strategie der Europäischen Union seien (ebd., S. 1). Auch das Arbeitspro-
gramm *Education and Training 2020* (Europäische Kommission 2010)
schließt an die Lissabon-Vereinbarung an und führt die dort formulierte
Wachstumsstrategie fort. Da allerdings »die Erwachsenenbildung gegenwärtig das schwächste Glied in der Entwicklung nationaler Systeme des
lebenslangen Lebens« sei (Europäischer Rat 2011, S. 2), wird die Notwendigkeit transnationaler Regulierungs- und Steuerungsformen herausgestellt, um eine effizientere Überwachung des Bildungsbereichs zu ermöglichen (hierzu auch Ioannidou 2010). Neben der Forderung nach einem
Bildungsmonitoring und der Erwartung, dass bis 2020 15 % der Erwachsenen an Angeboten zu Lebenslangem Lernen teilnehmen (Benchmarks
ET 2020), gilt der *Europäische Qualifikationsrahmen für lebenslanges Lernen
(EQR)* als das wichtigste Instrument der Bildungspolitik (Möhle 2020,
S. 180) zur Förderung Lebenslangen Lernens sowie zur (Weiter-)Ent-
wicklung des europäischen Bildungsraums. Als Übersetzungsinstrument
von nationalen Bildungs- und Qualifikationssystemen soll der EQR zu
mehr Transparenz und Vergleichbarkeit von Kompetenzen und Qualifikationen innerhalb Europas beitragen. Das Kernstück des EQR sind die
acht Referenzniveaus, mit denen Kenntnisse, Fertigkeiten und Kompe-

tenzen beschrieben werden (Europäisches Parlament und Rat, 2008).
Auf der Basis des 2008 vom Europäischen Parlament und Rat verabschie-
dete EQR wurden die Mitgliedstaaten aufgefordert, eigene Qualifikationsrahmen ausarbeiten und dadurch die nationalen Qualifikationssys-
teme an den EQR koppeln.

Der *Deutsche Qualifikationsrahmen für Lebenslanges Lernen (DQR)* wurde
am 22. März 2011 vom Arbeitskreis Deutscher Qualifikationsrahmen
(AK DQR) verabschiedet. Er legt erstmals einen Rahmen vor, der bil-
dungsübergreifend alle Qualifikationen des deutschen Bildungssystems
umfasst (Qualifikationsrahmen 2011, S. 1). Dabei soll der DQR zum einen die Orientierung im deutschen Bildungssystem erleichtern und zum
anderen zu einer Vergleichbarkeit von deutschen Qualifikationen in Europa beitragen. Das Ziel des DQR ist es, »Gleichwertigkeiten und Unterschiede von Qualifikationen transparenter zu machen und auf diese Weise die Durchlässigkeit zu unterstützen« (ebd. S. 1). Damit intendiert der
DQR einen Beitrag zur Förderung der Mobilität auf dem Arbeitsmarkt
und Chancengleichheit in Europa (vgl. Europäischer Rat 2008). Anhand
von acht Niveaus werden die Kompetenzen beschrieben, die für die Anerkennung der verschiedenen Qualifikationen als erforderlich gelten. Es
geht also nicht nur um die Zuordnung von formal-schulischen, akade-
mischen und beruflich-erworbenen Qualifikationen, sondern auch um
die Berücksichtigung von in nicht-fomalen oder informellen Lern- und
Arbeitsprozessen entwickelten Kompetenzen (vgl. Qualifikationsrahmen
2011, S. 5).

Tab. 1: DQR-Matrix (Deutscher Qualifikationsrahmen für Lebenslanges Lernen, verabschiedet am 22. März 2011, S. 6f., © BMBF)

DQR-Matrix

Niveau 1

Über Kompetenzen zur Erfüllung einfacher Anforderungen in einem überschaubar und stabil strukturierten Lern- oder Arbeitsbereich verfügen. Die Erfüllung der Aufgaben erfolgt unter Anleitung.

Fachkompetenz		Personale Kompetenz	
Wissen	**Fertigkeiten**	**Sozialkompetenz**	**Selbständigkeit**
Über elementares allgemeines Wissen verfügen. Einen ersten Einblick in einen Lern- oder Arbeitsbereich haben.	Über kognitive und praktische Fertigkeiten verfügen, um einfache Aufgaben nach vorgegebenen Regeln auszuführen und deren Ergebnisse zu beurteilen. Elementare Zusammenhänge herstellen.	Mit anderen zusammen lernen oder arbeiten, sich mündlich und schriftlich informieren und austauschen.	Unter Anleitung lernen oder arbeiten. Das eigene und das Handeln anderer einschätzen und Lernberatung annehmen.

Niveau 2

Über Kompetenzen zur fachgerechten Erfüllung grundlegender Anforderungen in einem überschaubar und stabil strukturierten Lern- oder Arbeitsbereich verfügen. Die Erfüllung der Aufgaben erfolgt weitgehend unter Anleitung.

Fachkompetenz		Personale Kompetenz	
Wissen	**Fertigkeiten**	**Sozialkompetenz**	**Selbständigkeit**
Über elementares allgemeines Wissen verfügen. Über grundlegendes allge-	Über grundlegende kognitive und praktische Fertigkeiten zur Ausführung von Aufgaben in ei-	In einer Gruppe mitwirken. Allgemeine Anregungen und Kritik aufnehmen und	In bekannten und stabilen Kontexten weitgehend unter Anleitung

Tab. 1: DQR-Matrix (Deutscher Qualifikationsrahmen für Lebenslanges Lernen, verabschiedet am 22. März 2011, S. 6f., © BMBF) – Fortsetzung

DQR-Matrix			
meines Wissen und grundlegendes Fachwissen in einem Lern- oder Arbeitsbereich verfügen.	nem Lern- oder Arbeitsbereich verfügen und deren Ergebnisse nach vorgegebenen Maßstäben beurteilen sowie Zusammenhänge herstellen.	äußern. In mündlicher und schriftlicher Kommunikation situationsgerecht agieren und reagieren.	verantwortungsbewusst lernen oder arbeiten. Das eigene und das Handeln anderer einschätzen. Vorgegebene Lernhilfen nutzen und Lernberatung nachfragen.

Niveau 3

Über Kompetenzen zur selbständigen Erfüllung fachlicher Anforderungen in einem noch überschaubaren und zum Teil offen strukturierten Lernbereich oder beruflichen Tätigkeitsfeld verfügen.

Fachkompetenz		Personale Kompetenz	
Wissen	**Fertigkeiten**	**Sozialkompetenz**	**Selbständigkeit**
Über erweitertes allgemeines Wissen oder über erweitertes Fachwissen in einem Lernbereich oder beruflichen Tätigkeitsfeld verfügen.	Über ein Spektrum von kognitiven und praktischen Fertigkeiten zur Planung und Bearbeitung von fachlichen Aufgaben in einem Lernbereich oder beruflichen Tätigkeitsfeld verfügen. Ergebnisse nach weitgehend	In einer Gruppe mitwirken und punktuell Unterstützung anbieten. Die Lern- oder Arbeitsumgebung mitgestalten, Abläufe gestalten und Ergebnisse adressatenbezogen darstellen.	Auch in weniger bekannten Kontexten eigenständig und verantwortungsbewusst lernen oder arbeiten. Das eigene und das Handeln anderer einschätzen.

Tab. 1: DQR-Matrix (Deutscher Qualifikationsrahmen für Lebenslanges Lernen, verabschiedet am 22. März 2011, S. 6f., © BMBF) – Fortsetzung

DQR-Matrix			
	vorgegebenen Maßstäben beurteilen, einfache Transferleistungen erbringen.		Lernberatung nachfragen und verschiedene Lernhilfen auswählen.

Niveau 4

Über Kompetenzen zur selbständigen Planung und Bearbeitung fachlicher Aufgabenstellungen in einem umfassenden, sich verändernden Lernbereich oder beruflichen Tätigkeitsfeld verfügen.

Fachkompetenz		Personale Kompetenz	
Wissen	**Fertigkeiten**	**Sozialkompetenz**	**Selbständigkeit**
Über vertieftes allgemeines Wissen oder über fachtheoretisches Wissen in einem Lernbereich oder beruflichen Tätigkeitsfeld verfügen.	Über ein breites Spektrum kognitiver und praktischer Fertigkeiten verfügen, die selbständige Aufgabenbearbeitung und Problemlösung sowie die Beurteilung von Arbeitsergebnissen und -prozessen unter Einbeziehung von Handlungsalternativen und Wechselwirkungen mit benachbarten Bereichen ermöglichen. Transferleistungen erbringen.	Die Arbeit in einer Gruppe und deren Lern- und Arbeitsumgebung mitgestalten und kontinuierlich Unterstützung anbieten. Abläufe und Ergebnisse begründen. Über Sachverhalte umfassend kommunizieren.	Sich Lern- und Arbeitsziele setzen, sie reflektieren, realisieren und verantworten.

Tab. 1: DQR-Matrix (Deutscher Qualifikationsrahmen für Lebenslanges Lernen, verabschiedet am 22. März 2011, S. 6f., © BMBF) – Fortsetzung

DQR-Matrix			
Fachkompetenz		**Personale Kompetenz**	
Wissen	Fertigkeiten	Sozialkompetenz	Selbständigkeit

Niveau 5
Über Kompetenzen zur selbständigen Planung und Bearbeitung umfassender fachlicher Aufgabenstellungen in einem komplexen, spezialisierten, sich verändernden Lernbereich oder beruflichen Tätigkeitsfeld verfügen.

Wissen	Fertigkeiten	Sozialkompetenz	Selbständigkeit
Über integriertes Fachwissen in einem Lernbereich **oder** über integriertes berufliches Wissen in einem Tätigkeitsfeld verfügen. Das schließt auch vertieftes fachtheoretisches Wissen ein. Umfang und Grenzen des Lernbereichs oder beruflichen Tätigkeitsfelds kennen.	Über ein sehr breites Spektrum spezialisierter kognitiver und praktischer Fertigkeiten verfügen. Arbeitsprozesse übergreifend planen und sie unter umfassender Einbeziehung von Handlungsalternativen und Wechselwirkungen mit benachbarten Bereichen beurteilen. Umfassende Transferleistungen erbringen.	Arbeitsprozesse kooperativ, auch in heterogenen Gruppen, planen und gestalten, andere anleiten und mit fundierter Lernberatung unterstützen. Auch fachübergreifend komplexe Sachverhalte strukturiert, zielgerichtet und adressatenbezogen darstellen. Interessen und Bedarf von Adressaten vorausschauend berücksichtigen.	Eigene und fremd gesetzte Lern- und Arbeitsziele reflektieren, bewerten, selbstgesteuert verfolgen und verantworten sowie Konsequenzen für die Arbeitsprozesse im Team ziehen.

Tab. 1: DQR-Matrix (Deutscher Qualifikationsrahmen für Lebenslanges Lernen, verabschiedet am 22. März 2011, S. 6f., © BMBF) – Fortsetzung

DQR-Matrix			
Fachkompetenz		**Personale Kompetenz**	
Wissen	**Fertigkeiten**	**Sozialkompetenz**	**Selbständigkeit**

Niveau 6
Über Kompetenzen zur Planung, Bearbeitung und Auswertung von umfassenden fachlichen Aufgaben- und Problemstellungen sowie zur eigenverantwortlichen Steuerungen von Prozessen in Teilbereichen eines wissenschaftlichen Faches oder in einem beruflichen Tätigkeitsfeld verfügen. Die Anforderungsstruktur ist durch Komplexität und häufige Veränderungen gekennzeichnet.

Wissen	Fertigkeiten	Sozialkompetenz	Selbständigkeit
Über breites und integriertes Wissen einschließlich der wissenschaftlichen Grundlagen, der praktischen Anwendung eines wissenschaftlichen Faches sowie eines kritischen Verständnisses der wichtigsten Theorien und Methoden (entsprechend der Stufe 1 [Bachelor-Ebene] des Qualifikationsrahmens für Deutsche Hochschulabschlüsse) **oder** über breites und integriertes berufliches Wissen einschließ-	Über ein sehr breites Spektrum an Methoden zur Bearbeitung komplexer Probleme in einem wissenschaftlichen Fach (entsprechend der Stufe 1 [Bachelor-Ebene] des Qualifikationsrahmens für Deutsche Hochschulabschlüsse), weiteren Lernbereichen **oder** einem beruflichen Tätigkeitsfeld verfügen. Neue Lösungen erarbeiten und unter Berücksichtigung unterschiedlicher Maßstäbe beurtei-	In Expertenteams verantwortlich arbeiten **oder** Gruppen oder Organisationen verantwortlich leiten. Die fachliche Entwicklung anderer anleiten und vorausschauend mit Problemen im Team umgehen. Komplexe fachbezogene Probleme und Lösungen gegenüber Fachleuten argumentativ vertreten und mit ihnen weiterentwickeln.	Ziele für Lern- und Arbeitsprozesse definieren, reflektieren und bewerten und Lern- und Arbeitsprozesse eigenständig und nachhaltig gestalten.

Tab. 1: DQR-Matrix (Deutscher Qualifikationsrahmen für Lebenslanges Lernen, verabschiedet am 22. März 2011, S. 6f., © BMBF) – Fortsetzung

DQR-Matrix

lich der aktuellen fachlichen Entwicklungen verfügen. Kenntnisse zur Weiterentwicklung eines wissenschaftlichen Faches

oder

eines beruflichen Tätigkeitsfeldes besitzen.
Über einschlägiges Wissen an Schnittstellen zu anderen Bereichen verfügen.

len, auch bei sich häufig ändernden Anforderungen.

Niveau 7

Über Kompetenzen zur Bearbeitung von neuen komplexen Aufgaben- und Problemstellungen sowie zur eigenverantwortlichen Steuerung von Prozessen in einem wissenschaftlichen Fach oder in einem strategieorientierten beruflichen Tätigkeitsfeld verfügen. Die Anforderungsstruktur ist durch häufige und unvorhersehbare Veränderungen gekennzeichnet.

Fachkompetenz		Personale Kompetenz	
Wissen	Fertigkeiten	Sozialkompetenz	Selbständigkeit
Über umfassendes, detailliertes und spezialisiertes Wissen auf dem neuesten Erkenntnis-	Über spezialisierte fachliche oder konzeptionelle Fertigkeiten zur Lösung auch strategi-	Gruppen oder Organisationen im Rahmen komplexer Aufgabenstellungen ver-	Für neue anwendungs- oder forschungsorientierte Aufgaben Ziele

Tab. 1: DQR-Matrix (Deutscher Qualifikationsrahmen für Lebenslanges Lernen, verabschiedet am 22. März 2011, S. 6f., © BMBF) – Fortsetzung

DQR-Matrix

stand in einem wissenschaftlichen Fach (entsprechend der Stufe 2 [Master-Ebene] des Qualifikationsrahmens für Deutsche Hochschulabschlüsse) **oder** über umfassendes berufliches Wissen in einem strategieorientierten beruflichen Tätigkeitsfeld verfügen. Über erweitertes Wissen in angrenzenden Bereichen verfügen.	scher Probleme in einem wissenschaftlichen Fach (entsprechend der Stufe 2 [Master-Ebene] des Qualifikationsrahmens für Deutsche Hochschulabschlüsse) **oder** in einem beruflichen Tätigkeitsfeld verfügen. Auch bei unvollständiger Information Alternativen abwägen. Neue Ideen oder Verfahren entwickeln, anwenden und unter Berücksichtigung unterschiedlicher Beurteilungsmaßstäbe bewerten.	antwortlich leiten und ihre Arbeitsergebnisse vertreten. Die fachliche Entwicklung anderer gezielt fördern. Bereichsspezifische und -übergreifende Diskussionen führen.	unter Reflexion der möglichen gesellschaftlichen, wirtschaftlichen und kulturellen Auswirkungen definieren, geeignete Mittel einsetzen und hierfür Wissen eigenständig erschließen.

Niveau 8
Über Kompetenzen zur Gewinnung von Forschungserkenntnissen in einem wissenschaftlichen Fach oder zur Entwicklung innovativer Lösungen und Verfahren in einem beruflichen Tätigkeitsfeld verfügen. Die Anforderungsstruktur ist durch neuartige und unklare Problemlagen gekennzeichnet.

Tab. 1: DQR-Matrix (Deutscher Qualifikationsrahmen für Lebenslanges Lernen, verabschiedet am 22. März 2011, S. 6f., © BMBF) – Fortsetzung

DQR-Matrix			
Fachkompetenz		Personale Kompetenz	
Wissen	Fertigkeiten	Sozialkompetenz	Selbständigkeit
Über umfassendes, spezialisiertes und systematisches Wissen in einer Forschungsdisziplin verfügen und zur Erweiterung des Wissens der Fachdisziplin beitragen (entsprechend der Stufe 3 [Doktoratsebene] des Qualifikationsrahmens für Deutsche Hochschulabschlüsse) oder über umfassendes berufliches Wissen in einem strategie- und innovationsorientierten beruflichen Tätigkeitsfeld verfügen. Über entsprechendes Wissen an den Schnittstellen zu angrenzenden Bereichen verfügen.	Über umfassend entwickelte Fertigkeiten zur Identifizierung und Lösung neuartiger Problemstellungen in den Bereichen Forschung, Entwicklung oder Innovation in einem spezialisierten wissenschaftlichen Fach (entsprechend der Stufe 3 [Doktoratsebene] des Qualifikationsrahmens für Deutsche Hochschulabschlüsse) oder in einem beruflichen Tätigkeitsfeld verfügen. Innovative Prozesse auch tätigkeitsfeldübergreifend konzipieren, durchführen, steuern, reflektieren und beurteilen. Neue Ideen und Verfahren beurteilen.	Organisationen oder Gruppen mit komplexen bzw. interdisziplinären Aufgabenstellungen verantwortlich leiten, dabei ihre Potenziale aktivieren. Die fachliche Entwicklung anderer nachhaltig gezielt fördern. Fachübergreifend Diskussionen führen und in fachspezifischen Diskussionen innovative Beiträge einbringen, auch in internationalen Kontexten.	Für neue komplexe anwendungs- oder forschungsorientierte Aufgaben Ziele unter Reflexion der möglichen gesellschaftlichen, wirtschaftlichen und kulturellen Auswirkungen definieren, geeignete Mittel wählen und neue Ideen und Prozesse entwickeln.

Nicht nur auf Europäischer Ebene wird die Förderung des Lebenslangen Lernens als politische Strategie eingesetzt. Auch die Weltbank widmet sich seit Beginn des 21. Jahrhunderts der Förderung Lebenslangen Lernens. An die Stelle einer Orientierung an humankapitaltheoretischen Konzepten, die flexible Arbeitnehmerinnen und Arbeitnehmer als Grundvoraussetzung für wirtschaftliches Wachstum ansehen und skeptisch gegenüber öffentlicher Intervention in das Bildungswesen sind, tritt zunehmend das Thema Bildung als öffentliche Aufgabe. So spricht die Weltbank 2003 explizit vom »Lifelong Learning in the Global Knowledge Economy« und beschreibt es als ihre (neue) Aufgabe, die verschiedenen Länder dabei zu unterstützen, ihr Bildungssystem in Richtung eines Systems Lebenslangen Lernens weiterzuentwickeln. Wie auch bei den anderen transnationalen Organisationen wird das Lebenslange Lernen auf formale, non-formale und informelle Lernprozesse bezogen und in seinen wirtschaftlichen, politischen, sozialen *und* kulturellen Wirkungen betrachtet (vgl. hierzu auch Schemmann 2007, Kenneth 2002).

2.3.3 Perspektiven der Umsetzung Lebenslangen Lernens in Deutschland

Auch die deutsche Bundesregierung nahm die Aufforderung ernst, die gesellschaftlichen Herausforderungen durch die Hinwendung zum Lebenslangen Lernen zu bearbeiten:

> »An der Schwelle zum 21. Jahrhundert stehen wir vor Herausforderungen, die auch im Bildungswesen neue Antworten erfordern. Der Weg in die Wissensgesellschaft ist unaufhaltsam. Bildung und *Know-How* entwickeln sich zu Standortfaktoren ersten Ranges. Technische und soziale Schlüsselqualifikationen werden immer wichtiger. Die neuen Informations- und Kommunikationstechnologien gilt es ebenso zu beherrschen wie die alten Kulturtechniken. Das alles kann nur gelingen, wenn sich in Deutschland eine breite Bereitschaft zum Lebenslangen Lernen durchsetzt. Unsere Zukunftsfähigkeit entscheidet sich nicht zuletzt an der Frage, ob das Lernen in unserem Leben einen zentralen Stellenwert einnimmt, d. h. gelehrt, gelernt und praktiziert wird« (Vorwort in Dohmen 1996).

Mit diesen Worten beginnt das 1996 von der Bundesrepublik Deutschland veröffentlichte und von Günther Dohmen verfasste Gutachten zum Thema »Das Lebenslange Lernen. Leitlinien einer modernen Bildungspolitik«. Den Ausgangspunkt der Überlegungen bildet eine als problematisch angesehene gesellschaftliche Situation, in der sich das Gemeinwesen befindet. In unserem Fall werden die gesellschaftlichen und ökonomischen Veränderungen, die sich mit der Entwicklung der neuen Informations- und Kommunikationstechnologien ergeben haben, genannt und als Ursache für die Notwendigkeit einer Veränderung des Handelns beschrieben. Erforderlich ist das veränderte Handeln deshalb, weil sonst die angestrebten Ziele nicht erreicht werden können. Der Text spricht hier von Standortfaktoren und verweist damit besonders auf das Erreichen ökonomischer Ziele. Das Erreichen dieser Ziele – und damit die Meisterung der Herausforderungen, die durch die beschriebene gesellschaftliche Situation eingetreten sind – erfordert Veränderungen von den Bürgerinnen und Bürgern und dabei insbesondere die Entwicklung einer Bereitschaft zum Lebenslangen Lernen.

Entsprechend wird ein Programm vorgestellt, wie das Lernen aller Bürgerinnen und Bürger in allen Lebensphasen und Lebensbereichen, an verschiedenen Lernorten und in vielfältigen Lernformen angeregt und unterstützt werden kann.

Ansatzpunkt ist dabei die Biografie des Menschen. Dadurch wird es möglich, die unterschiedlichsten Lernorte, Lernweisen und Begründungen für Lernen einzubeziehen. Lebenslanges Lernen beinhaltet damit sowohl formales (institutionalisiertes und abschlussbezogenes) Lernen als auch nicht-formales (institutionalisiertes Lernen, das nicht zu Zertifikaten führt) und informelles Lernen (das eingelagert in alltägliche Lebenssituationen stattfindet). Dabei wird – wie schon in anderen Europäischen Papieren – ein sehr starker kognitiver Interpretationsrahmen gewählt:»Lebenslanges Lernen ist weitgehend vom Einzelnen selbst verantwortetes Lernen, d. h. Lernen, bei dem der Lernende durch ein vielfältiges Netzwerk von Lernangeboten und Lernmöglichkeiten steuert« (ebd., S. 13). Damit der oder die Einzelne den lebenslangen Lernprozess selbstverantwortlich steuern kann, bedarf es der »individuellen Lernkompetenz« (ebd, S. 14) und infrastruktureller Bedingungen. Beide müssen durch geeignete Maßnahmen angeregt und unterstützt werden – wobei insbesondere eine »Kultur des Lernens« (ebd., S. 14) die Motivation und die Bereitschaft des bzw. der Einzelnen zum Lebenslangen Lernen fördere. Dabei stützt sich die bildungspolitische Strategie für das »Lebenslange Lernen in der Bundesrepublik Deutschland« (BLK 2004) auf folgende pädagogische Schwerpunkte:

- Einbeziehung informellen Lernens
- Selbststeuerung
- Kompetenzentwicklung
- Vernetzung
- Modularisierung
- Lernberatung
- Neue Lernkultur
- Popularisierung des Lernens Chancengerechter Zugang zu verschiedenen Formen des Lernens

Die Verwirklichung des Lernens im Lebenslauf gilt im ersten Jahrzehnt des 21. Jahrhunderts (noch) als entscheidend für die Einzelnen, für den Erfolg der Wirtschaft und die Zukunft der Gesellschaft. Entsprechend wird die Förderung lebenslangen Lernens als vorrangige bildungspolitische Aufgabe angesehen. In der 2008 verabschiedeten »Konzeption für das Lernen im Lebenslauf«. (BMBF 2008) werden verschiedene Maßnahmen zur Förderung lebenslanger Lernaktivitäten vorgeschlagen. Es geht darum,

- die Motivation zur Bildungsaktivität zu stärken,
- den Zugang zu Weiterbildung zu erleichtern,
- die Angebote der Weiterbildung zu verbessern,
- die Durchlässigkeit und Verzahnung der Bildungsbereiche zu erhöhen,
- die Integration durch Bildung und die Förderung des Lernens in der Zivilgesellschaft zu optimieren und
- Wissen und Einsichten über die Prozesse und Wirkungen des Lernens im Lebenslauf zu vertiefen.

Der »Wert des Lernens« wird damit nicht ausschließlich im ökonomischen Fortkommen gesehen. Neben der Weiterentwicklung der Beschäftigungsfähigkeit gilt auch das Lernen zur Ausübung des bürgerschaftlichen Engagements oder aus rein privaten Gründen als legitimes

Bildungsmotiv (ebd.). Diese breite Interpretation der Bedeutung Lebenslangen Lernens wird in der Folge allerdings zunehmend eingeschränkt zugunsten einer Betonung beruflicher Weiterbildung (vgl. hierzu auch Zeuner/Schreiber-Barsch 2018). So wurde durch die Entwicklung des Deutschen Qualifikationsrahmens (▶ Kap. 2.3.2) eine Voraussetzung nicht nur zur Anerkennung von außerhalb Deutschlands erworbenen Qualifikationen erarbeitet, sondern auch zur Zertifizierung non-formal und informell angeeigneter Kompetenzen. Die damit zum Ausdruck kommende Fokussierung auf den beruflichen Bereich zeigt sich etwa auch in der 2019 verabschiedeten *Nationalen Weiterbildungsstrategie* (BMAS 2019). Hier wird die Teilnahme an strukturierter beruflicher Weiterbildung als »Basis und Chance für bedarfsgerechtes, individuelles und lebensbegleitendes Lernen« angesehen (ebd., S. 7).

2.4 Zusammenfassung

Insgesamt zeigt sich, dass der bildungspolitische Diskurs zum Lebenslangen Lernen auf unterschiedliche Ziele und Maßnahmen bezogen ist. So lassen sich im gleichen Maße Differenzen zwischen den Perspektiven der Organisationen – insbesondere der UNESCO, der OECD und der EU – feststellen, wie es historische Veränderungen im Verständnis des Lebenslangen Lernens gibt.

Aufgrund dieser Vielfältigkeit der bildungspolitischen Programme zum Lebenslangen Lernen wäre es verkürzt, von einer eindeutigen Entwicklung von humanistischen, an Demokratie und Teilhabe orientierten Ansätzen hin zu ökonomischen, auf Ökonomie und Beschäftigungsfähigkeit bezogenen Ansätzen zu sprechen. Zwar ist es sicherlich richtig, dass heute die Bedeutung des Lernens als Faktor wirtschaftlicher Entwicklung stärker herausgestellt wird, aber auch schon der UNESCO-Bericht von 1973 (Faure 1973) thematisierte den Zusammenhang zwischen Bildung und wirtschaftlicher Entwicklung. Als weiteres Argument gegen die Annahme einer eindeutigen Abkehr von humanistischen hin zu ökonomischen Rahmungen ist einzuwenden, dass insbesondere die 1990er Jahre sich durch eine ausgeprägte Vielfalt an Konzepten zum Lebenslangen Lernen auszeichnen. Insofern ist es verkürzt, Lebenslanges Lernen ausschließlich als Qualifizierungsstrategie zu begreifen (vgl. auch Wiesner/Wolter 2005, S. 21).

Notwendig ist es, die Unterschiedlichkeit der Perspektiven auf das Lebenslange Lernen und der darauf aufbauenden Handlungsentwürfe anzuerkennen. Bezogen auf den bildungspolitischen Diskurs differenzieren etwa Schuetze/Sawano/Fraiz (2004, nach Wiesner/Wolter 2005, S. 20f) vier bildungspolitische Modelle Lebenslangen Lernens:

- ein sozialpolitisch-emanzipatorisches Modell, in dem der Schwerpunkt auf egalitäre Bildungs- und Lebens-Chancen gelegt wird: »Lernen für alle«;
- ein kulturelles Modell, welches Lebenslanges Lernen als Weg zu Selbstverwirklichung und persönlicher Weiterentwicklung begreift und dabei auch die Erhöhung der eigenen Urteils- und Kritikfähigkeit betont sowie die Teilhabe am kulturellen Leben der Gemeinschaft: »Lernen, um sich zu bilden«;
- ein liberales Modell, das Lebenslanges Lernen als zeitgemäßes Lernsystem für eine demokratische, egalitäre und multi-kulturelle Gesellschaft ansieht, das im Prinzip allen Bürgern offensteht: »Lernmöglichkeiten für alle, die lernen wollen und können«;
- ein Humankapital-Modell, in dem Lebenslanges Lernen in erster Linie die Weiterentwicklung von beruflichen Qualifikationen bedeutet: »Lernen für einen sich wandelnden Arbeitsmarkt«.

Das emanzipationsorientierte Modell, das darauf abzielt, dass alle Menschen Teil einer aktiven Lerngesellschaft werden, erfordert es, die sog. »bildungsfernen« Bevölkerungsgruppen aktiv zu unterstützen, damit sie Interesse und Motivation für Bildungs- und Lernprozesse entwickeln und ihre Kompetenz zu Lebenslangem Lernen ausbauen. Kritisch wird hierzu angemerkt, dass die Eröffnung von Lernmöglichkeiten zugleich einen Zwang zum Lernen bedeute – wenn etwa die Berechtigung zum Bezug von Arbeitslosengeld von der Teilnahme an

Kursen zur beruflichen Weiterbildung abhängig gemacht wird (vgl. Schütze 2005, S. 64).

Das kulturelle Modell beschreibt mehr oder weniger das traditionelle Bildungskonzept, das das Lernen um seiner selbst Willen betonte und die kritische Auseinandersetzung mit sich und der Welt in den Mittelpunkt rückte. In diesem Modell wird die Freiwilligkeit des Lernens betont und entsprechend ist keine aktive Werbung für Bildung vorgesehen. Dieses Konzept führt – wie alle empirischen Studien (vgl. Hillmert/Rübner 2020) zeigen – zu einer manifesten Abhängigkeit der Lernaktivitäten vom vorhandenen kulturellen Kapitel (Bildungsstand) sowie dem sozialen Kapitel (Klassen-, Schicht- bzw. Milieuzugehörigkeit).

Das liberale Modell findet sich vor allem in modernen, demokratisch-entwickelten Gesellschaften. Es zielt auf einen Abbau institutioneller Barrieren für die Teilnahme an lebenslangen Lernprozessen. Dabei wird besonderes Augenmerk auf den Ausbau der technisch fundierten Selbstlernmöglichkeiten gerichtet.

»[D]ieses Modell setzt darüber hinaus auf ein Nebeneinander von öffentlichen und privatwirtschaftlichen (Aus-)Bildungsstätten und darauf, dass die Lerner zumindest teilweise ihr Lernen selbst finanzieren. Im Gegensatz zu dem ersten Modell, das aktive Hilfestellungen, Anreize und Maßnahmen für ›bildungsferne‹ Bevölkerungsgruppen erfordert, liegt es im dritten Modell bei den einzelnen Individuen selbst, vorhandene Lernmöglichkeiten zu nutzen« (Schuetze 2005b, S. 65).

Das Humankapital-Modell begreift Lebenslanges Lernen als Aus- und Weiterbildung für die Wirtschaft. Begründet wird dies durch den Hinweis, dass die Wettbewerbsfähigkeit der Unternehmen nur durch gut ausgebildete, flexible und anpassungsfähige Mitarbeitende erreicht werden könne. Die Verantwortung für die Weiterbildung wird dabei von den Betrieben hin zu den Individuen verschoben.

Bei diesen Modellen handelt es sich – dies sei betont – um Idealtypen, die in dieser puren Form nicht in der Realität anzutreffen sind. Dennoch hilft die Unterscheidung der genannten Konzepte, die verschiedenen Aussagen und Überlegungen in dem doch recht wirren und durch

Inhaltsleere und mangelnde Konkretheit gekennzeichneten politischen Diskurs zu verorten. Gemeinsam ist all diesen Modellen, dass Lernen

• als aussichtsreiche Antwort auf gesellschaftliche, politische und ökonomische Problemlagen angesehen wird;
• die individuelle Aktivität und Verantwortung des bzw. der Einzelnen adressiert. Dabei ist eine inhaltliche Ausweitung des Lernens von der Vermittlung von Wissen zum Lernen des Lernens zu erkennen;
• als lebenslanger Prozess begriffen wird, sodass eine zeitliche Ausweitung des Lernens vom Lernen in Kindheit und Jugend zum Lernen »ein Leben lang« zu konstatieren ist;
• nicht nur in formalen Bildungsinstitutionen, sondern auch in non-formalen und informellen Lernkontexten stattfindet. Insofern geht die Forderung nach Lebenslangem Lernen mit einer räumlichen Ausweitung des Lernens vom Lernen in Bildungseinrichtungen zur Vielfalt der Lernorte einher.

Das Verständnis des Lernens, wie es im bildungspolitischen Diskurs deutlich wird, verweist darauf, dass sich sowohl die Individuen in ihren individuellen Lernaktivitäten wie auch die gesellschaftlichen Institutionen und darin besonders diejenigen, die einen Beitrag zu formalen oder non-formalen Bildungsprozessen intendieren, daran zu orientieren haben, dass Lernen ein permanenter, nicht auf bestimmte Alters- und Lebensphasen begrenzter Prozess ist.

Neben dem zeitlichen Aspekt enthält die Rede vom *lifelong learning* darüber hinaus auch noch räumliche Implikationen: Lebenslanges Lernen findet nicht nur in expliziten Bildungseinrichtungen wie der Schule oder der Weiterbildungsinstitution statt, sondern auch an anderen Orten: während dem alltäglichen Umgang mit dem Internet oder anderen modernen Medien, dem Besuch von Museen, Theatern und Bibliotheken, in der Familie, im Verein und im Kulturhaus sowie im Gespräch mit Kollegen und Freunden – um nur einige Beispiele zu nennen. Lebenslanges Lernen ist somit auch als *lifewide* Geschehen anzusehen, das gerade nicht auf bestimmte Orte begrenzt ist, sondern überall stattfinden kann.

Die damit angesprochene Ausweitung des (Lern-)Verständnisses verdeutlicht, dass das »Lebenslange Lernen« keineswegs nur ein vages, modisches oder technokratisches Konzept darstellt, sondern dass diesem Konzept eine besondere Bedeutung als bildungspolitisches Reformkonzept wie auch als theoretischer Bezugsrahmen für die Erforschung von Bildungs- und Lernprozessen beigemessen werden kann – eine Möglichkeit, die allerdings dann nicht genutzt wird, wenn der Blick der Bildungspolitik auf die Förderung der Teilnahme an Maßnahmen formaler und non-formaler Bildung begrenzt wird – oder das Lebenslange Lernen auf berufliche Weiterbildung reduziert wird.

Vor dem Hintergrund dieser Situation scheint es angebracht, dass die Erziehungswissenschaft bzw. Erwachsenenbildungswissenschaft sich detailliert(er) mit dem Thema befasst und das Lernen im Lebenslauf in seinen vielfältigen theoretischen, empirischen und praktischen Dimensionen untersucht (vgl. hierzu etwa Hof/Rosenberg 2018) – dabei aber auch die Verschiebungen im Diskurs beachtet, der sich insbesondere in der zunehmenden Fokussierung von Arbeit und Beschäftigungsfähigkeit manifestiert. So warnen English/Mayo (2021):

> »In sum, the over-emphasis on work, employability and ICT [= Informations- und Kommunikationstechnologie, C. H.] indicates that the discourse thus far is removed from a broad conception of education that takes on board the different multiple subjectivities that make up citizens. [...] It is a discourse that limits human beings to twodimensional persons, consumers and producers, rather than expands the conception to embrace a more holistic view of persons who have the skills to engage critically and collectively not only in but also with the work process and also engage in a public sphere marked by difference.« (ebd., S. 28)

3 Lebenslanges Lernen als dreifache Ausdehnung des Lernens: Herausforderungen für die pädagogische Gestaltung

Während die bildungspolitische Perspektive auf das Lebenslange Lernen dessen gesellschaftliche Funktion in den Vordergrund rückt und dabei die politischen, rechtlichen und organisatorischen Rahmenbedingungen für Weiterbildung fokussiert, thematisiert die Pädagogik die Frage der *Ermöglichung von Lern- und Bildungsprozessen* (Arnold 2000). Damit rückt das lernende Subjekt in den Mittelpunkt der pädagogischen Thematisierung Lebenslangen Lernens. In praktischer Absicht geht es um das Bemühen, Lernmöglichkeiten für die Einzelnen zu konzipieren und zu gestalten (zu den erziehungswissenschaftlich-theoretischen Implikationen der Hinwendung zum Lebenslangen Lernen vgl. ▶ Kap. 5). Der Fokus liegt dementsprechend auf Fragen der Vermittlung (vgl. Hof 2003, 2009b, Berdelmann/Fuhr 2020) bzw. der Gestaltung von Lernumgebungen (Hof 2007, Hof/Egloff 2022, ▶ Kap. 5). Zugleich rückt die subjektorientierte Didaktik (Ludwig 2005) in den Mittelpunkt der pädagogischen Bearbeitung des Lebenslangen Lernens. Allerdings müssen die Ziel-, Inhalts- und Methodenentscheidungen nun – bezogen auf das veränderte Lernverständnis – neu konzipiert werden.

Im Folgenden sollen die grundlegenden Veränderungen angesprochen werden, die im Zusammenhang mit der Hinwendung zum Lebenslangen Lernen für die praktische Konzeption und Gestaltung von Lernumgebungen diskutiert werden. Dabei orientiert sich die Darstellung an den verschiedenen Dimensionen des Konzepts »Lebenslanges Lernen« und damit an der schon angesprochenen zeitlichen, räumlichen und sachlichen Ausdehnung des Lernens.

3.1 Zeitliche Ausdehnung des Lernens und die Hinwendung zu einer subjektorientierten Bildungsarbeit

Die Hinwendung zum Lernen als lebenslangem Prozess geht – ähnlich wie dies im bildungspolitischen Diskurs schon ausgeführt wurde – einher mit einem *neuen Verständnis von Lernen*. So sah die Pädagogik in den 1960 und 1970er Jahren ihren Beitrag zum Ausbau lebenslanger Lernprozesse noch in einem Ausbau von Bildungsinstitutionen. Lebenslanges Lernen wurde demnach begriffen als Verlängerung organisierten Lernens. Die Umsetzung dieser Perspektive zeigt sich nicht nur darin, dass sich erst einmal allein die Erwachsenenbildung für das Lebenslange Lernen zuständig fühlte (vgl. z. B. Knoll 1974), sondern manifestiert sich auch in der massiven Vermehrung von Institutionen der Erwachsenen- und Weiterbildung. Auch auf die Hinwendung zu Fragen der Alten- und Altersbildung ist hinzuweisen, denn sie veranschaulicht sehr klar, dass die zeitliche Ausdehnung des Lernens zur »Entdeckung« einer neuen Zielgruppe geführt hat (vgl. Iller 2009, Becker et al. 2000, S. Kade 2007, Schmidt-Hertha 2014, Leipold 2012).

Die Vorstellung, dass sich Lebenslanges Lernen durch einen Ausbau des Bildungssystems realisieren ließe, ist allerdings vielfach kritisiert worden. Insbesondere Geißler wies auf die Gefahr der Kolonialisierung der Lebenswelt durch Weiterbildung hin (Geißler 2003). Entsprechende Vorbehalte konnten erst in dem Moment entkräftet werden, in dem sich ein Lernverständnis durchsetzt, das Lernen nicht mehr primär als Reaktion auf Belehrt-Werden, sondern als subjektive Verarbeitung von Erfahrungen begreift (Leicester/Parker 2001, Harrison 2002, Longworth 2004, ▶ Kap. 5).

Damit einhergehend entsteht auch ein *neues Bild der Lernenden*. Das »traditionelle« Bild von dem oder der Erwachsenen als einem Menschen, der ab einem bestimmten – sozial definierten – Alter »fertig und reif für die Übernahme von Rechten und Pflichten sei« (Seitter 2001, S. 85), ging einher mit der Grundvorstellung, »dass sich das Leben eines Bürgers einer zivilisierten Gesellschaft in zwei Phasen aufteilt. In einer ersten Phase erwarb man sich jenes Maß an Bildung, das für den erwählten Beruf und den erstrebten sozialen Status erforderlich war; in einer zweiten Phase konnte man dann mit dem erworbenen Bildungskapital arbeiten.« (Picht 1976, S. 20). Einhergehend mit der Vorstellung, dass der oder die Erwachsene mit dem schulischen Reifezeugnis alles relevante Wissen und Können gelernt habe und in die Selbstständigkeit und Eigenständigkeit entlassen werden könne, wurden Lernzumutungen als mit der gesellschaftlichen Rolle des bzw. der Erwachsenen unvereinbar angesehen (Schulenberg 1968). Heute wird – zumindest in der Theorie – ein dynamischer Begriff des Erwachsenenseins vertreten:

>»Mit der Diversifizierung der Erwachsenenrollen im Prozess der Modernisierung ist auch deren Ungleichzeitigkeit verbunden. Der Erwachsene ist gleichzeitig in ganz unterschiedliche lebensweltliche und gesellschaftliche Beziehungen eingespannt, die ihn einmal als fertige, das andere Mal als unfertige Person fordern, in denen er einmal Führungskraft, einmal Ratsuchender, einmal Ratgebender ist.« (Arnold 1996, S. 8)

Die Gleichzeitigkeit unterschiedlicher Rollensegmente entspricht unterschiedlichen »Fertigkeits«-Graden – was wiederum zu einer differenzierteren Betrachtung des oder der Erwachsenen als Lernende führt. Einhergehend mit der Differenzierung des Bildes von Erwachsenen werden vielfältige Lernmöglichkeiten und -notwendigkeiten herausgestellt und betont, dass der Lernprozess nie abgeschlossen ist, sondern im Verlauf des Lebens weitergeführt wird. »Die lebenslange Lernbereitschaft und Lernpraxis korrespondiert nun mit einem Bild des Erwachsenen als einem sich ständig (neu) entwerfenden Menschen, der in der Verflüssigung des festgefügten Selbst seinen eigenen Lebenslauf dauernd rekonstruiert und neu schreibt« (Seitter 2001, S. 93). Lernen wird – mit anderen Worten – als grundlegender Bestandteil des Lebens angesehen (▶ Kap. 1).

Diese neue Sicht auf das Lernen und die Lernenden verändert auch die Orientierung an der *pädagogischen Gestaltung des Lehr-Lern-Prozesses*. Während die traditionelle Didaktik – ebenso wie das Instructional Design – die Intentionen und Aktivitäten der Lehrenden in den Mittelpunkt stellte (vgl. Hof 2011a), beachten aktuelle pädagogische Konzepte zunehmend die verschiedenen Momente dieser sozialen Praxis. Damit rücken die Ideen, Erwartungen und Ziele der Akteure ebenso ins Zentrum wie ihre routinierten Aktivitäten (Hof 2001, Bittner et al. 2017, Alkemeyer et al. 2015, Kemmis 2019).

Im pädagogisch-programmatischen Diskurs werden die Inhalte, die Prozesse und die grundlegenden Überzeugungen unter dem Label der Lehr-Lernkultur thematisiert (Schüßler/Thurnes 2005, S. 20). Eine»Neue Lernkultur« gilt ganz allgemein als eine Form der Gestaltung von Lehr-Lern-Prozessen, die sich konträr zur traditionell belehrenden, stark anleitenden Lehrkultur verhält. Stattdessen spielt das selbstorganisierte, reflexive Lernhandeln in einer komplexen Lernumgebung eine größere Rolle (vgl. Wiesner/Wolter 2005, S. 27f.). Die Hinwendung zu neuen Lehr-Lern-Kulturen geht einher mit einer Hinwendung zu Fragen des Lern*prozesses*. Entsprechend rücken die inhaltliche Planung der Lehrenden und ihre Auswahl von Lerninhalten in den Hintergrund zugunsten der Gestaltung von Kommunikations- und Interaktionsräumen und der subjektiven Aneignung (vgl. Schüßler/Thurnes 2005, Dörner et al. 2016). Schlagwortartig werden hierbei oft eine Ermöglichungsdidaktik (Arnold 2015, Arnold/Prescher/Stroh 2017) und damit eine stärker subjektorientierte Bildungsarbeit sowie die Förderung selbstgesteuerten Lernens gefordert.

3.1.1 Konzepte subjekt- und biografieorientierter Bildungsarbeit

In der Weiterentwicklung der didaktischen Diskussion, die seit den 1920er Jahren das Prinzip der Teilnehmendenorientierung propagiert, in den 1980er Jahren den Lebensweltbezug und den Deutungsmusteransatz entwickelte und in den 1990er Jahren den Konstruktivismus bzw. die Holzkamp'sche Lerntheorie rezipierte, werden gegenwärtig verschiedene didaktische Konzepte diskutiert, die sich unter dem Stichwort»subjektorientiert« zusammenfügen lassen (Ludwig 2011). Sie zeichnen sich dadurch aus, dass die je individuelle Situation des oder der Einzelnen zum Ausgangspunkt pädagogischer Arbeit gewählt und Lernen als Kompetenzentwicklung verstanden wird. Dabei wird mit dem Konzept der Kompetenz das individuelle Handlungssubjekt mit seinem Wissen, seinen Fähigkeiten und seinen Handlungskontexten in den Mittelpunkt der erwachsenenpädagogischen Reflexion gerückt.

Die Berücksichtigung lebenslanger Lernprozesse geht somit einher mit einer Fokussierung des pädagogischen Blicks auf die Einzelnen und seine bzw. ihre biografischen Vorerfahrungen und Deutungen. Dabei wird besonderer Wert gelegt auf die bewusste Herbeiführung der Reflexion bislang latenter oder unthematisierter Erfahrungsbestände und die Ermöglichung ihrer Transformation in Erfahrungswissen (Kreimeyer 2004, S. 55). Professionellen Erwachsenenpädagoginnen und -pädagogen kommt die Aufgabe zu, die Einzelnen dabei zu unterstützen, »Brüche in der Lebensführung und Differenzerfahrungen aufgrund gesellschaftlicher Modernisierungen mit lebensgeschichtlichem Sinn zu verbinden« (Brödel 1998, S. 4). Dies kann nicht nur durch die reflexive Durchdringung der eigenen Deutungen geschehen, sondern auch durch eine Bildungsarbeit, die analysierend an konkreten Problemsituationen und subjektiven Lernbegründungen ansetzt (Ludwig 2000, Müller 1998, 2003).

Mit dem Konzept des Lebenslangen Lernens tritt damit die Biografie des oder der einzelnen Erwachsenen in den Mittelpunkt der Aufmerksamkeit. »Sie wird zum Bezugspunkt für Lernprozesse, gleichgültig, in welcher Form oder an welchem Ort sie stattfinden« (Egloff/Kade 2005). Im Kontext des pädagogischen Interesses an der Gestaltung und Unterstützung von Lern- und Bildungsprozessen führt die Einsicht, dass Bildungsprozesse immer im Horizont der Gesamtheit biografischer Erfahrungen und Erwartungen der Lernenden stattfinden (Alheit 1993), zu einer Aufwertung der Methoden biografischen Lernens. Biografisch orientierte Erwachsenenbildung beschränkt sich dabei nicht darauf, die biografischen Erfahrungen der Teilnehmenden als Hintergrund organisierter Lernprozesse zu berücksichtigen und Situationen anzusprechen, in denen etwa die Verknüpfung biografischer Erfahrungen und aktueller Lernanforderungen nicht gelingt. Biografisch orientierte Erwachsenenbildung greift vielmehr die Lebens- und Lerngeschichte explizit als Gegenstand der Bildungsarbeit auf, um dadurch das eigene Leben bewusster reflektieren zu können und eine »biographisch fundierte Handlungsfähigkeit zu entwickeln« (Dausien/Alheit 2005, S. 31, vgl. auch Miethe 2011).

Während in den hier exemplarisch angesprochenen Konzepten der Schwerpunkt auf die biografischen und lebensweltlichen Kontexte des Aneignungsprozesses gelegt wurde, rückt mit dem Thema der Selbststeuerung der kognitive Prozess des Lernens in den Vordergrund.

3.1.2 Konzepte zur Förderung selbstgesteuerten Lernens

Mit dem Begriff des selbstgesteuerten Lernens wird eine Lernform beschrieben, in der »der Handelnde die wesentlichen Entscheidungen, ob, was, wann, wie und woraufhin er lernt, gravierend und folgenreich beeinflussen kann« (Weinert 1982, S. 102). Abgegrenzt wird dieses Lernen vom fremdgesteuerten Lernen, bei dem Lernende durch eine systematische Unterrichtsplanung angeleitet werden. Innerhalb der Erwachsenenbildung stellt Knowles (1980) selbstgesteuertes Lernen ins Zentrum seiner Überlegungen. Er beschreibt es als einen Prozess, bei dem

> »der Lerner – mit oder ohne Hilfe anderer – initiativ wird, um seine Lernbedürfnisse festzustellen, seine Lernziele zu formulieren, menschliche und dingliche Ressourcen für das Lernen zu identifizieren, angemessene Lernstrategien zu wählen und zu realisieren und um die Lernergebnisse zu evaluieren« (Knowles 1980, S. 18).

Größere Aufmerksamkeit innerhalb des Diskurses um das Lebenslange Lernen hat dieses Konzept vor allem im Anschluss an die Arbeiten von Dohmen eine größere Aufmerksamkeit bekommen. Als Antwort auf die Frage, wie die Grundlagen und Motivationen für lebenslange Lernprozesse verbessert werden können und eine »Mobilisierung aller Kompetenzen und kreativen Problemlösungspotenziale in der gesamten Bevölkerung erreicht werden könne« (Dohmen 1996, S. 2, im Orig. kursiv) entwickelte er die These, dass das Lebenslange Lernen die »natürliche Grundfunktion menschlichen Lebens« (1996, S. 5, im Orig. kursiv) darstelle. Entsprechend dieser keinesfalls neuen lerntheoretischen Einsicht – schon Dewey beschrieb das gesamte Leben als Lern- und Erfahrungsprozess (vgl. Dewey 1933/1986, 2000) – betont er, dass das Bemühen um eine Verbesserung lebenslanger Lernprozesse ein Anknüpfen an die Struktur »natürlicher Lernprozesse« erforderlich mache. Diese zeichnen sich zum einen dadurch aus, dass sie innerhalb *und* außerhalb formaler Bildungs-organisationen angesiedelt sind. Zum anderen finden sie in konkreten Lebenssituationen statt, sodass die alltäglichen Erfahrungen direkt reflektiert werden können.

Eine pädagogische Förderung Lebenslangen Lernens habe an diesen Merkmalen natürlichen Lernens anzusetzen und die konkreten Lebenserfahrungen und Kompetenzen sowie die Interessen der einzelnen Lernenden an den Anfang des Lernprozesses zu stellen.»Die Frage, ›Was, wann, wie, warum und mit welchen Ergebnissen lernen Menschen heute von sich aus?‹ ist eine Schlüsselfrage zur Entwicklung des Lebenslangen Lernens« (Dohmen 1996, S. 5, im Orig. kursiv).

Für die pädagogische Unterstützung lebenslanger Lernprozesse folgt daraus die Orientierung an lerntheoretischen Konzepten, die Lernen nicht ausschließlich an Lehren koppeln (vgl. hierzu auch Fuhr 2011), sondern sich mit dem alltäglichen Lernen befassen. Dies dürfte einer der Hintergründe sein, warum pragmatistische Perspektiven, die Lernen als Erfahrung beschreiben wieder stärker rezipiert werden. Zu verweisen ist hier insbesondere auf Dewey und Mezirow, die Lernen als Prozess der Auseinandersetzung mit wahrgenommenen Herausforderungen und Widersprüchen beschreiben, die zu einer Veränderung bzw. Transformation von Wissen, Perspektiven und Handlungsweisen führen können (vgl. Dewey 1933/1986, 1938/1986, Mezirow 2000).

Mit der Forderung nach einer stärkeren Berücksichtigung selbstgesteuerten und transformativen Lernens verbindet sich allerdings nicht nur die Hinwendung zum Lernen im alltäglichen Lebenszusammenhang. Zugleich rückt Lernen als kognitiver Prozess in den Fokus.

>»Selbstgesteuertes Lernen ist eine zielgerichtete Tätigkeit Lernender, die Entscheidungen *und* Bewertungen einschließt, wobei der Lernende mindestens über Wege zum Lernziel entscheidet und über den Erfolg des Lernergebnisses sowie den Prozess seiner Lerntätigkeit reflektiert. Darüber hinaus können Entscheidungen über Ziele, Inhalte, Lernorte und -zeiten beim Lernenden selbst liegen« (Kruse/Wiesner 2002, S. 160f.).

Diese Form des Lernens erfordert damit spezifische Kompetenzen, etwa die Fähigkeit, sich systematisch Informationen zu beschaffen, diese selbstständig auszuwerten und sich nachhaltig anzueignen, sowie im Anschluss daran die Erkenntnisse zu präsentieren bzw. im Austausch mit anderen zu vermitteln. Neben der Fähigkeit zur Selbstmotivation erfordere dies auch eine strategische Planung und Organisation des Lernprozesses unter zeitlichen, inhaltlichen und strukturellen Gesichtspunkten. Nach diesem Verständnis basiert Lernen auf spezifischen Fähigkeiten und Fertigkeiten auf der Seite des bzw. der Lernenden. Diese Dispositionen des Individuums werden auch als Selbstlernkompetenzen bezeichnet (vgl. Kruse/Wiesner 2002, Kaiser 2003, Mandl/Krause 2002). Eine Förderung aktiven, selbstgesteuerten Lebenslangen Lernens geht dementsprechend mit der Notwendigkeit einher, (Selbst-)Lernkompetenzen einzuüben und zu habitualisieren (vgl. hierzu auch Kaiser/Kaiser 2018).

Insgesamt ist an dieser Stelle festzuhalten, dass die zeitliche Ausdehnung des Lernens dazu geführt hat, dass der Lebenslauf zu einer zentralen erwachsenenpädagogischen Kategorie avanciert (Arnold 1996, Hof/Rosenberg 2018). Dies impliziert zum einen, dass das Lebenslange Lernen nun nicht mehr ausschließlich auf das Lernen, die Lernbereitschaft und Lernfähigkeit Erwachsener in Weiterbildungsinstitutionen bezogen wird, sondern auf die Gesamtheit aller Lernprozesse von der Kindheit bis in das Alter. Zugleich impliziert dies aber auch eine Abkehr von der starren altersbezogenen Unterscheidung der Bildungsinstitutionen, wie sie etwa in der Abgrenzung des Kindergartens, der Jugend- und der Erwachsenenbildung vollzogen ist. Der Fokus wird nun darauf gerichtet, Bildungsangebote über die gesamte Lebensspanne anzubieten. Mit der Hinwendung zu lebenslangen Lernprozessen tritt auch die Frage der Vernetzung von Organisationen – etwa der Gestaltung kommunaler Bildungslandschaften – in den Vordergrund (▶ Kap. 6).

Das Lebenslange Lernen beschränkt sich in dieser Perspektive nicht mehr auf die pädagogische Gestaltung von Lernmöglichkeiten für Erwachsene in Weiterbildungsinstitutionen, sondern beschreibt ein übergreifendes Prinzip.

»Mit Lebenslangem Lernen verbindet sich die Vision eines relativ offenen, flexiblen und transparenten Systems mit vielfältigen Eingängen und Ausgängen, mit zahlreichen Übergängen und Verbindungslinien, mit hoher Durchlässigkeit und ohne Sackgassen« (Wiesner/Wolter 2005, S. 22).

Dabei verschiebt sich der Bezugspunkt von der Frage nach curricularen Angeboten von Institutionen hin zur individuellen Nachfrage nach Bildung.

In diesen Zusammenhang gehören auch die Thematik der Pluralisierung der Lernorte und die Aufwertung informellen Lernens. Sie werden im Folgenden behandelt.

3.2 Räumliche Ausdehnung des Lernens und die Hinwendung zu vielfältigen Lernorten

Das Konzept des Lebenslangen Lernens impliziert nicht nur eine zeitliche Ausweitung des Lernens auf alle Lebensphasen, sondern auch die räumliche Entgrenzung des Lernens. Die für viele pädagogische Aktivitäten grundlegende Orientierung an der Definition des deutschen Bildungsrats (1972), der Weiterbildung als die Fortsetzung organisierten Lernens im Anschluss an eine abgeschlossene erste Bildungsphase beschrieb, erfordert damit eine Erweiterung. Zwar hatte die Kultusministerkonferenz (KMK 2001) neben das organisierte Lernen auch das Selbstlernen gestellt, aber darüber hinaus gilt es, auch andere Formen der pädagogischen Institutionalisierung von Lernmöglichkeiten zu berücksichtigen. Mit anderen Worten impliziert das Lebenslange Lernen, dass nicht nur in Bildungseinrichtungen, sondern auch in anderen Lebensbereichen und anderen Organisationen lernförderliche Lernumgebungen geschaffen werden.

3.2.1 Institutionelle Entgrenzung

Verschiedene Entwicklungen haben dazu geführt, dass die Pädagogik ihren Blick ausgeweitet hat von der Gestaltung des Lernens in Organisationen hin zur Unterstützung von Lernprozessen auch außerhalb klassischer Bildungseinrichtungen.

So zeigt ein Blick in das Institutionengefüge des quartären Sektors des Bildungswesens, dass hier in den letzten Jahren vielfache Veränderungen stattgefunden haben. Insbesondere der institutionelle Ausbau des quartären Sektors seit den 1960/70er Jahren hat zu einer massiven zahlenmäßigen Ausweitung von Bildungsangeboten geführt (Giese/Wittpoth 2011). Lernen Erwachsener findet – so wurde zunehmend deutlich – nicht allein in explizit dafür ausgewiesenen Bildungseinrichtungen – etwa der Volkshochschule – statt. Vielmehr ist eine Vielzahl anderer Lernorte zu erkennen, an denen Erwachsenen Wissen vermittelt wird:

»Fast an jeder Ecke kann und soll man etwas lernen, immer wieder wird einem gesagt, was man alles noch nicht weiß und doch besser wissen sollte, überall trifft man auf ausgeklügelte didaktische Arrangements, mit deren Hilfe die eigenen Defizite überwunden und neues Wissen bzw. neue Erfahrungen vermittelt werden sollen« (Kade 1997a, S. 20).

Die Vermittlungsformen sind dabei nicht mehr auf professionelle Anleitung in personalen Interaktionen begrenzt. Vielmehr finden sich zunehmend (multi-)mediale und erlebnisbezogene Lernangebote. Auch sind die Akteurinnen und Akteure nicht mehr allein die professionellen Pädagoginnen und Pädagogen, sondern auch Fernsehmoderatoren, Managerinnen und Reiseleitungen – um nur einige Beispiele zu nennen – beteiligen sich an der Gestaltung von Lehr-Lern-Prozessen. Ihre Vermittlungsaktivitäten zeichnen sich dadurch aus, dass sie neben der Wissensvermittlung auch auf die Optimierung ökonomischer Ziele ausgerichtet sind. Jochen Kade hat diese Veränderungen unter dem Stichwort der Entgrenzung des Pädagogischen beschrieben (Lüders/Kade/ Hornstein 2006, Kade 1997a).

Damit ist ausgesprochen, dass pädagogisch intentionale Aktivitäten zur Förderung von Lernen nicht (mehr) nur in Einrichtungen stattfinden, die sich ausschließlich als Bildungsinstitutionen verstehen, sondern auch in solchen Organisationen, die neben Bildung auch kulturelle, ökonomische oder unterhaltende Ziele verfolgen. Einhergehend mit dieser Ausweitung entstehen neue Formen pädagogisch strukturierter Vermittlungs- und Aneignungsverhältnisse, die als »hybride Settings« (Seitter 2001, Dinkelaker 2008) beschreibbar sind.

Die Kategorien, mit denen diese Lernorte beschrieben werden, sind unterschiedlich. Sie reichen von polarisierenden Gegenüberstellungen –

etwa zwischen pädagogisch strukturiertem Lernen und sozialisatorischem Lernen (Kade 1997b), Lernen»on the job« und Lernen»off the job« (z. B. Dybowski et al. 1999, S. 242) – über eine Dreiteilung – etwa Simons Differenzierung zwischen Lernen in Schulen oder Kursen, Lernen»on the job« oder am Arbeitsplatz und Lernen an anderen Orten (Simons 1994) – bis hin zum Vorschlag von Erpenbeck/Sauer (2000), die das Lernen in Bildungseinrichtungen, das Lernen im Prozess der Arbeit, Lernen mit (neuen) Medien und das Lernen im sozialen Umfeld voneinander abgrenzen.

3.2.2 Ausweitung der Lernformen: Formales, non-formales und informelles Lernen

Einhergehend mit der Entgrenzung des Pädagogischen vom Lehren in Bildungseinrichtungen hin zur Gestaltung von Lernumgebungen an unterschiedlichen Lernorten vollzieht sich auch eine Differenzierung verschiedener Lernformen. So wird insbesondere in der internationalen Diskussion zwischen formalem, non-formalem und informellem Lernen unterschieden. Die Europäische Kommission verwendet folgende Definition:

> »Formales Lernen findet in Bildungs- und Ausbildungseinrichtungen statt und führt zu anerkannten Abschlüssen und Qualifikationen.
>   Nicht-formales Lernen findet außerhalb der Hauptsysteme der allgemeinen und beruflichen Bildung statt und führt nicht unbedingt zum Erwerb eines formalen Abschlusses. Nicht-formales Lernen kann am Arbeitsplatz und im Rahmen von Aktivitäten der Organisationen und Gruppierungen der Zivilgesellschaft (wie Jugendorganisationen, Gewerkschaften und politischen Parteien) stattfinden. Auch Organisationen oder Dienste, die zur Ergänzung der formalen Systeme eingerichtet wurden, können als Ort nicht-formalen Lernens fungieren (z. B. Kunst-, Musik- und Sportkurse oder private Betreuung durch Tutoren zur Prüfungsvorbereitung).
>   Informelles Lernen ist natürliche Begleiterscheinung des täglichen Lebens. Anders als beim formalen und nicht-formalen Lernen handelt es sich beim informellen Lernen nicht notwendigerweise um ein intentionales Lernen, weshalb es auch von den Lernenden selbst unter Umständen gar nicht als Erweiterung ihres Wissens und ihrer Fähigkeiten wahrgenommen wird« (Europäische Kommission 2000, S. 9f.).

Das *formale* ebenso wie das *non-formale Lernen*, das pädagogisch konzipiert in expliziten Bildungsveranstaltungen stattfindet und ggf. zu einem Zertifikat führt, gilt damit nur noch als *eine* Form menschlichen Lernens. Daneben bekommt das in den alltäglichen Lebensvollzug eingebettete *informelle Lernen* besondere Aufmerksamkeit (schon Faure 1973, Dohmen 1996, 2001, BLK 2004, Harring et al. 2018, Rohs 2016, Niedermair 2015). Es wird umschrieben als »any activity involving the pursuit of understanding, knowledge or skill which occurs without the presence of externally imposed curricular criteria« (Livingstone 2001, S. 4).

An diese »Grundform menschlichen Lernens« (Dohmen 2001) sei anzuschließen, um Lebenslanges Lernen in seinen vielfältigen Formen zu fördern. Denn: »Lange bevor es Bildungsinstitutionen gab, lernten die Menschen, indem sie beobachteten, nachahmten, probierten, Erfahrungen austauschten, miteinander über ihre Tätigkeiten sprachen und Rituale und Belehrungen konstruierten und weitergaben« (Kirchhöfer 2006, S. 325).

Während das formale und auch das non-formale Lernen als Begriff eindeutig zu sein scheinen, gibt es um das informelle Lernen eine breite und kontroverse Diskussion (Seltrecht 2012, Hof/Carstensen 2015, Rohs 2014, Werquin 2016). So wird informelles Lernen von manchen Autoren als beiläufiges, inzidenzielles Lernen beschrieben, das nicht notwendigerweise bewusst als Lernen wahrgenommen wird, sondern in *Communities of Practice* eingebettet ist (Lave/Wenger 1991, Marsick/Volpe/Watkins 1999). Andere konzipieren es als einen intentional geplanten Prozess, bei dem der oder die Lernende sich selbst Lernziele setzt, Lerninhalte auswählt und den Lernprozess organisiert und steuert (z. B. EU 2006). So definiert Livingstone informelles Lernen als

»jede mit dem Streben nach Erkenntnissen, Wissen oder Fähigkeiten verbundene Aktivität außerhalb der Lehrangebote von Einrichtungen, die Bildungsmaßnahmen, Lehrgänge oder Workshops organisieren. [...] Die grundlegenden Merkmale des informellen Lernens (Ziele, Inhalt, Mittel oder Prozesse des Wissenserwerbs, Dauer, Ergebnisbewertung, Anwendungsmöglichkeiten) werden von den Lernenden jeweils einzeln oder gruppenweise festgelegt. Informelles Lernen erfolgt selbständig, und zwar individuell oder kollektiv, ohne dass Kriterien vorgegeben werden oder ausdrücklich befugte Lehrkräfte dabei mitwirken. Informelles Lernen unterscheidet sich von Alltagswahrnehmungen und allgemeiner Sozialisierung insofern, dass die Lernenden selbst ihre Aktivitäten bewusst als signifikanten Wissenserwerb einstufen. Wesensmerkmal des informellen Lernens ist die selbständige Aneignung neuer signifikanter Erkenntnisse oder Fähigkeiten, die lange genug Bestand haben, um im Nachhinein noch als solche erkannt zu werden« (Livingstone 1999, S. 68f.).

Neben dem Hinweis auf unterschiedliche Modi, in denen Lernen stattfinden kann, gilt es aber auch die Frage zu stellen, ob es sich beim formalen bzw. informellen Lernen wirklich um unterschiedliche Lern*formen* handelt bzw. was mit den Lernformen jeweils beschrieben werden kann. Denn durch die Fokussierung auf bewusst geplante Lernprozesse kann nur ein geringer Teil möglicher Lernaktivitäten außerhalb pädagogischer Institutionen in den Blick genommen werden. Umgekehrt steht die Vorstellung von informellem Lernen als beiläufigem Lernen vor der Schwierigkeit, unbewusste Aneignungsprozesse erfassen zu können. Angesichts dieser Problematik scheint es plausibel, dass sich Institutionen, die sich um eine empirische Erfassung informeller Lernprozesse bemühen, an theoretischen Konzepten orientieren, die die Intentionalität des Lernens zugrunde legen: So definiert etwa Eurostat das informelle Lernen als

»generally intentional but it is less organised and less structured learning and may include for example learning events (activities) that occur in the family, in the work place, and in the daily life of every person, on a self-directed, family-directed or socially directed basis.« (Eurostat 2001, S. 12, zit. nach Werquin 2016, S. 48, vgl. auch Bilger 2015)

In Abwägung der verschiedenen Perspektiven wird an dieser Stelle eine vermittelnde Position vorgeschlagen, die informelles Lernen nicht auf explizit beabsichtigte Lernaktivitäten begrenzt, sondern auch solche Lernsituationen einbezieht, die zwar nicht als Lernsituationen intendiert waren, aber Erfahrungen ermöglichen, die zu einem bewussten Lernprozess führen (z. B. Molzberger 2002, vgl. auch Schmidt 2009, S. 101). Kirchhof/Kreimeyer (2003, S. 219) formulieren dies folgendermaßen:

»Informelles Lernen besteht folglich aus bewusst als Lernprozesse angestrebten Handlungen (selbst organisiertes Lernen) und als solche wahrgenommenen Erfahrungen (Erfahrungslernen) sowie aus Lernprozessen, deren Verlauf und das Ergebnis den Lernenden nicht bewusst sind (implizites Lernen). Konstituierende Gemeinsamkeit derartiger informeller Lernprozesse ist eben das Fehlen jeglicher pädagogischer Intention und Einwirkung«.

In diesem Zusammenhang hat schon Schäffter (1998, S. 132f.) darauf hingewiesen, dass es für den Lernprozess selbst nicht wesentlich sei, in welchem Kontext er erfolge, da der psychologische Prozess immer gleich verlaufe:»Nicht das Lernen ist informell, sondern allenfalls die Kontexte, in denen es stattfindet; wobei berücksichtigt werden muss, dass auch in formalisierten Kontexten häufig beiläufig gelernt wird« (Düx/Sass 2005, S. 395). Vor diesem Hintergrund plädieren einige Autorinnen und Autoren (etwa Düx/Sass 2005, Kirchhof/Kreimeyer 2003, Kirchhöfer 2001, Straka 2000, Rehfeldt 2012) dafür, nicht das Lernen als informell zu bezeichnen, sondern die Umgebung, in der dieses stattfindet.»Da Lernen nicht orts-, sondern personengebunden ist […], denn niemand kann für einen anderen lernen […], müsste es zutreffender heißen: […] Lernen unter Bedingungen, die nicht primär nach pädagogischen Zielsetzungen arrangiert sind« (Straka 2000, S. 23).

Skeptisch gegenüber der Vorstellung, dass sich mit dieser Gegenüberstellung von formalem und informellem eine definitorische Klarheit entwickeln werde, verweist Overwien (2005) auf Versuche, das informelle Lernen im Rahmen eines Kontinuums vom informellen hin zum formalen Lernen zu beschreiben. Dadurch könnte eine Linie vom eher zufälligen und unbeabsichtigten inzidenziellen Lernen über ein problembezogenes Lernen und einen selbst initiierten Wissenserwerb bis hin zur intentionalen Teilnahme an Coaching- und formalen Ausbildungsprogrammen gezogen werden. Die Berücksichtigung dieser verschiedenen Lernformen eröffne vielfältige Ansatzpunkte für das Bemühen um eine pädagogische Gestaltung von Lernmöglichkeiten (vgl. hierzu auch den Systematisierungsvorschlag von Maschke/Stecher 2018).

3.2.3 Gestaltung unterschiedlicher Lernkontexte innerhalb und außerhalb pädagogischer Einrichtungen

Aus einer pädagogischen Perspektive stellt sich in einer Situation der Entgrenzung des Pädagogischen die Frage, wie Lernen in den verschiedenen Kontexten zu unterstützen sei. Damit wandelt sich der Fokus der Aufmerksamkeit von der didaktischen Wissensvermittlung in Bildungseinrichtungen zur Gestaltung von Lernumgebungen in verschiedenen Settings. Typologisch lassen sich dabei verschiedene Lernkontexte unterscheiden: Lernen in pädagogischen Einrichtungen, Lernen im sozialen Umfeld, Lernen in medialen Lernumgebungen und Lernen im Kontext von Arbeitsprozessen.

Lernen in pädagogischen Einrichtungen

Im Unterschied zu naturwüchsigen, in den alltäglichen Lebensvollzug eingelagerten Lernprozessen zeichnet sich das Lernen in pädagogischen Einrichtungen dadurch aus, dass es bewusst gestaltet und zielgerichtet umgesetzt wird. Klaus Prange spricht vom Zeigen als Grundoperation pädagogischen Handelns (vgl. Prange 2005, vgl. auch Berdelmann/Fuhr 2020). Denn

- pädagogisches Handeln gibt es nicht ohne die Absicht, jemand anderem etwas so zu zeigen, dass er oder sie es wiederholen und übertragen kann,
- pädagogisches Handeln ist die Darstellung der Welt für diejenigen, die sie noch nicht oder nur unvollständig kennen,
- pädagogisches Handeln hilft beim Übergang vom Nicht-Wissen zum Wissen, vom Nicht-Können zum Können, vom Nicht-Wollen zum Wollen.

Bezieht man diese Überlegungen auf das Lernen in pädagogischen Einrichtungen, dann lässt sich sagen, dass hier das Lernen im Kontext der pädagogischen Gestaltung von Lernumgebungen stattfindet. Damit sollen alle Formen von Lernhilfen zusammengefasst werden, »bei denen

- eine Person (Dozent, Trainer, Lernberater, facilitator)
- andere Personen (Lernende, Teilnehmende)
- in institutionalisierter Form (Kurs, Seminar)
- in direkter Kommunikation (aber u. U. durch Phasen des von Lehrenden isolierten Lernens – etwa mit Medien oder in selbstgesteuerten Lerngruppen – ergänzt)

- nicht nur eine kurze Mitteilung macht, sondern über eine längere Zeitspanne hinweg (z. B. eine Unterrichtsstunde, ein Seminar)
- bei der Aneignung, Reflexion oder Umorganisation eher umfangreichen Wissens zu helfen versucht« (Fuhr 2011, S. 380).

Ein empirischer Blick auf das Lehren verdeutlicht, dass verschiedene Formen der Vermittlung von Wissen zu differenzieren sind. Bezogen auf das Unterrichten in pädagogischen Einrichtungen lassen sich vier Formen differenzieren, die auch mit unterschiedlichen Sichtweisen und Selbstverständnissen der Kursleiter bzw. Lehrenden einhergehen (vgl. Hof 2001, 2003):

1. Unterricht als Unterweisung/Belehrung. Im Vordergrund steht hier die adressatenorientierte Weitergabe neuer Sachkenntnisse.
2. Unterricht als Training. Beim Training steht die einübende Aneignung vorgeführter Verhaltensweisen im Zentrum.
3. Unterricht als Beratung. Eine Beratung ist dadurch zu charakterisieren, dass das Fachwissen des Dozenten oder der Dozentin mit den konkreten Fragen und Problemen der Teilnehmenden in Beziehung gebracht wird.
4. Unterricht als Moderation. Auch beim Konzept der Moderation stehen die persönlichen Problemlagen der Teilnehmenden im Zentrum – deren Bearbeitung werden aber primär moderiert und nicht didaktisch gesteuert.

Arrangement von Erfahrungsmöglichkeiten im sozialen Umfeld

Im sozialen Umfeld findet sich eine Form der Gestaltung von Lernumgebungen, die als Arrangieren von Erlebnis- und Erfahrungsmöglichkeiten beschrieben werden kann. Dies zeichnet sich dadurch aus, dass die »Lehrenden« hier nicht selbst die Präsentation von Wissen und Fertigkeiten übernehmen, sondern Situationen gestalten, in denen die Adressatinnen und Adressaten Erfahrungen machen können. Als Beispiele können hier exemplarisch erlebnispädagogische Programme im Kontext von Führungskräftetrainings, der Besuch eines Hochseilgartens oder die Durchführung von Exkursionen genannt werden. Die Aktivitäten und

Zuständigkeiten der Lehrenden beziehen sich hier weniger auf die direkte persönliche Instruktion oder die bewusste Gestaltung von Lehrmedien. Vielmehr geht es um die Schaffung von direkten Erlebnismöglichkeiten, die von den Lernenden dann zu Erfahrungen verarbeitet werden sollten. Schäffter (2000, S. 84f.) spricht in diesem Zusammenhang von Lehre als organisatorischem Arrangement bzw. als Kontextsteuerung und verweist damit auf die intentionale bzw. lernförderliche Ausgestaltung von zeitlichen, räumlichen, sachlichen und sozialen Rahmenbedingungen für Lernen. Durch diese werden Verhaltensräume limitiert und erwünschte Handlungen begünstigt. Als Beispiele können auch Freizeitparks (Brinkmann 2003), Museen und Science Centers (Freericks 2006) genannt werden (vgl. Diedrichsen/Theile/Nahrstedt 2003, Stang 2016).

Konzeption medialer Lernumgebungen

Im Unterschied zum Lernen in Seminaren und Trainings zeichnet sich mediales Lehren traditionell durch das Fehlen direkter Interaktion unter Anwesenden aus. Die Funktion der Schaffung von Lerngelegenheiten, der Steuerung des Lernprozesses und der Strukturierung der Lehr-Lern-Situation wird an Lernmedien gegeben. Dabei werden in der Moderne insbesondere digitale Kommunikationsmedien fokussiert, die durch die Merkmale der Multimedialität, Multimodalität und Multicodierung charakterisiert sind (vgl. Weidenmann 2002, Opfermann et al. 2019). Damit ist zum Ausdruck gebracht, dass mehrere Sinne angesprochen werden (etwa Hören *und* Sehen) und die Nutzerinnen und Nutzer nicht nur Informationen rezipieren, sondern auch aktiv damit arbeiten können.

Die Funktion, die die Medien im Lehr-Lern-Prozess einnehmen, ist damit allerdings noch nicht näher bestimmt. Grob unterscheiden lassen sich Medien als Informationsträger und Medien als »Gestalter« von Lernmöglichkeiten. Opfermann et al. (2019) sprechen daher auch von Informationsmedien bzw. von Lehrmedien. Bei der Gestaltung von Informationsmedien steht die Frage im Vordergrund, wie die Wissensinhalte präsentiert werden. Dies kann visuell oder auditiv, verbal bzw. bildhaft geschehen. Betrachtet man Medien als Lehr-Medien, dann werden sie als Instrumente betrachtet, durch die Lern- und Aneignungsprozesse ermöglicht werden können. In diesem Zusammenhang können Lehr-Medien vielfältige Formen der Interaktivität bereitstellen – seien dies Übungen, tutorielle Unterstützungsangebote oder Simulationen. *Last but not least* können digitale Medien auch Formen der Adaptivität beinhalten – das bedeutet, dass sich das dargebotene Wissen bzw. die Lernaufgaben an den Kenntnisstand der Lernenden anpassen kann.

Reinmann-Rothmeier (2002) grenzt folgende Formen der Gestaltung medialer Lernumgebungen voneinander ab:

- Das *Learning by distributing*, bei dem die Medien die Funktion der Verteilung bzw. Distribution lernrelevanter Informationen übernehmen. Ein Lehrender bzw. eine Lehrende im klassischen Sinne ist hier nicht erforderlich.
- Das *E-Learning by interacting*, bei dem die Funktion der Medien darin besteht, didaktisch aufbereitete Informationen anzubieten, damit der oder die Lernende sich diese ohne personelle Hilfe erarbeiten kann. Die Lehrenden übernehmen hier die Aufgabe der Aufbereitung der Informationen. Darüber hinaus können sie als Lernberatende oder Tele-Tutorinnen und -Tutoren tätig werden.
- Das *E-Learning by collaborating* basiert auf einer Lernumgebung, in der durch die Medien eine virtuelle Kleingruppe geschaffen wird, in der die Lernenden kommunizieren und gemeinsame Problemlösungen erarbeiten können. Die Funktion der Medien besteht demnach darin, eine Kollaboration zwischen den Lernenden anzustoßen. »Aus der *Sicht des Lerners* besteht diese Form des E-Learning darin, relativ eigenständig neues Wissen in der Lernumgebung zu konstruieren und dies vor allem im Prozess des sozialen Problemlösens zu tun« (Reinmann-Rothmeier 2002, S. 8). Die Übernahme einer Initiatoren- und Moderatorenrolle gilt dabei für die Lehrenden als unabdingbar.

Insgesamt zeichnet sich das mediale Lehren dadurch aus, dass die Lernenden nicht als »Objekt einer Intervention« angesehen werden, sondern als Subjekte, die sich aus einen breiten Angebot das aussuchen können, was ihren Dispositionen, Interessen, Bedürfnissen, Neigungen, Kenntnissen und Fähigkeiten am nächsten kommt. Zugleich haben sie die Freiheit, unaufmerksam zu sein, zu unterbrechen oder aber auch immer dasselbe wahrzunehmen (vgl. Nolda 2002, S. 161). Entsprechend sind die Anforderungen an die Gestaltung medialer Lernumgebungen sowohl für die Lernenden als auch für die Lehrenden bzw. die Mediengestaltenden sehr unterschiedlich.

Reinmann-Rothmeier (2002, S. 26) unterscheidet drei Leitfunktionen von Medien: die Distribution von Information, die Interaktion zwischen Nutzenden und System und die Kollaboration zwischen Lernenden. Jede der Funktionen geht mit unterschiedlichen E-Learning-Varianten einher.

1. Distribution von Information
   – E-Learning durch Rezeption und selbst gesteuerte Informationsverarbeitung
   – Anforderungen an die Lernenden: Selbststeuerungsfähigkeit; Medienkompetenz; hohes Vorwissen
   – Lernfreundliche Informations- und Mediengestaltung
   – Keine Personen in der Rolle des oder der Lehrenden erforderlich
2. Interaktion zwischen Nutzenden und System
   – E-Learning durch angeleitete Informationsverarbeitung und selbst organisiertes Üben
   – Lernende brauchen Motivation; Fähigkeit zur Selbstorganisation
   – Lernfreundliche Informationsgestaltung und Gestaltung von Instruktionen, Übungen, Aufgaben, Feedback + Antworten
   – Lehrende als Beratende
3. Kollaboration zwischen Lernenden
   – E-Learning durch eigenständige Wissenskonstruktion und soziales Problemlösen
   – Lernende brauchen Selbststeuerungsfähigkeit, Medienerfahrung, soziale Fähigkeiten
   – Aufgaben der Mediengestaltenden: Lernfreundliche Informationsgestaltung und Gestaltung von inhaltlichen und sozialen Kontexten
   – Lehrende als Initiatorinnen und Initiatoren sowie Moderatorinnen und Moderatoren

Insbesondere der Hinweis auf kollaborative Formen der Auseinandersetzung mit Informationen verdeutlicht aber auch, dass mediales Lernen nicht notwendigerweise durch die Abwesenheit direkter Interaktion zwischen Anwesenden zu kennzeichnen ist. Neuere digitale Technologien ermöglichen Videokommunikation auch mit größeren Gruppen und damit auch die direkte Interaktion von »Anwesenden«. Daraus ergibt sich, dass Partizipation und Sozialität zunehmend als wichtige Dimensionen medialen Lernens anzuerkennen sind (Mayrberger 2020, Jörissen 2007, de Witt 2011).

Darüber hinaus scheint es eine wichtige Aufgabe, sich den Besonderheiten des digitalen Bildungsraums zu widmen. Dabei geht es nicht nur um die Frage, wie ein digitaler Bildungsraum lehr- und lernreich gestaltet werden kann, sondern auch um die Implikationen für Lernen. Stalder (2016) hat den Begriff der *Kultur der Digitalität* in den Diskurs eingebracht und damit das Augenmerk auf gemeinschaftliche Formationen und Praktiken gelenkt, die an der individuellen wie auch sozial-interaktiven Generierung von Wissen beteiligt sind.

Unterstützung von Lernen im Prozess der Arbeit

Das Lernen im Kontext von Arbeit wird zu den ältesten und verbreitetsten Formen des Lernens gezählt. Es bezieht sich auf den jeweiligen Gegenstand der Arbeit und erfolgt in der Arbeit und über die Arbeit. Lernen am Arbeitsplatz ist daher ein arbeitsplatzgebundenes Lernen. Lernort und Arbeitsort sind identisch. Das Ziel des Lernens im Kontext von Arbeitsprozessen wird zum einen im Erhalt bzw. in der Erweiterung von Fertigkeiten, Kenntnissen und Qualifikationen gesehen, darüber hinaus aber steht der Erwerb einer beruflichen Handlungskompetenz im Fokus der Betrachtung dieses Lernortes (vgl. Dehnbostel 2010).

Das Lernen im Prozess der Arbeit kann auf unterschiedliche Weise geschehen und in unterschiedlichen Lernformen realisiert werden. Eine erste Differenzierung bezieht sich auf die Frage, ob es sich um *explizit* gestaltete lernförderliche Arbeitsbedingungen handelt oder nicht (Kohl/Molzberger 2005). Nach Dehnbostel (2020, S. 490) können fünf verschiedene Formen des Lernens im Prozess der Arbeit unterschieden werden:

1. Lernen durch Arbeitshandeln im realen Arbeitsprozess (arbeitsgebundenes Lernen), z. B. Learning on the Job; Communities of Practice
2. Lernen durch Begleitung, Unterweisung und Instruktion am Arbeitsplatz (arbeitsgebundenes Lernen), z. B. Mentoring; Lernprozessbegleitung; diverse Anlernformen
3. Lernen durch Integration von informellem und formalem Lernen (arbeitsgebundenes oder arbeitsverbundenes Lernen), z. B. Qualitätszirkel; Lernstatt; Lerninsel; Structured Learning on the Job; E-Learningformen
4. Lernen durch Hospitationen und betriebliche Erkundungen (arbeitsverbundenes oder arbeitsgebundenes Lernen), z. B. betriebliche Praktika; Maßnahmen der Berufsorientierung und Ausbildungsvorbereitung
5. Lernen durch Arbeitssimulation, durch didaktisch aufbereitete Arbeitsinhalte (arbeitsorientiertes Lernen), z. B. Cognitive Apprenticeship; Lernfabrik; Lernbüro; Übungsfirma; Produktionsschulen

Diese Beschreibung möglicher Formen des Lernens im Prozess der Arbeit verdeutlicht nicht nur die Unterschiedlichkeit und Vielfältigkeit dieses Lernortes, sondern zeigt auch, dass der Diskurs noch sehr stark berufspädagogisch geprägt ist und dementsprechend die Gestaltung betrieblicher Bildungsarbeit im Zentrum steht – auch wenn es nicht mehr allein um die Konzeption von Trainings-, Qualifizierungs- und Berufsbildungsmaßnahmen geht, sondern zunehmend auch informelle Lernprozesse, die im Kontext realer Arbeitsprozesse stattfinden, in den Blick genommen werden (Dehnbostel 2016). So zeigen neuere Studien, dass Lernen im Prozess der Arbeit auch im Rahmen von Gruppenarbeit und Projektarbeit stattfindet. Eine Unterstützung entsprechender Lernprozesse erfordert demzufolge ein Nachdenken über Arbeitstätigkeiten sowie die Organisation von Arbeit. Denn das »informelle Lernen in der Arbeit erfolgt u. a. in der Aufgabenbearbeitung, bei der Entscheidung über Dispositionsmöglichkeiten, in der Problemlösung, bei der Interaktion und Kommunikation am Arbeitsplatz und in der Qualitätssicherung« (Dehnbostel 2016, S. 347, vgl. auch Volkholz/Köchling 2001, 2004).

3.3 Inhaltliche Ausdehnung des Lernens

Das Feld der Erwachsenen- und Weiterbildung zeichnet sich dadurch aus, dass es inhaltlich kaum begrenzt ist. So lassen sich seit dem 20. Jahrhundert so gut wie alle Wissensinhalte nachweisen: allgemeine, politische, berufliche, kulturelle, soziale und gesellige Bildung mit ihren je spezifischen Inhalten prägen das thematische Universum der Erwachsenenbildung (Seitter 2011).

So listet das Bayerische Kultusministerium (2021) folgende Themenbereiche mit dem entsprechenden Stundenanteil (in %) auf, die allein im Rahmen der öffentlich geförderten Erwachsenenbildung angeboten werden:

- Sprachen/Fremdsprachen (38 %)
- Gesundheitsbildung/Hauswirtschaft (21,7 %)
- Lebens- und Erziehungsfragen (10,4 %)
- Kultur, Kunst, musische Betätigung (9,8 %)
- Philosophie, Religion, Weltanschauung, Theologie (3,8 %)
- Vorbereitung auf Schulabschlüsse (3,3 %)
- Gesellschaft, Politik, Wirtschaft (2,6 %9
- Länder- und Völkerkunde (2,2 %)
- Technik und Naturwissenschaften (2,1 %)
- Berufsbezogene Fragen, Arbeitswelt (1,9 %)
- Psychologie und Pädagogik (1,6 %)
- Verwaltung und Betriebspraxis (1,0 %)
- Massenmedien (0,6 %)
- Mitarbeiterfortbildung in der Erwachsenenbildung (0,5 %)

Neben diesen Themen der Allgemeinen Erwachsenenbildung sind darüber hinaus die vielfältigen Angebote zur Politischen Bildung, zur Grundbildung und zu den mannigfaltigen Themen der Beruflichen Bildung zu nennen.

Auch hinsichtlich der Form des Wissens ist von einer Pluralität auszugehen. So steht die Vermittlung wissenschaftlicher Erkenntnisse neben dem Training praktischer Fertigkeiten und Methoden, die Auseinandersetzung mit sozialen Werten und Normen neben der Thematisierung persönlicher Selbst- und Fremdbilder (vgl. Schrader 2003, Hof 2002a). Dennoch ist mit der Hinwendung zum Lebenslangen Lernen eine Veränderung zu konstatieren: Wissen wird nun stärker unter einer Prozessperspektive betrachtet.

3.3.1 Von der Popularisierung zum Doing Knowledge

Nicht nur im 19. Jahrhundert wurde der Verbreitung wissenschaftlich fundierten Wissens durch Institutionen der Erwachsenenbildung besondere Aufmerksamkeit gewidmet, auch mit der Diagnose einer modernen Wissensgesellschaft (Bell 1985) wurde noch auf die besondere Relevanz wissenschaftlichen Wissens für die Organisation moderner Gesellschaften aufmerksam gemacht.

> »Die nachindustrielle Gesellschaft ist in zweifacher Hinsicht eine Wissensgesellschaft: einmal weil Neuerungen mehr und mehr von Forschung und Entwicklung getragen werden (oder unmittelbarer gesagt, weil sich auf Grund der zentralen Stellung des *theoretischen* Wissens eine neue Beziehung zwischen Wissenschaft und Technologie herausgebildet hat); und zum anderen, weil die Gesellschaft [...] immer mehr Gewicht auf das Gebiet des Wissens legt« (Bell 1985, S. 219).

Dies aber führt – folgt man den Analysen von Daniel Bell – dazu, dass die Teilhabe an wissenschaftlichem – genauer: technischem – Wissen eine zunehmende Relevanz für die sozialstrukturelle Verortung der Gesellschaftsmitglieder habe. Für die Erwachsenenbildung wurde daraus das Programm einer Popularisierung wissenschaftlichen Wissens abgeleitet (hierzu z. B. Conein 2004, Hof 2005, Faulstich/Trumann 2016).

Wenn allerdings aus der Diagnose eines rasanten Zuwachses von wissenschaftlichem Wissen die Notwendigkeit einer »Zunahme von wiederholten Lernanstrengungen« (Nolda 2004, S. 30) abgeleitet wird, so sind damit die Herausforderungen der gegenwärtigen wissenstheoretischen Debatte (vgl. Hof 2011b, 2012, Raab/Keller 2016, Thompson 2018, Wrana 2020) in keiner Weise aufgenommen. Denn mit der Rezeption wissenssoziologischer und konstruktivistischer Perspektiven wurde die

Gleichsetzung von Wissen und Wissenschaft – die schon seit Ende des 19. Jahrhunderts diskutiert wird (siehe z. B. Hof 1996, 2009a) – problematisiert. In der Erwachsenenbildung führte dies zu einer Berücksichtigung verschiedener Wissensformen. Mit der Gegenüberstellung von wissenschaftlichem Wissen und Alltagswissen sowie der Unterscheidung von Fakten- und Methodenwissen, Orientierungs- und Handlungswissen (vgl. hierzu z. b. Report 45, Hof 2002a) rückt die These von der Pluralität der Wissensformen in den Mittelpunkt erwachsenenpädagogischer Reflexion. Auch wird im Zuge der Rezeption konstruktivistischer Perspektiven in der Didaktik (Arnold/Siebert 2006, Siebert 2003, Gerstenmeier/Mandl 2005) der individuelle Prozess der Produktion von Wissen betont. Aus dieser Perspektive bezieht sich Wissen weniger auf eine geprüfte, »wahre« Aussage, sondern vielmehr auf ein individuelles Vermögen, auf die »Handlungskapazität« (Stehr 1994, S. 242) des Menschen. Das Wissen ist für die Pädagogik damit nicht nur Inhalt von Lehr-Lern-Prozessen, sondern auch eine Tätigkeit – ein »doing knowledge« (Degele 1999, Alheit/Dausien 2016, in historischer Perspektive Hof 1996). Dieses »doing knowledge« hat dabei der Einsicht Rechnung zu tragen, dass wir nicht mehr von einer Sicherheit – oder auch nur einer großen Wahrscheinlichkeit – des Wissens ausgehen können. Dennoch aber muss das Wissen »public, objective and testable« (Aspin 2001, S. 18) sein:

> »We know we have to objectify our knowledge claims: public communication and the claims are liable to error, contestation or correction: and that is why, paradoxically, when we claim ›to know‹ something, we are also thereby tacitly inviting our interlocutors to share but yet to critically scrutinise and check what we say for possible error.« (Aspin 2001, S. 19)

Dieser Perspektivenwechsel führt dazu, dass die pädagogische Konsequenz der Entstehung einer modernen Wissensgesellschaft nicht mehr allein in der Popularisierung von Wissenschaft gesehen werden kann. Es sind auch Strategien und Techniken der Legitimation von Aussagen sowie zur Bewältigung von Wissensexplosion bzw. Informationsflut erforderlich (Willke 1998, S. 355). Darüber hinaus stellt sich zunehmend die Frage, wie mit sog. *Fake News* umzugehen ist (vgl. z. B. Buddeberg et al. 2021, Rolff 2018).

3.3.2 Von der Wissensvermittlung zur Kompetenzentwicklung

Die erläuterte Veränderung im Verständnis von Wissen führt auch dazu, dass eine Entwicklung von der Weiterbildung zur Kompetenzentwicklung diagnostiziert wird (Arnold 1997). An die Stelle zielorientierter Wissensvermittlung wird die subjektorientierte Kompetenzentwicklung gestellt (Hof 2011a+b, Klieme 2004). Der Begriff der Kompetenz bezieht sich dabei auf die Anlagen, Fähigkeiten und Bereitschaften, die eine Person hat, um eine Tätigkeit auszuführen (z. B. Erpenbeck/Heyse 1999). Kompetenzen bezeichnen das Handlungsvermögen der Person. Im Unterschied zum Qualifikationsbegriff, der sich auf die Fähigkeiten zur Bewältigung konkreter (in der Regel beruflicher) Anforderungssituationen bezieht, verweist Kompetenz auf das Potenzial der Subjekte zum selbstständigen Handeln in unterschiedlichen Gesellschaftsbereichen. Kompetenzen beinhalten Wissen, Orientierungsmaßstäbe, Fertigkeiten und Fähigkeiten (vgl. Arnold 2010, S. 172f). Sie umschreiben das,»was einen Menschen wirklich handlungsfähig macht« (Bernien 1997, S. 24) – und dies zeigt sich immer erst im Kontext konkreter Situationen. Kompetenz bezieht sich demzufolge immer auf die situationsangemessene Umsetzung von Wissen und Fertigkeiten (Hof 2002b).

Um die Vielfalt menschlicher Kompetenzen zu erfassen, werden unterschiedliche Formen des Handelns abgegrenzt: geistige, instrumentelle, kommunikative und reflexive Handlungen. Die Dispositionen, diese Handlungen selbstorganisiert auszuführen, gelten als unterschiedliche Kompetenzen. Zu differenzieren sind folglich Fachkompetenzen, Methodenkompetenzen, Sozialkompetenzen und personale Kompetenzen (vgl. Erpenbeck/Heyse 1999).

Die Kompetenzwende hat in Deutschland mindestens zwei Hintergründe. Zum einen die OECD, die seit 1997 mit dem *Programme for International Student Assessment* (PISA) die Frage empirisch zu erfassen sucht, inwieweit Schülerinnen und Schüler gegen Ende der Pflichtschulzeit die erforderlichen Kenntnisse und Fähigkeiten für eine umfassende Beteiligung an der Gesellschaft erworben haben. PISA beschränkt sich dabei nicht auf die Bewertung der lehrplanmäßigen und lehrplanübergreifenden Kompetenzen der Schülerinnen und Schüler, sondern will Kompetenz – verstanden als die Fähigkeit der Bewältigung komplexer Anforderungen – erfassen (vgl. OECD 2003b).

Kompetenzen werden dabei verstanden als

> »die bei Individuen verfügbaren oder von ihnen erlernbaren kognitiven Fähigkeiten und Fertigkeiten, bestimmte Probleme zu lösen, sowie die damit verbundenen motivationalen, volitionalen und sozialen Bereitschaften und Fähigkeiten, die Problemlösungen in variablen Situationen erfolgreich und verantwortungsvoll nutzen zu können« (Weinert 2014, S. 27f.).

In der Weiterentwicklung der Kompetenzdiskussion und hier insbesondere in den Konzepten zur empirischen Erfassung wird die Domänebezogenheit von Kompetenzen herausgestellt und damit etwa mathematische Kompetenzen oder Lesefähigkeit differenziert (Tippelt 2018).

Zum zweiten wurde der Kompetenzbegriff im Rahmen der deutschen Wiedervereinigung und der damit einhergehenden sog. Qualifizierungsoffensive in Ostdeutschland in den 1990er Jahren eingeführt. Der neue Begriff sollte dazu dienen, »Synchronisationsprobleme zwischen Bildungs- und Beschäftigungssystem« (Brödel, zit. nach Schleiff 2018, S. 147) zu bearbeiten. Denn nach der Wende waren viele Menschen trotz vorhandener Qualifikationen arbeitslos – insbesondere, weil es nach dem Zusammenbruch der DDR keinen entsprechenden Arbeitsmarkt mehr gab. Der Kompetenzbegriff ermöglichte es, von den Qualifikationen zu abstrahieren und den Fähigkeiten der Menschen eine Bedeutung zuzuschreiben und in der Folge einen Kompetenztransfer zwischen verschiedenen Handlungsbereichen zu begründen.

Kompetenzen werden in diesem Zusammenhang verstanden als »Fähigkeiten in offenen, unüberschaubaren, komplexen, dynamischen und zuweilen chaotischen Situationen kreativ und selbstorganisiert zu handeln (Selbstorganisationsdispositionen)« (Erpenbeck/Sauter 2015, S. 14).

Die Hinwendung zu Fragen der Kompetenzentwicklung hat dabei zwei zentrale Neuerungen mit sich gebracht: Zum einen steht nicht mehr in erster Linie die Frage der Vermittlung umfassender Kenntnisse über die Welt oder von für die Durchführung konkreter Arbeiten erforderlichen Qualifikationen im Mittelpunkt der erwachsenenpädagogischen Reflexion, sondern das individuelle Handlungssubjekt mit seinen spezifischen Erfahrungen und Intentionen. Insbesondere in der Erwachsenenbildungswissenschaft wird daher die Kompetenzwende ausgerufen und herausgestellt, dass Kompetenzentwicklung mehr bedeutet als Wissensvermittlung und Qualifizierung (Kuhlmann/Sauter 2008). Arnold/ Lermen (2005, S. 47) sprechen in diesem Zusammenhang von »Kräfteschulung statt Wissensmast.« Denn die Menschen müssten zum Auffinden, Auswählen, Bewerten und Anwenden von Wissen befähigt werden. An die Stelle einer stofforientierten Vermittlungsdidaktik, die darauf abzielt, die Menschen mit Fachwissen zu versorgen, habe die Vermittlung von Handlungskompetenzen zu treten (kritisch zur Gegenüberstellung von Wissen und Kompetenz vgl. Hof 2002b).

Betont werden dabei die Metakognition (Kaiser/Kaiser 2007), die Selbstregulations- und Selbstorganisationskompetenz (Brödel 2004, S. 9), die Reflexionskompetenz (z. B. Schüßler/Thurnes 2005, S. 32), die Problemlösekompetenz (Klieme 2001) und die Kompetenz zum Umgang mit Ungewissheit (Helsper/Hörster/Kade 2003, Kurtz 2006).

In Verbindung mit der Hinwendung zu einer Pluralität von Lernorten führte der Blick auf Kompetenzen zu der Erkenntnis, dass diese nicht nur in formalen Lernumgebungen, sondern auch in anderen Lebensbereichen erworben werden. Dies zog vielfältige Studien zum Kompetenzerwerb in informellen Settings sowie eine Diskussion um die Anerkennung von informell erworbenen Kompetenzen nach sich (vgl. die Beiträge in Rohs 2016, Harring et al. 2018, Niedermair 2015).

Insgesamt ist festzuhalten, dass die Hinwendung zum Lebenslangen Lernen in besonderem Maße deutlich macht, dass Lernen sich nicht darauf beschränkt, in institutionalisierten Lehr-Lern-Situationen Neues hinzuzulernen, sondern dass Lernen selbst reflexiv wird. In den Blick kommt das Lernen innerhalb und außerhalb pädagogischer Organisationen, das Lernen für den Beruf ebenso wie das Lernen für die Bewältigung neuer Lebenssituationen. Man lernt, um Neues zu erfahren, aber auch um alte Erfahrungen neu zu interpretieren. Lernen bezieht sich auf die Aneignung von deklarativem Wissen ebenso wie von Fertigkeiten zum Umgang mit Informationen, auf die Kompetenz, in Anwendungssituationen lernen zu können, wie auf die Fähigkeit, altes Wissen zu vergessen.

»Der Lernprozess wird vom tätigen Subjekt her gesehen und nicht vom Standpunkt des Lehrenden, der sein Wissen und Können weitergeben und die Individuen zum Lernen anregen will. Unter diesem Blickwinkel wird das Lernen in Bildungsinstitutionen für das Subjekt nur eine Möglichkeit, die in bestimmten Situationen des Lebensverlaufs sinnvoll eingesetzt und genutzt werden kann. Die Tiefe und Radikalität der Strukturbrüche und gesellschaftlichen Wandlungen in ihren differenzierten Anforderungen für das Individuum können mit curricular organisiertem Lernen in Bildungseinrichtungen nicht antizipierend gelehrt und gelernt und auch nur in Teilen pädagogisch begleitet werden.« (Trier et al. 2001, S. 14f.)

Für pädagogisches Handeln folgt daraus eine Pluralisierung von Handlungsformen und Praktiken der Initiierung und Gestaltung von Lernmöglichkeiten diesseits und jenseits expliziter Bildungseinrichtungen.

4 Verbreitung und Bedeutung Lebenslangen Lernens – Empirische Befunde

Mit der Hinwendung zum Lebenslangen Lernen verändern sich auch die Perspektiven der empirischen Forschung. Da nun Lernen als permanenter, nicht auf bestimmte Alters- und Lebensphasen begrenzter Prozess angesehen wird, untersuchen die Forschenden nicht mehr nur Lern- und Bildungsprozesse in Kindheit, Jugend und Erwachsenenalter, sondern richten ihre Aufmerksamkeit zunehmend auch auf ältere Personen. Der Fokus der Forschung lag dabei lange Zeit auf der Untersuchung expliziter Bildungseinrichtungen (▶ Kap. 4.1). Mit der Einbeziehung von Lernprozessen auch jenseits formaler Bildungsinstitutionen und der Hinwendung zum Lernen in non-formalen und informellen Zusammenhängen weiten sich die Forschungsfragen aus (▶ Kap. 4.2). Von Interesse ist nun auch der alltägliche Umgang mit dem Internet oder anderen modernen Medien, der Besuch von Museen, Theatern und Bibliotheken, der Umgang mit Wissen in der Familie, im Verein und im Kulturhaus sowie im Gespräch mit Kolleginnen und Kollegen sowie Freundinnen und Freunden – um nur einige Beispiele zu nennen. Damit wird die Einsicht aufgenommen, dass Lebenslanges Lernen auch als *lifewide* anzusehen, als ein Geschehen, das gerade nicht auf bestimmte Orte begrenzt ist, sondern überall stattfinden kann.

Neben der Hinwendung zur Frage nach den verschiedenen Lernaktivitäten und -orten der Menschen interessiert sich die empirische Bildungsforschung zunehmend für die Veränderungen von Lernen im Lebensverlauf (▶ Kap. 4.3).

Insbesondere die quantitativen Erhebungen zum Lebenslangen Lernen zeigen, dass große Unterschiede in den Lernaktivitäten der Menschen bestehen – Befunde, die die Suche nach Erklärungen herausfordert.

Hinsichtlich der Suche nach den Bedingungen Lebenslangen Lernens lassen sich personale und soziale Faktoren unterscheiden (▶ Kap. 4.4).

4.1 Lernen in formalen Kontexten

Der Versuch einer Erfassung lebenslanger Lernprozesse hat in der bundesdeutschen Bildungsforschung eine lange Tradition in der Adressaten- und Teilnehmendenforschung. Durch die Generierung entsprechender verallgemeinerbarer Aussagen über Bildungsaktivitäten und Lerninteressen verschiedener gesellschaftlicher Teilgruppen soll die Planung von Weiterbildungsangeboten verbessert werden – etwa um neue Zielgruppen anzusprechen und damit bisherige Nicht-Teilnehmende in das Weiterbildungssystem integrieren zu können. So wurden schon im Rahmen der Universitätsausdehnungsbewegung des 19. Jahrhunderts Hörerstatistiken angelegt und die Teilnahmemotive der Zuhörerinnen und Zuhörer erfragt. Im 20. Jahrhundert wurden darüber hinaus soziodemografische Merkmale erhoben und Teilnehmertypologien erstellt. Das Wissen um Bildungsverhalten, Lernvoraussetzungen und Bildungsbedürfnisse Erwachsener wird seit den 1950er Jahren durch verschiedene Studien ergänzt, die allesamt den Zusammenhang von sozialer Lage und Bildungsverhalten sowie den grundlegenden Einstellungen zu Bildung und Weiterbildung und den subjektiven Interessenlagen herausarbeiten konnten.

Allerdings orientieren sich all diese Studien an dem Verständnis von Weiterbildung, wie es vom Deutschen Bildungsrat 1970 formuliert wurde, als »Fortsetzung oder Wiederaufnahme organisierten Lernens nach Abschluss einer unterschiedlich ausgedehnten ersten Ausbildungsphase« (Deutscher Bildungsrat 1970, S. 197). Die Fokussierung auf das organisierte Lernen bringt es mit sich, dass lange Zeit nur solche Bildungs- und Lernaktivitäten erfasst wurden, die in expliziten Bildungseinrichtungen stattfinden. Lernen im Prozess der Arbeit, im Kontext sozialen Engagements in Vereinen, in Kulturinstituten war damit ebenso ausgeklammert wie selbstorganisiertes Lernen mit Medien. Mit anderen Worten: All das, was in der neueren Diskussion zum Lebenslangen Lernen als Lernen in non-formellen oder informellen Lernkontexten angesprochen wird, wurde erst langsam in die statistischen Erhebungen aufgenommen.

Neben der Einführung zusätzlicher Fragen zur Teilnahme an informellen Bildungsaktivitäten hat es zu Beginn des 21. Jahrhunderts auch eine sehr grundlegende Veränderung der Bildungsberichterstattung gegeben: Das Berichtssystem Weiterbildung, welches seit 1979 regelmäßig Daten zur Weiterbildungsteilnahme erfasste, wurde abgelöst vom *Adult Education Survey* (vgl. hierzu auch Gnahs/Kuwan/Seidel 2008). Beide Berichtskonzepte intendieren eine repräsentative Befragung der Bevölkerung im Erwerbsalter und sie fragen nach den Weiterbildungsaktivitäten der letzten 12 Monate. Allerdings unterscheidet sich die Art und Weise, in der nach dem Lernen im Erwachsenenalter gefragt wird, grundlegend: Das Berichtssystem Weiterbildung orientierte sich noch an einem Verständnis von Erwachsenenbildung bzw. Weiterbildung als einer zielgerichteten, organisierten Form des Lernens, die in allgemeinbildenden oder berufsbildenden Einrichtungen stattfindet. Zwar wurde in den letzten Jahren auch das Selbstlernen außerhalb institutionalisierter Weiterbildung einbezogen, aber im Großen und Ganzen war das Berichtssystem Weiterbildung von einem Begriffsverständnis getragen, das Lernen im Kontext von Institutionen fokussierte – eine Perspektive, die im englischen Sprachgebrauch als »Adult Education« beschrieben wurde.

Mit der Hinwendung zum Lebenslangen Lernen veränderte sich die Perspektive dahingehend, dass nicht mehr von *Adult Education*, sondern von *Adult Learning* gesprochen wird. So fragt der *Adult Education Survey* nun nicht mehr nach der Teilnahme an organisierten Weiterbildungsveranstaltungen, sondern nach den Lernaktivitäten der Menschen. In diesem Zusammenhang wird unterschieden zwischen *formal learning, non-formal learning* und *informal learning* (▶ Kap. 3.2.2). Dabei wird die die *Classification of Learning Activities* (CLA – European Commission/Eurostat 2006) zugrunde gelegt. Sie bezieht sich auf Lernformen in formalen wie auch informellen Kontexten – fokussiert aber auf intentionales, also beabsichtigtes Lernen.

Die Ergebnisse dieser Befragungen (zu den aktuellen Zahlen siehe BMBF 2019 und 2021) zeigen, dass die Teilnahmequote 2018 für formale, also abschlussbezogene Weiterbildungen bei 11 % lag. Non-formale Bildungsaktivitäten wurden nach den Daten des AES von 52 % der 18- bis 69-Jährigen besucht und über informelle Lernaktivitäten berichten 45 % der Befragten (hierzu werden Fachzeitschriften und Bücher, Computernutzung und Internet ebenso gezählt wie Lernen durch Freunde und Kollegen, Wissenssendungen sowie der Besuch von Museen und anderen öffentlichen Lernzentren).

Hinsichtlich der Frage, wer an Weiterbildung teilnimmt, wird immer wieder das sog. Matthäus-Prinzip diagnostiziert (»Wer hat, dem wird gegeben«). Dies zeigt sich darin, dass die Teilnahme an Weiterbildung in einem engen Zusammenhang mit dem Bildungsabschluss steht.

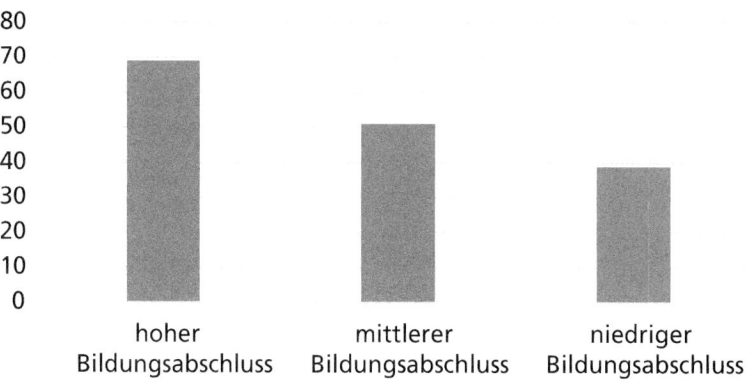

Abb. 1 Teilnahme an Weiterbildung nach Bildungsabschluss (Daten aus AES 2018)

»Im Jahr 2018 nehmen 69 Prozent der Personen mit hohem Schulabschluss mindestens an einer non-formalen Weiterbildungsaktivität teil. Darauf folgen mit deutlichem Abstand Personen mit mittlerem Schulabschluss (51 %) und wiederum mit deutlichem Abstand Personen mit niedrigem Schulabschluss (39 %). Diese Rangfolge ist seit dem Jahr 1991 unverändert« (BMBF 2019, S. 30f.).

Neben den weniger gut vorgebildeten Menschen gelten Ältere, Nicht-Erwerbstätige sowie Migrantinnen und Migranten als häufiger weiterbildungsabstinent.

Blickt man auf *Europa*, dann sind die Zahlen ähnlich. Auch hier zeigt sich, dass die Beteiligung an Weiterbildung abhängig ist vom Bildungsabschluss (▶ Abb. 2).

Diese Ergebnisse zeigen nicht nur, dass die Teilnahme an lebenslangen Lernprozessen sozial und regional unterschiedlich verteilt ist, sie weisen auch auf die Notwendigkeit hin, genauere Untersuchungen durchzuführen.

Eine Weiterentwicklung hat die Teilnehmendenforschung durch die Einbeziehung des Milieu-Konzepts erfahren. So haben die Bildungsforscher um Rudolf Tippelt in verschiedenen Studien (Tippelt et al. 2003, Barz/Tippelt 2004) das Konzept der sozialen Milieus (vgl. https://www.sinus-institut.de/sinus-milieus/sinus-milieus-deutschland) herangezogen und die »objektiven« soziodemografischen Daten der Weiterbildungsteilnehmenden durch die Einbeziehung von »subjektiven« Perspektiven und Einschätzungen der Befragten ergänzt:

»Das Konzept der sozialen Milieus berücksichtigt neben traditionellen Kriterien sozialer Lage wie Einkommen, Berufsstatus und Bildungsabschluss auch grundlegende Wertorientierungen, Lebensauffassungen und Lebensstile und bietet damit – im Vergleich zu ›herkömmlichen‹ Modellen der Sozialstrukturanalyse – eine differenzierte Grundlage für die Beschreibung und Analyse gesellschaftlicher Teilgruppen.« (Reich-Claassen/Tippelt 2009, S. 10f.)

Soziale Milieus sind dabei verstanden als typische, durch Klassifikation und Konstruktion gewonnene Muster der Lebensführung. Sie verkörpern Großgruppen innerhalb der Gesellschaft, die über ähnliche Wertorientierungen verfügen und ähnliche Einstellungen zu zentralen Bereichen der Lebensführung aufweisen (z. B. Arbeit, Beruf, Familien, Partnerschaft, Bildung etc.).

Im Ergebnis zeigt sich, dass die verschiedenen sozialen Milieus sich nicht nur in ihren sozialisatorischen Bildungserfahrungen und Weiterbildungsbarrieren, sondern auch in den aktuellen Bildungsvorstellungen, in ihren Weiterbildungsinteressen und Erwartungen an die Bildungsan-

Teilnahmequote an Weiterbildung nach Bildungsabschluss in Europa (AES 2016)

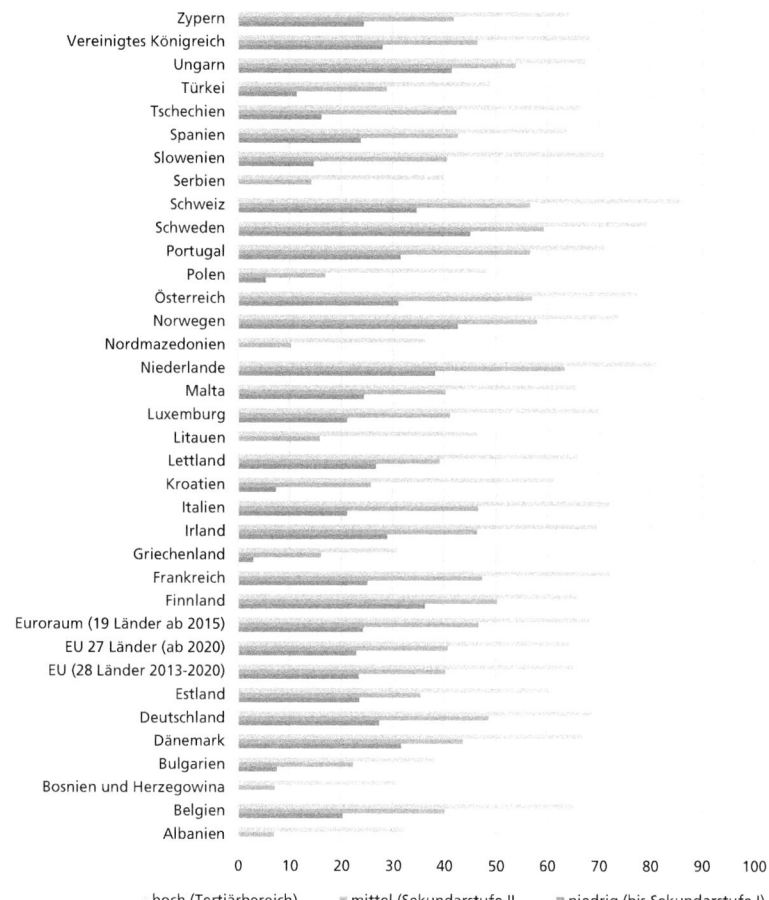

Abb. 2: Erwachsenenbildung nach Bildungsabschlüssen (Daten aus AES 2016: https://ec.europa.eu/eurostat/databrowser/view/trng_aes_102/default/table?lang=de)

bieter sowie in ihren Ansprüchen an Lehr-Lern-Methode und Ambiente unterscheiden (vgl. Barz/Tippelt 2004, Bd. 2). Diese Differenzen manifestieren sich auch in der Beteiligung. So sind die Gruppen der Postmateriellen, der modernen Performer, der Experimentalisten, aber auch der Konsum-Materialisten in besonders hohem Maße an (beruflichen und allgemeinen) Weiterbildungsangeboten interessiert (38–67 % Teilnahmequote). Die Traditionsverwurzelten und die Konservativen bleiben wie auch die DDR-Nostalgischen eher fern (25–29 % Teilnahmequote) und die Bürgerliche Mitte sowie die Etablierten siedeln sich in der Mitte an (57–58 % Teilnahmequote).

Differenziertere Einsichten zur Erklärung der unterschiedlichen Teilnahmequoten erhoffte man sich auch durch Untersuchungen zu den sog. Nicht-Teilnehmenden, also denjenigen Personen, die nicht zu den Weiterbildungseinrichtungen kommen (Bilger/Käpplinger 2017, Müller/Wenzelmann 2020). Entsprechende Studien zu Nicht-Teilnehmenden an beruflicher Weiterbildung untermauern die Erkenntnis, dass der Erwerbsstatus, der Beruf und die berufliche Stellung einen zentralen Schlüssel zur Teilnahme an Weiterbildung darstellen und demzufolge Arbeitslose, gering Qualifizierte und in einfachen bzw. ausführenden Positionen Tätige weniger an Weiterbildung teilnehmen. Auch ältere Beschäftigte sowie Beschäftigte mit anderer Muttersprache haben mit signifikant geringerer Wahrscheinlichkeit in den letzten fünf Jahren an beruflicher Weiterbildung teilgenommen. Darüber hinaus spielt die Betriebsgröße sowie die Art der Tätigkeit eine wichtige Rolle: »Beschäftigte im Handwerk oder in Kleinstunternehmen nehmen mit geringerer Wahrscheinlichkeit an Weiterbildung teil als andere, so wie auch Menschen in einfachen Tätigkeiten« (Müller/Wenzelmann 2020, S. 68). Ebenso geht ein geringerer Beschäftigungsumfang mit geringerer Weiterbildungsaktivität einher. Diese Erkenntnisse unterstreichen die Bedeutung von Gelegenheitsstrukturen als Ansatz zur Erklärung von (Nicht-)Teilnahme zumindest in der beruflichen Weiterbildung (Kaufmann/Widany 2013).

In qualitativen Detailstudien wurde die These entwickelt, dass die subjektive Verarbeitung der Informationen und Deutungsmuster aus der Lebenswelt zu einer individuellen Kosten-Nutzen-Überlegung über die

Weiterbildungsteilnahme führen (Bolder/Hendrich 2000) – eine These, die unterdessen auch mit quantitativen Methoden untersucht wird (Müller/Wenzelmann 2018).

4.2 Lernen jenseits formaler Bildungseinrichtungen

Auf der institutionell-organisatorischen Ebene hat sich in den letzten vier Jahrzehnten ein rapider Institutionalisierungsprozess vollzogen, in dessen Verlauf für alle Lebensphasen Einrichtungen etabliert worden sind, die mehr oder weniger lebenslaufspezifische Bildungs- und Lernangebote machen und damit Menschen jeden Lebensalters die Gelegenheit zum erneuten oder fortführenden Lernen bieten. Im Rahmen dieses Institutionalisierungsschubs hat sich nicht nur das Feld pädagogischer Institutionen stark ausdifferenziert und auf eine Vielzahl neuer Themen und Adressatinnen und Adressaten ausgeweitet. Auch Einrichtungen, die sich nicht als pädagogische, sondern als kulturelle und kommerzielle Einrichtungen verstehen, bieten inzwischen eine nicht mehr übersehbare Vielfalt von Aktivitäten an, die mit einem mehr oder weniger offenen Lernanspruch auftreten und als Klientel potenziell alle Bevölkerungsschichten ansprechen. Insgesamt ist das breite Spektrum institutioneller Anbieter zunehmend marktförmig organisiert mit vielfältigen Kombinationen, Versprechungen und Mischungen aus Lernen, Freizeit, Geselligkeit, Unterhaltung und Konsum. Hinsichtlich des Lerncharakters weist dieser Lern- und Weiterbildungsmarkt ganz unterschiedliche Verbindlichkeitsgrade und Rekrutierungsmechanismen mit stark voneinander abweichenden Lernkontexten auf.

Auf diese Expansion von Lernorten hat auch die neuere Teilnehmendenforschung reagiert. So bemühen sich die großen repräsentativen Erhebungen nicht nur um eine Erfassung von Teilnahmequoten an den klassischen Weiterbildungseinrichtungen der allgemeinen und beruflichen Weiterbildung, sondern möchten auch die verschiedenen Formen non-formellen und informellen Lernens in ihrem Zusammenhang erfassen (Baethke/Baethke-Kinsky 2004).

In empirischen Erhebungen wird dies durch eine auf den oder die Lernende bezogene Fragehaltung umgesetzt. Indem nach dem Ziel des Lernens gefragt wird, rückt der Lernort in den Hintergrund. Zugleich aber impliziert dies, dass nicht-intentionales Lernen und *Lernen en passant* (Reischmann 2011) außer Acht gelassen werden (zur Diskussion um die Erfassung informellen Lernens vgl. auch Bilger 2015, Böhm-Kasper/Bienefeld 2018, Berg 2018).

Festzuhalten ist hier, dass – trotz der Schwierigkeit der Operationalisierung informeller Weiterbildung – die Ergebnisse insgesamt darauf hinweisen, dass bei der formellen wie auch der informellen Weiterbildung vergleichbare Segmentierungsmuster erkennbar sind:

»Die in der formellen Weiterbildung benachteiligten Gruppen suchen bzw. erfahren offenbar keine Kompensation in informellen Lernprozessen. Vielmehr scheinen beide Formen der Weiterbildung in einer Komplementärbeziehung zueinander zu stehen, die die in der institutionalisierten Weiterbildung begünstigten Gruppen weiter privilegiert und die benachteiligten Gruppen zusätzlich beeinträchtigt« (Wilkens 2005, S. 520).

Diese Einschätzung wird noch untermauert durch Untersuchungen, die das Verhältnis formaler Weiterbildung und Selbstlernaktivitäten behandeln. So stellte etwa das Berichtssystem Weiterbildung die Frage, ob Personen, die selbst lernen, auch an anderen Formen von Weiterbildung teilnehmen. Sie kommen dabei zu dem Ergebnis, dass es verkürzt wäre, zwischen den Teilnehmenden an formaler Weiterbildung und den Selbstlernenden zu differenzieren. Vielmehr finden sich vielfache Kombinationen von Lernformen. Die wichtige Unterscheidung ist demzufolge nicht die zwischen formalem und non- bzw. informellem Lernen, sondern die Unterscheidung zwischen lernaktiven und nicht lernaktiven Personen (▶ Abb. 3).

In ähnlicher Weise kommt auch die Auswertung des AES (2016) zu dem Ergebnis, dass sich eine große Schere zwischen weiterbildungsaktiven und weiterbildungsabstinenten Menschen zeigt: 50 % der Bevölkerung nimmt demzufolge an keinen Weiterbildungsaktivitäten teil. 29 % haben in den letzten 12 Monaten eine Weiterbildungsaktivität durchgeführt, 12 % zwei Weiterbildungsaktivitäten und knapp 10 % sind mit drei bis neun Weiterbildungsaktivitäten sehr bildungsaktiv (vgl. Bilger et al. 2017, S. 33).

Kombinationen von Lernformen

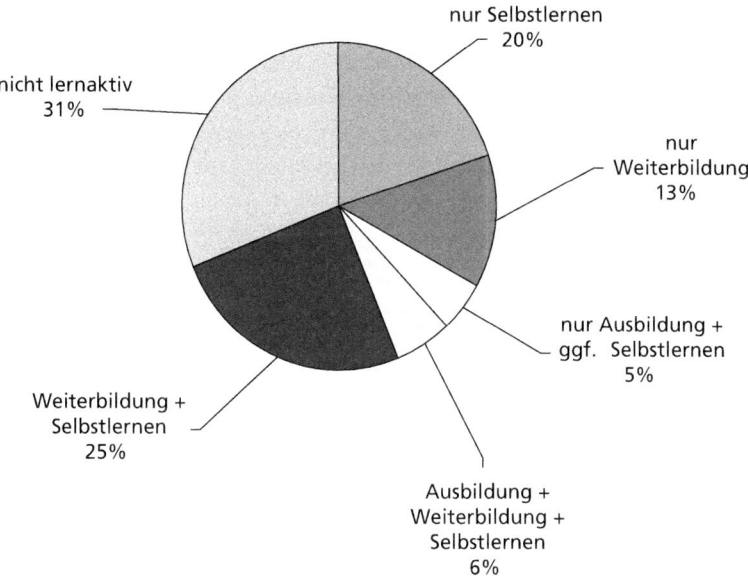

Abb. 3: Kombination von Lernformen bei den befragten Personen (Daten aus BSW und AES 2007, vgl. Rosenbladt/Bilger 2008, S. 61)

Etwas differenzierter widmet sich die Auswertung von Baethge/Baethge-Kinsky (2004) der Kompetenz zum Lebenslangen Lernen im Kontext des arbeitsbezogenen Lernens. Die Autoren gehen davon aus, dass sich die Kompetenz für Lebenslanges Lernen in drei Dimensionen zeigt:

- Erstens der Fähigkeit, »erwartbare Entwicklungen von Anforderungen auf den Arbeitsmärkten und in der Berufswelt in ein Verhältnis zu den eigenen Qualifikationen zu setzen und seinen eigenen Lernbedarf zu bestimmen« (ebd., S. 47) (= Dimension der Antizipation).

- Zweitens in der Bereitschaft und Fähigkeit zu selbstgesteuertem Lernen (= Selbststeuerungsdisposition) und
- drittens in der berufsbezogene Weiterbildungs- bzw. Lernaktivität (= Kompetenzentwicklungsaktivität).

Auf der Basis dieser Dimensionierung erarbeiten sie drei verschiedene Lernniveaus: hoch – mittel – niedrig. Nach ihren empirischen Daten weisen 27 % der Befragten eine niedrige Lernkompetenz auf, 47 % eine mittlere und 26 % eine hohe Lernkompetenz (ebd., S. 58).

In einem weiteren Schritt wird nach dem Zusammenhang zwischen der Lernkompetenz und dem für die Befragten bedeutsamen Lernkontext gefragt. Sie unterscheiden dabei zwischen einem formalisierten, einem medialen, einem arbeitsbegleitendem und einem privaten Lernkontext.

Die Ergebnisse zeigen, dass die Personen mit unterschiedlichen Lernniveaus auch unterschiedliche Lernkontexte bevorzugen:

>»Entgegen der durch die Diskussion um das ›informelle Lernen‹ genährten Erwartung zeichnen sich insbesondere diejenigen durch eine niedrige Lernkompetenz aus, die das Lernen im privaten Umfeld bzw. das arbeitsbegleitende Lernen als ihre beruflich wichtigsten Lernkontexte bezeichnen. Umgekehrt zeichnen sich diejenigen überdurchschnittlich oft durch ausgeprägte Lernkompetenzen aus, die das mediale oder das formalisierte Lernen als die Felder bezeichnen, in denen sie am meisten gelernt haben.« (S. 60, im Original hervorgehoben)

Die Autoren folgern daraus, dass dem Zusammenhang zwischen Lernkontext und der Entwicklung von Lernkompetenz vermehrte Aufmerksamkeit zu schenken ist. Wenn nun aber vielen Menschen die Lern- und Selbststeuerungskompetenzen fehlen, die sie für ein erfolgreiches Lernen in formalisierten und medialen Lernkontexten bräuchten, dann müsse darüber nachgedacht werden, wie in arbeitsbezogenen Lernkontexten diese Lernkompetenzen zu fördern seien. Es gilt ihres Erachtens, stärker die Möglichkeit zu schaffen, »dass die Betroffenen die Praxissituationen als Lernerfahrungen reflektieren und in Kompetenz umsetzen können.« (S. 61). Da derartige Lernmöglichkeiten vor allem im Kontext einer lernförderlich gestalteten Arbeit zu finden sind, sprechen sie im Titel ihrer Untersuchung auch von der »*Arbeit als zweiter Chance*«.

4.3   Lernen im Lebensverlauf

Die Hinwendung zum Lernen im Lebenslauf führte aber nicht nur zu einer Veränderung der begrifflichen Grundlagen der Bildungsberichterstattung – und damit zu einer Hinwendung zu den intendierten Lernaktivitäten der Menschen über den gesamten Lebenslauf –, sondern auch zu Auswertungsstrategien, die versuchen, die vorhandenen statistischen Daten zur Weiterbildungsbeteiligung im Hinblick auf unterschiedliche Altersgruppe zu betrachten (vgl. BMBF 2021, S. 44).

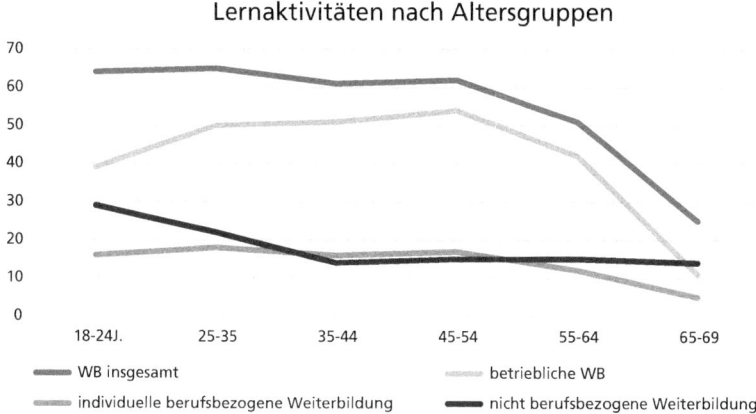

Abb. 4: Lernaktivitäten nach Altersgruppen (Daten aus AES 2020, vgl. BMBF 2021, S. 44)

Hier zeigt sich, dass die Bildungsaktivitäten insgesamt mit dem Alter abnehmen. Die Parallelität der Kurve der Weiterbildungsteilnahme insgesamt mit den Teilnahmedaten an betrieblicher Weiterbildung verweist auf den hohen Anteil, den die betriebliche Weiterbildung insgesamt an den Weiterbildungsangeboten hat. Zugleich bedeutet dies auch, dass Menschen, die nicht erwerbstätig sind – bzw. nicht in Betrieben angestellt sind –, weniger Möglichkeiten zur Weiterbildung haben.

Die nicht berufsbezogene Weiterbildung liegt zwar insgesamt auf einem niedrigeren Niveau, die lebensalterbezogene Auswertung verdeutlicht aber, dass entsprechende Lernaktivitäten mit dem Alter wieder zunehmen.

Orientiert am Paradigma der Lebensverlaufsforschung (zusammenfassend Becker 2020, Langfeldt 2018) finden sich zunehmend empirische Studien, die Lernaktivitäten und Teilnahme an Bildungsangeboten (BMBF 2020) – aber auch Kompetenzen (NEPS) und Formen der Lebensbewältigung (Fend et al. 2009, Lauterbach et al. 2016) – in ihrem zeitlichen Verlauf untersuchen. Der Lebens- und Bildungsverlauf wird dabei begriffen als die Abfolge von individuellen Aktivitäten und Ereignissen. Dabei wird davon ausgegangen, dass individuelle Entscheidungen von anderen Personen (Familie, Freunden, pädagogischen Professionellen, Vorgesetzten etc.) wie auch von Institutionen (Schule, rechtlichen Vorgaben und sozialstaatlichen Regelungen etc.) beeinflusst sind. Lebensverläufe erweisen sich damit als Ergebnis multidimensionaler Entwicklung in unterschiedlichen Lebensbereichen, die allerdings in ihren historischen, kulturellen, sozialen und institutionellen Kontexten zu beleuchten sind.

Entsprechende Fragen werden im Rahmen des Nationalen Bildungspanels (vgl. Allmendinger et al. 2019, http://www.uni-bamberg.de/neps/) aufgegriffen. Anhand vielfältiger repräsentativer Daten sollen die »Bildungsverläufe in Deutschland« untersucht werden. Ziel ist es, zu beschreiben, wie sich der Bildungsstand vom Kindes- bis ins hohe Erwachsenenalter entwickelt, welche fördernden und hemmenden Bedingungen dabei relevant sind und welche Auswirkungen die (Aus-)Bildung auf das weitere Leben hat. Neben der deskriptiven Erfassung der Bildungswege liegt das Augenmerk insbesondere auf der Frage, welche Rolle dabei Eltern, Freunde, Kindergärten, Schulen, Ausbildungsbetriebe, Hochschulen oder der Beruf spielen (Blossfeld/Roßbach 2019). Ein weiterer zentraler Fokus wird auf die Messung von Kompetenzen gerichtet. Dadurch soll es möglich werden, Bildung über die Lebenszeit in ihrem sozialen Kontext zu beschreiben. Es geht dabei um den Einfluss der sozialen Herkunft, ethnische Zugehörigkeit, familiale Unterstützungsleistungen oder auch die Qualität und Struktur der zugänglichen Bildungslandschaft auf die Bildungsverläufe. Im Ergebnis zeigt sich hier immer wieder der Einfluss sozialer Ungleichheitsdimensionen (Geschlecht, soziale Herkunft, etc.) auf den Bildungsverlauf (▶ Kap. 4.4.2).

Neben den Bildungsaktivitäten wird der Erfassung von Bildungserträgen zunehmende Aufmerksamkeit geschenkt. Dabei geht es um die Frage, welche Kompetenzen sich die Menschen in welchen Lebensphasen und vor dem Hintergrund welcher Ermöglichungsstrukturen angeeignet haben (Tippelt 2018) und welche Folgen dies für das weitere Leben hat. Lernen im Lebenslauf wird damit analysierbar als Prozess der Verkettung von Bildungsaktivitäten, Kompetenzen und Bildungserträgen (z. B. berufliche Position, Einkommen) über die Lebensspanne. Die Lebensverlaufsforschung konnte dabei detailliert nachweisen, »wie sich die aus der vergangenen Erwerbs- und Berufsbiografie ergebenden Disparitäten zwischen Menschen im Alter fortwirken und welche geschlechtsspezifischen Unterschiede dabei insbesondere zu beobachten sind« (Blossfeld/Huinink 2001, S. 23). Entsprechend präferieren die Forscher ein Prozessmodell des Lebenslaufs, welches den biografischen Status als je zeitspezifische Grundlage für die individuellen Ressourcen und die sozialen Handlungsmöglichkeiten betrachtet und gleichzeitig betont, dass der biografische Status sich im Lebensverlauf verändern kann (vgl. Huinink/Schröder 2008, S. 295). Aus der Subjektperspektive erweist sich dies als Pfadabhängigkeit. Denn:»Once a decision is made, the person's involvement reinforces her biographical characteristics and makes other alternatives less attractive« (Heinz 2009 et al, S. 427, vgl. auch Hillmert 2020).

Neben den Folgen von Lernen und Bildung auf die schulischen oder beruflichen Verläufe werden auch die »wider benefits of education« (Bynner/Schuller/Feinstein 2003) in den Blick genommen. In diesem Zusammenhang sind insbesondere die Arbeiten des an der *University of London* seit 1999 existierenden *Centre of Research on the Wider Benefits of Learning* zu nennen (www.learningbenefits.net). Hier geht es nicht um eine Erfassung der Bildungswirkungen in Form von finanziellem »*return of investment*«, sondern um den Versuch, die verschiedenen Erträge (*outcomes*) von Weiterbildungsaktivitäten zu erfassen (vgl. hierzu auch Rüber et al. 2018).

Im Ergebnis zeigen diese Studien einen klaren empirisch belegten Zusammenhang zwischen der Höhe des Bildungsabschlusses und dem

Eintritt bzw. der Länge von Arbeitslosigkeit[4] sowie zwischen Weiterbildung und beruflichen Entwicklungs- und Einkommenschancen.[5] Lebenslanges Lernen beschränkt sich allerdings nicht auf den Erwerb von Qualifikationen und beruflich relevanten Kompetenzen, sondern umfasst alle Lebensbereiche. Untersucht wurden vor allem Auswirkungen auf Familie, Gesundheit, Lebenszufriedenheit, den sozialen Zusammenhalt, das gesellschaftliche Engagements oder Kriminalität (Schuler et al. 2004).

Die Autoren unterscheiden dabei drei Arten von Kapital, die durch Weiterbildung und Lebenslanges Lernen erworben werden können:

- das in berufs- und Arbeitskontexten einsetzbare Humankapital (Wissen, Qualifikationen, Fertigkeiten, Beschäftigungsfähigkeit, etc.),
- das Sozialkapital, welches sich insbesondere in sozialen Beziehungen und politischem Engagement zeigt;
- das Identitätskapital, welches sich in erster Linie auf das Selbstbild, das Selbstwertgefühl, Selbstwirksamkeitsüberzeugungen bezieht und damit Persönlichkeitsmerkmale umschreibt, die einen großen Einfluss auf alle Phasen des Lernens haben, insbesondere auf die Motivation und die Art und Weise des Umgangs mit Lerninhalten und neuen Herausforderungen.

Entsprechend dieser Studien zu den *Wider Benefits of Lifelong Learning* hat das Lebenslange Lernen eine besondere Bedeutung nicht nur für Wissen und berufliche Qualifikation des und der Einzelnen, sondern auch für die jeweilige Lebensgestaltung, Identität, Gesundheit, psychosoziale Stabilität, Beschäftigungsfähigkeit und Kompetenzen. Damit führt es zu besseren Chancen auf dem Arbeitsmarkt, zu mehr Lebenszufriedenheit und Selbstvertrauen, zu gesundheitsbewussterem Verhalten, zu

---

4 https://www.bpb.de/nachschlagen/zahlen-und-fakten/europa/70612/arbeitslosigkeit-nach-bildung

5 Vgl. hierzu etwa die DIHK-Erfolgsstudie Weiterbildung 2018: https://www.dihk.de/resource/blob/5474/4119520cc2c60824798859d95679f042/dihk-erfolgsstudie-weiterbildung-2018-kurzfassung–data.pdf

mehr bürgerschaftlichen und politischem Engagement bei geringerer Autoritätsgläubigkeit und geringerer rassistischer Einstellung. Neben den beruflichen Erträgen sowie der Relevanz für die alltägliche Lebensgestaltung wird dem Lebenslanges Lernen auch eine Bedeutung für den Umgang mit uns selbst wie auch gegenüber den Mitmenschen zugesprochen.

Damit sind auch die Kompetenzen angesprochen, die durch lebenslange Lernaktivitäten angeeignet werden können. Wie der Europäische Rat in seinen Empfehlungen zu Schlüsselkompetenzen für Lebenslanges Lernen beschreibt, geht es darum, dass die Menschen in die Lage versetzt und unterstützt werden,

>sich selbst zu reflektieren, mit Zeit und Informationen effizient umzugehen, konstruktiv mit anderen zusammenzuarbeiten, resilient zu bleiben und seinen Bildungs- und Berufsweg selbst in die Hand zu nehmen. Dazu zählt die Fähigkeit, mit Ungewissheit und komplexen Sachverhalten umzugehen, zu lernen, wie man lernt, etwas für das eigene körperliche und emotionale Wohlergehen zu tun, körperlich und geistig gesund zu bleiben, in der Lage zu sein, ein gesundheitsbewusstes, zukunftsorientierte Leben zu führen, Empathie zu empfinden und Konflikte in einem inklusiven und unterstützenden Kontext zu bewältigen.«[6]

---

6 https://eur-lex.europa.eu/legal-content/DE/TXT/PDF/?uri=CELEX:32018H0604(01)&
   from=SV

4.4 Auf der Suche nach den Bedingungen Lebenslangen Lernens

4.4.1 Individuelle Voraussetzungen

Zur Erklärung der Unterschiede in den Fähigkeiten, Bereitschaften und Aktivitäten zum Lernen über die gesamte Lebensspanne werden unterschiedlichste theoretische Konzepte bemüht. Im Folgenden soll insbesondere auf psychologische Konzepte sowie die Bedeutung von Lernorientierungen und Einstellungen gegenüber Weiterbildung eingegangen werden.

Im Hinblick auf die Frage der geistigen Leistungsfähigkeit im Lebensverlauf ist lange Zeit die sog. Adoleszenz-Maximum-These vertreten worden. Sie ging davon aus, dass der Höhepunkt der Lernfähigkeit des Menschen in der Adoleszenz liegt und ab dem Alter von 25 Jahren eine Abnahme zu verzeichnen sei. Diese These wird heute als widerlegt angesehen. So herrscht heute darüber Einvernehmen, dass die Entwicklung der geistigen Leistungsfähigkeit im Lebensverlauf auf einem komplexen Zusammenspiel biologisch bedingter Einbußen und kulturell vermittelter Zugewinne beruht (Baltes/Lindenberger/Staudinger 1998, Leipold 2012). Empirisch wurde vielfach gezeigt, dass »Alterungsprozesse hochgradig individuell verlaufen und in jeder Lebensphase kognitive Gewinne und Verluste nachweisbar sind« (Schmidt-Hertha 2014, S. 36). Entsprechend ist festzuhalten, dass die Lernfähigkeiten in besonderem Maße durch biografische Lernmöglichkeiten geprägt sind. Schulbildung, berufliche Tätigkeit, milieuspezifische und generationale Orientierungen und Einstellungen gegenüber dem Lernen sind viel wichtiger als das biologische Alter. Darüber hinaus wird der Lernmotivation und den Bildungsinteressen eine besondere Bedeutung zugeschrieben (vgl. ebd. S. 37ff.).

Neben den kognitiven Voraussetzungen werden zunehmend strukturelle Persönlichkeitsmerkmale – die sog. *Big Five* – zur Erklärung von Unterschieden im Lebenslangen Lernen herangezogen. Hierzu zählen Extraversion, Neurotizismus, soziale Verträglichkeit, Gewissenhaftigkeit und Offenheit für neue Erfahrungen:

Persönlichkeitsmodell der Big Five

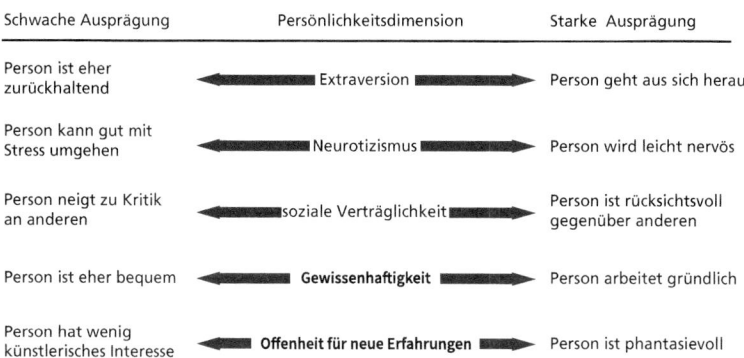

Schwache Ausprägung	Persönlichkeitsdimension	Starke Ausprägung
Person ist eher zurückhaltend	Extraversion	Person geht aus sich heraus
Person kann gut mit Stress umgehen	Neurotizismus	Person wird leicht nervös
Person neigt zu Kritik an anderen	soziale Verträglichkeit	Person ist rücksichtsvoll gegenüber anderen
Person ist eher bequem	Gewissenhaftigkeit	Person arbeitet gründlich
Person hat wenig künstlerisches Interesse	Offenheit für neue Erfahrungen	Person ist phantasievoll

Anmerkung: Das Nationale Bildungspanel (NEPS) misst die Big Five Persönlichkeitsmerkmale mit ingesamt 11 Fragen, die auf einer 5-Punkt-Skala von „trifft gar nicht zu" bis „trifft völlig zu" beantwortet werden können. Aus diesen 11 Fragen wird eine Variable je Persönlichkeitseigenschaft gebildet.

Abb. 5: Persönlichkeitsmodell der Big Five (Laible/Anger/Baumann 2021, S. 4, © IAB-Forum)

Empirisch lassen sich über alle Weiterbildungsformen hinweg Zusammenhänge zwischen Extraversion sowie Offenheit für neue Erfahrungen und lebenslangem Lernen nachweisen. Demgegenüber scheinen eine stark ausgeprägte Gewissenhaftigkeit, soziale Verträglichkeit und Neurotizismus nur für einzelne Weiterbildungsformen relevant zu sein (Laible et al. 2021).

Die Lernpsychologie erklärt Unterschiede im Lernverhalten insbesondere durch den Einfluss von Motivation und Selbstkonzept, kognitiver Leistungsfähigkeit (Aufmerksamkeits- und Gedächtnisleistung) und metakognitiven Strategien. Darüber hinaus werden Vorwissen und Volition bzw. lernbegleitende Emotionen genannt (vgl. Hasselhorn/Gold 2017).

Neben kognitiven und persönlichkeitsbezogenen Faktoren wird auch der Einfluss von Interesse (Krapp 2000, Grotlüschen 2010), Selbstwirksamkeitsüberzeugungen (Bandura 1997) und Attribuierungsmustern (Kaiser 2011), Lernstrategien (Metzger 2000, Martin/Nicolaisen 2015), metakognitive Fähigkeiten (Kaiser et al. 2018), Lernorientierungen (Nohl/von Rosenberg 2012) und Lernhabitus (Behr/Hof 2019) benannt.

Abb. 6: Rahmenmodell der individuellen Voraussetzungen erfolgreichen Lernens (Hasselhorn/Gold 2017, S. 67)

Einstellungen gegenüber Lernen und Weiterbildung als Grundlage für Lebenslanges Lernen

Strzelewicz/Raapke/Schulenberg fragten im Jahr 1966: »Hätten Sie Lust, sich noch einmal in irgendeiner Weise weiterzubilden?« (S. 62). Die Antwort fiel eindeutig aus: 70 % der Befragten antworteten mit Nein und nur 30 % formulierten Interesse an Weiterbildung.

Ein halbes Jahrhundert später fragt das CEDEFOP (2005) nach den Einstellungen der erwerbstätigen Bürgerinnen und Bürger der europäischen Staaten. Die Aussage »Lebenslanges Lernen ist nicht wichtig« wurde dabei – unabhängig von den Unterschieden in den einzelnen Ländern – von einem Großteil der Befragten verneint (oder die Personen hatten keine Meinung dazu). Damit zeigt sich, dass die Bedeutung Lebenslangen Lernens nicht nur auf der politisch-programmatischen

Ebene, sondern auch in den Überzeugungen der Menschen zugenommen hat.

Lebenslanges Lernen erweist sich damit heute nicht mehr als bildungspolitische Zukunftsvision, sondern als soziale Realität. Bei genauerer Betrachtung zeigt sich allerdings, dass die Einstellungen gegenüber der Weiterbildung differenziert zu betrachten sind. So zeigen etwa Barz/Tippelt (2004, S.110ff.), dass das Bildungsverständnis – und damit auch die Erwartungen an Lernen und Bildung – milieuspezifisch differiert. So ist etwa die Auffassung, dass sich »Bildung« in einem allgemein verbindlichen Wissensvorrat manifestiert, eher in traditionellen konservativen und materialistisch orientierten Milieus vorherrschend. Dagegen wird in den moderneren Milieus der Experimentierer und Postmaterialisten – aber auch in der Bürgerlichen Mitte – die Erwartung vertreten, dass Bildung sich auf die gesamte Lebensspanne erstreckt und daher als Prozess zu begreifen ist. Die Qualifikationsdimension von Bildung – und damit die Erwartung, dass Bildung eng mit dem Erwerb von Bildungszertifikaten und institutionellen Laufbahnen verbunden ist – kommt besonders in den Mittel- und Unterschichtmilieus zum Tragen. In den Oberschichtmilieus gelten Zertifikate als notwendige, aber nicht hinreichende Grundlage für Bildung. In ihnen wird Bildung darüber hinaus noch mit »kulturellem Kapital« im Sinne von Bourdieu (1983) assoziiert.

Neben allgemeinen Einstellungen gegenüber Weiterbildung und Lebenslangem Lernen haben auch spezifische Erwartungen an Bildungsangebote Einfluss auf das Bildungsverhalten. So haben Merriam/Lumbsden (1985) vier Lerntypen rekonstruiert:

- Lernende, die formale und strukturierte Lernumgebungen bevorzugen
- Lernende, die projektorientiert selbstständig arbeiten
- Lernende, die von der Mitarbeit an Projekten profitieren
- Lernende, die nur wenig (aktives) Interesse am Lernen haben

Auch Heidrun Herzberg (2005) untersucht lebenslange Lernprozesse im biografischen Zusammenhang. Anhand einer qualitativen Mehrgenerationenstudie arbeitet sie heraus, dass die Art und Weise, wie Menschen

115

ihre Lern- und Bildungsprozesse gestalten, nicht nur von ihrem milieuspezifischen Habitus (vgl. Bourdieu 1989), sondern auch von dem je spezifischen *Lernhabitus* abhängt. Das Konzept des Lernhabitus enthält dabei die Kategorien

- Bildungsaspiration (also die Bildungsbestrebungen einer Person),
- biografische Lern- und Verarbeitungsstrategie (verstanden als die Formen des Umgangs mit der sozialen Welt),
- Deutungshoheit (der Bezugspunkt der eigenen Deutungen, z. B. das Arbeitermilieu),
- Wertorientierungen und
- biografische Reflexivität (als die Fähigkeit, sich reflexiv auf die eigene Biografie zu beziehen).

Das Konzept des Lernhabitus (vgl. hierzu auch Wolf 2007, Behr/Hof 2019) ermöglicht ihr, einen Beitrag zur Erklärung der immer wieder diagnostizierten Unterschiedlichkeit und Ungleichheit des Lebenslangen Lernens zu leisten – auch wenn die von ihr rekonstruierten Muster eines bewahrenden und eines entwicklungsorientierten Lernhabitus für die weitere empirische Überprüfung möglicherweise noch sehr holzschnittartig sind.

Insgesamt herrscht darüber Einvernehmen, dass die Entwicklung der geistigen Leistungsfähigkeit ebenso wie die Kompetenzen zu lebenslangem Lernen auf einem komplexen Zusammenspiel von persönlichkeitsbezogenen und kontextuellen Faktoren, von sozialen Bedingungen und situativen Möglichkeiten basieren. Die Realisierung wie auch das Ausbleiben lebenslanger Lernaktivitäten hängt demzufolge nicht nur von kognitiven Variablen und strukturellen Persönlichkeitsmerkmalen ab, sondern es gilt vielfältige weitere Einflussfaktoren zu berücksichtigen.

4.4.2   Soziokulturelle Bedingungen

Zwar befassen sich die bislang angesprochenen Studien zu den Bedingungen lebenslangen Lernens in erster Linie mit dem Einfluss personbezogener Merkmale, zugleich aber wird immer wieder deutlich, dass die Gestaltung des Lernens im Lebenslauf nicht allein als individuelles Projekt anzusehen ist, sondern auch in seinen gesellschaftlichen Strukturen betrachtet werden muss.

Der Frage der sozialstrukturellen Einbettung individueller Lebens- und Bildungsverläufe widmet sich insbesondere die soziologische Lebenslaufforschung (zusammenfassend Becker 2020). Im Zentrum steht dabei die Frage, ob und in welchem Ausmaß Lebensverläufe durch Herkunft, Geschlecht, Alter und Ethnizität beeinflusst sind. Ein Forschungsbereich bezieht sich dabei auf das Lernen im Lebensverlauf. Hier wird immer wieder der Einfluss sozialer Herkunft, ethnischer Zugehörigkeit, familialer Unterstützungsleistungen auf die Bildungsverläufe herausgearbeitet. Auch der Qualität und Struktur der zugänglichen Bildungslandschaft kommt eine zentrale Bedeutung zu (Hillmert/Rüber 2020). Bezüglich der Frage nach den zugrunde liegenden Wirkmechanismen für die Differenzen im Bereich der Weiterbildung werden die Unterschiede in den Ressourcen sowie die Unterschiede in der Motivation besonders herausgestellt. So gilt ein hoher Bildungsabschluss als Ressource für Weiterbildungsteilnahme, weil man in den vorangegangenen Bildungsgängen nicht nur mannigfaltiges Wissen, sondern auch die Kompetenz zur Aneignung weiteren Wissens erwarb. Auch geht der Erwerb eines höheren Bildungsabschlusses einher mit dem Interesse und der Neugier für den Erwerb neuen Wissens. Insofern wird mit dem Erwerb eines höheren Bildungsabschlusses auch eine Bereitschaft zu lebenslangem Lernen habitualisiert. Als Grundlage für die hohe Selektivität dieses Bildungsbereiches ist darüber hinaus die Tatsache anzusehen, dass die Teilnahme an Weiterbildung nicht verpflichtend ist, sondern von vielfältigen individuellen, organisatorischen und sozialen Faktoren und Zufällen abhängt. Neben dem Bildungsabschluss ist auch der Einfluss der Kategorie Gender auf die Bildungsbeteiligung dokumentiert (Born/Krüger 2001, Dausien 2001, Friebel 2004, 2006).

Fragt man nach den Gründen für die in allen Studien diagnostizierten Bildungsungleichheiten, dann ist davon auszugehen, »dass statt einer Monokausalität eine Vielzahl von Ursachen, eine komplexe Wechselwirkung verschiedener Einflüsse, vorliegt« (Becker/Lauterbach 2004, S. 21).

Hinweise zur Entwicklung empirisch fundierter Hypothesen zur Erklärung dieses komplexen Phänomens verspricht die erziehungswissenschaftliche Biografieforschung, die Lern- und Bildungsprozesse aus einer stärker subjektorientierten Perspektive betrachtet. Durch das Verfahren der qualitativen Einzelfallanalysen erlaubt es dieser Zugang, die konkreten Handlungssituationen sowie die Interpretationen der Subjekte zu rekonstruieren.

So haben beispielsweise Friebel/Ebskamp/Knobloch (2000) auf der Grundlage einer die Übergänge zwischen Schule, Berufsausbildung, Erwerbstätigkeit und auch Weiterbildung fokussierenden Langzeituntersuchung die genannten Ergebnisse bestätigt. In einer daran anschließenden qualitativen Untersuchung zeigen Friebel et al. hinsichtlich der Bedeutung, die die Weiterbildungsteilnahme hat, auf, dass in ihr im Gegensatz zur vorhergehenden Bildungskarriere in Schule und Hochschule »Selbst-Entdeckung und Sinn-Herstellung [...] verschmelzen« (ebd., S. 322). Erst nach dem Schulabschluss beginnt für viele eine »interessierte und erkennende Selbsttätigkeit«. Darüber hinaus weist Friebel auf die Notwendigkeit hin, die Praxis Lebenslangen Lernens nicht nur vor dem Hintergrund der Lebenssituation und institutionellen Gelegenheitsstrukturen zu sehen, sondern auch die biografischen Relevanzen detaillierter zu berücksichtigen (vgl. Friebel 2008, S. 130). Gerade biografieanalytische Feinanalysen können die Pluralität individueller Bildungs- und Lernrealitäten verdeutlichen und zeigen, dass die Lern- und Bildungsprozesse im Zusammenhang mit der je konkreten Lebenssituation, den biografischen Phasen und den institutionell vorhandenen Bildungsmöglichkeiten gesehen werden müssen (vgl. die Beiträge in Dausien et al. 2016, Hinrichsen 2020).

Insgesamt ist festzuhalten, dass es unterdessen zwar vielfältige Studien zur Empirie Lebenslangen Lernen gibt. Diese zeigen interessante Ergebnisse, verweisen aber zugleich auf neue Fragen. Dies liegt unter anderem auch daran, dass die Erforschung lebenslanger Lernprozesse die stärkere Berücksichtigung der Dimension Zeit erfordert. Denn Lebenslanges Lernen ist kein einmaliges Geschehen, sondern ein Prozess, der sich – wie der Name eben sagt – über das gesamte Leben erstreckt. Dies erfordert Studien, die als Längsschnittstudien angelegt sind (▶ Kap. 5).

5 Lebenslanges Lernen als Herausforderung für Erziehungswissenschaft und Bildungsforschung

In den vorangegangenen Kapiteln wurden verschiedene Perspektiven auf das Phänomen des Lebenslangen Lernens diskutiert. Dabei zeigte sich, dass das Phänomen des Lebenslangen Lernens – je nach Perspektive – unterschiedlich akzentuiert wird. So wird das Lebenslange Lernen etwa im bildungspolitischen Diskurs als Antwort auf gesellschaftliche Veränderungen beleuchtet und Programme zur politischen Steuerung von Lernaktivitäten entwickelt. Im pädagogischen Diskurs steht demgegenüber die Frage im Vordergrund, wie neue Adressatinnen und Adressaten angesprochen und Lernorte auch jenseits traditioneller Bildungseinrichtungen gestaltet werden können. Darüber hinaus rücken Fragen der Förderung individueller Lernbereitschaft und -kompetenz ins Zentrum.

Vor dem Hintergrund dieser Einsicht, dass die Perspektive auf das Lebenslange Lernen je nach Handlungs- bzw. Erkenntnisinteresse variiert und je nach Argumentationskontext einzelne Aspekte des Begriffs hervorgehoben werden, wird der Blick im Folgenden auf die Erziehungswissenschaft gerichtet. Dabei lässt sich zeigen, dass die Hinwendung zum Lebenslangen Lernen neue Perspektiven auf das Lernen eröffnet und neue Forschungsfragen mit sich bringt.

5.1 Lebenslanges Lernen als Thema der Erziehungswissenschaft – zwischen kritischer Distanzierung und konstruktiver Weiterentwicklung

Innerhalb der Erziehungswissenschaft ist das Thema »Lebenslanges Lernen« eher langsam aufgegriffen worden (vgl. Böhme 1983, Cropley 1986, Knoll 1974, Olbrich 1974). So wurden die bildungspolitischen Konzepte der 1970er Jahre kaum thematisiert. Die Diskussion in Deutschland war in erster Linie von der Intention geprägt, eine Ausweitung und Verzahnung organisierter Bildungsangebote zu gewährleisten und Weiterbildung als vierte Säule eines Gesamtbildungssystems zu etablieren (vgl. etwa Knoll 1996, S. 364). Im Mittelpunkt standen dabei die Empfehlungen des deutschen Bildungsrats.

> »Der Begriff der ständigen Weiterbildung schließt ein, dass das organisierte Lernen auf spätere Phasen des Lebens ausgedehnt wird und dass sich die Bildungsmentalität weitgehend ändert. Die traditionelle Vorstellung von zwei Lebensphasen, die ausschließlich und voneinander getrennt entweder mit der Aneignung oder mit der Anwendung von Bildung zusammenfallen, wird abgelöst durch die Auffassung, dass organisiertes Lernen sich nicht auf eine Bildungsphase am Anfang des Lebens beschränken kann. Weiterbildung [...] ergänzt die herkömmlichen geschlossenen Bildungsgänge und setzt sie unter nachschulischen Bedingungen fort« (Deutscher Bildungsrat 1970, S. 51).

Damit einhergehend bezog sich die Diskussion auf (pädagogisch) institutionalisierte Lernprozesse sowie auf spezifische Bildungseinrichtungen. In diesem Zusammenhang blieb die Differenzierung der verschiedenen Bildungsbereiche (Vorschule – Schule – Hochschule – Berufsbildung und Erwachsenen- bzw. Weiterbildung) diskursbestimmend – eine Tatsache, die sich dahingehend auswirkte, dass das Lebenslange Lernen der Erwachsenenbildung zugeordnet wurde (z. B. Brödel 1998, S. 1, Jütting/Jung 1983, Knoll 1974, Editorial 2006).

Zugleich aber wurde eine Ausweitung organisierten Lernens – wie es im Konzept der *recurrent education* enthalten war (▶ Kap. 2) – schon seit den 1960er Jahren kritisch gesehen. Die Frage, ob die Programme zum Lebenslangen Lernen das erreichen können, was sie intendieren, bewegte die Gemüter (vgl. Hufer/Klemm 2002, S. 48).

Innerhalb der kritischen Rezeption des Lebenslangen Lernens lassen sich drei Argumentationsstränge unterscheiden:

(1) In *institutionenkritischer Perspektive* wurde herausgestellt, dass der Ruf nach einem Ausbau organisierter Bildungsangebote keine Demokratisierung und wirtschaftliche Entwicklung nach sich ziehen werde. Insbesondere Ivan Illich beschreibt pädagogische Institutionen – allen voran die Schule – als das »zentrale mythenbildende Ritual der Industriegesellschaft« (Illich 1972, S. 11). Denn – anders als es die OECD mit ihrem Ruf nach einer »Beschulung« der Bevölkerung in wiederkehrenden Phasen intendiert –, führe Bildungsarbeit, die dem Modell der Schulbildung folgt, zu keiner Verbesserung der Bildungssituation. Gründe hierfür sieht er in dem Zwangscharakter der Schule, dem klassischen Lehrkraft-Schülerinnen- bzw. Schüler-Verhältnis und der antidemokratischen Binnenstruktur, die durch Lehrpläne, Selektionsmechanismen und Abschlüsse geprägt ist. Zur Behebung der Bildungskrise bedürfe es daher nicht eines Ausbaus, sondern einer Abschaffung der Schule.

(2) Die *pädagogisch-politische Kritik* verweist in der Fortsetzung der Entschulungsforderung auf die möglichen Folgen weiterer Bildungsexpansion hin. Diese sehen Dauber/Verne (1976) insbesondere in der Vermehrung sozialer Kontrolle, zunehmender Hierarchisierung und Konkurrenzorientierung sowie in der Entfremdung von eigenen Bedürfnissen und der Instrumentalisierung von Kenntnissen und Fähigkeiten. Im Endeffekt ziele Lebenslanges Lernen darauf, »lebenslang loyale Verhaltensorientierung einzusozialisieren« (ebd., S. 71). Meueler unterstreicht dieses Argument, indem er darauf hinweist, dass mit der Stilisierung des Selbst, wie es im Ruf nach lebenslangem selbstgesteuerten Lernen zum Ausdruck komme, nicht unbedingt eine autonome, selbstbestimmte Bildung des Subjekts gemeint sei: »Geht es in der Erwachsenenbildung um die *Bildung des Subjekts*, dann steht der Subjektbegriff als Chiffre für Widerständigkeit, Selbstbewusstsein und Selbstermächtigung, gerichtet gegen die ausschließliche Funktionalisierung des Menschen für die Belange des Marktes. Bildung zum Subjekt erfolgt dann, wenn es zum Wachstum all jener Kräfte, Fertigkeiten und Fähigkeiten, zur Zunahme von Kenntnissen, Einsichten und Einstellungen kommt, die die bloße Funktionalität übersteigen [...]. Das schließt Kritik an Macht und Herrschaft und den Widerspruch gegen Herrschaft

ein« (Meueler 2001, S. 100) – und habe damit zu einer Kritik des Lebenslangen Lernens zu führen.

(3) *Kulturkritische Argumente* beziehen sich insbesondere auf die Arbeiten von Michel Foucault. Unter dem Stichwort der Gouvernementalität wird hier untersucht, wie Herrschafts- und Selbsttechniken miteinander verbunden werden und Machtformen und Subjektivierungsprozesse verkoppelt sind (Wrana 2003, Rothe 2011, von Felden 2019). Aus dieser Sicht stellt sich das Lebenslange Lernen nicht nur als Chance, sondern – im Gegenteil – als lebenslanger und -umfassender Zwang zum Lernen dar, der dem einzelnen Subjekt angelastet wird (vgl. Tuschling 2004, S. 157). Das Mehr an Freiheit geht also mit einem Mehr an Verantwortung für sich selbst und das eigene Leben einher und beinhaltet den Appell an Eigenverantwortlichkeit und Eigeninitiative. Selbstmanagement und -organisation werden damit zu den herausragenden und grundlegenden Basiskompetenzen, über die das Individuum verfügen muss, um ein gelingendes Leben in einer wettbewerbsfähigen Gesellschaft zu führen. Die »Schöne Neue Lernkultur« (Klingovsky 2009) basiert damit auf Regierungstechnologien in der Selbst- und Fremdführung der Subjekte und »transformiert gesellschaftliche Problemlagen in individualisierte Entwicklungsprojekte« (Messerschmidt 2011, S. 20). Im Kontext einer »Kultur des neuen Kapitalismus« (Sennett 2000) werde ein flexibler Mensch gefordert, der sich zum Unternehmer seiner eigenen Person entwickele (Voß 2004) und dies nur dadurch bewerkstelligen könne, dass das Lebenslange Lernen Teil der individuellen Lebensführung werde.

Auch empirisch werden Lernen und Weiterbildung demzufolge zur Normalität: Dies zeigt sich beispielsweise im Berichtssystem Weiterbildung (Kuwan et al. 2006, S. 258), in dem 94 % der Befragten der Aussage zustimmen, dass jeder und jede bereit sein soll, sich ständig weiterzubilden. Der Anspruch, zu lernen und sich ständig weiterzubilden, wird damit zum selbstverständlichen, aber auch notwendigen Bestandteil des Lebens. Die permanente Aufforderung zur kontinuierlichen Wissensaneignung wird von den Subjekten gleichsam inkorporiert, »die Verinnerlichung des Lernens [wird somit] zu einem Selbstanspruch in der Lebensführung moderner Subjekte« (Brödel 2004, S. 12). In der kritischen Betrachtung impliziert dies, dass die Möglichkeit, sich lebenslang bilden zu dürfen bzw. zu können, wie sie in den frühen bildungspolitischen

Konzeptionen zum Lebenslangen Lernen noch anklang, nun zum lebenslangen Zwang werde, sich weiterbilden zu müssen (vgl. Pongratz 2008, 2010).

Seit dem Ende des 20. Jahrhunderts mehren sich aber auch die Stimmen, die das Lebenslange Lernen als theoretisches Konzept propagieren, mit dem die Erziehungswissenschaft die Situation der Bildung in der Moderne angemessen fassen kann. Das Lebenslange Lernen wird dabei als Begriff angesehen, mithilfe dessen der Prozess des Lernens als ein prägnantes Merkmal des gesamten menschlichen Lebens gesetzt und alle Bildungs- und Lernerfahrungen aufeinander bezogen werden können. Das Konzept des Lebenslangen Lernens verweist damit auf die Möglichkeit einer lebenslaufbezogenen Erweiterung der Sicht auf Lernen. So schreiben Wiesner/Wolter dem Lebenslangen Lernen die Möglichkeit einer theoretisch-kategorialen Ausweitung erziehungswissenschaftlicher Perspektiven zu (Wiesner/Wolter 2005). Das Konzept des Lebenslangen Lernens ermögliche

* eine *lebenslauftheoretische Bedeutungserweiterung* und damit eine Biografisierung des Lernens durch Ausdehnung auf den gesamten Lebenszyklus;
* eine *systembezogene Bedeutungserweiterung*, die darauf verweist, dass sich das Bildungssystem – zumindest in der Vision – zunehmend zu einem relativ offenen, flexiblen und transparenten System mit vielfältigen Eingängen und Ausgängen, mit zahlreichen Übergängen und Verbindungslinien, mit hoher Durchlässigkeit und ohne Sackgassen entwickelt (vgl. Wiesner/Wolter 2005, S. 22). Nittel/Schütz/Tippelt (2014) greifen dies auf, wenn sie die verschiedenen Bildungsinstitutionen unter dem Stichwort eines Systems des Lebenslangen Lernens untersuchen (vgl. auch Nittel/Wahl 2015);
* eine *bildungstheoretische Erweiterung*, durch die das Lernen nicht nur auf die berufliche Qualifizierung, sondern auch auf die individuelle Persönlichkeitsentwicklung und soziokulturelle Bildung sowie die Entwicklung der zivilgesellschaftlichen Staatsbürgerrolle und damit der Fähigkeit zur Teilhabe am Gemeinwesen bezogen wird.

In programmatischer Perspektive wird das Konzept des Lebenslangen Lernens damit auch als Chance zur Realisierung einer Lern- und Bildungsgesellschaft propagiert (z. B. Brödel/Siebert 2003, Wiesner/Wolter 2005, Jütte 2011, Wahl 2017), in der die Pädagogik das Lernen im Lebenslauf unterstützt (vgl. Hof/Rosenberg 2018) – ohne Lernen dabei auf die Aneignung von »narrow competences suited to a Neoliberal economy« einzuengen (English/Mayo 2021, S. 1).

Theoretisch werden dabei Anschlüsse an klassische bildungstheoretische Konzepte gesucht, die »auf die Emanzipation und Mündigkeit der Lernenden setzen und die Notwendigkeit der Selbstbestimmung und der Kritikfähigkeit gegen eine gesellschaftliche Funktionalisierung betonen« (von Felden 2020, S. 26). Ein bildungstheoretisch fundiertes Verständnis von Lebenslangem Lernen könne Menschen befähigen, bestehende gesellschaftliche Verhältnisse der Kritik zu unterziehen und durch politisches Handeln zu verbessern.

> »Bildung dürfte dann allerdings nicht nur als Aneignung der Wissensbestände, Interpretationen und Regeln der gegenwärtig bestehenden kulturellen Lebensform bestimmt werden, sondern auch als die Fähigkeit, diese Lebensform, wenn sie sich selbst gefährdet, in ihren Strukturen und ihren herrschenden Regeln zu transformieren« (Peukert 2000, S. 509).

Die Hintergründe für diese neue positive Bewertung des Lebenslangen Lernens sind sicherlich vielfältig. Zu nennen ist zum einen die bildungspolitische Aufwertung dieses Konzeptes. Darüber hinaus ist davon auszugehen, dass die in den 1990er Jahren vollzogene Veränderung des Verständnisses vom Lebenslangen Lernen und damit die Hinwendung zum individuellen Lernprozess eine Verbindung mit traditionellen bildungstheoretischen Sichtweisen erleichterte.

Zu berücksichtigen ist auch, dass das Verständnis des Lebenslangen Lernens als individueller Bildungsprozess nun auf eine Wissenschaft von der Erwachsenenbildung trifft, die ihre vorherrschende Fokussierung auf eine institutionen- und professionszentrierte Perspektive aufgegeben hat und sich in subjektorientierter Perspektive dem Lernen Erwachsener zuwendet (vgl. hierzu Kade/Nittel/Seitter 2007).

Der *institutionenzentrierte Zugang* zeichnet sich dadurch aus, dass er die Bildungsangebote für Erwachsene in pädagogischen Einrichtungen fokussiert. Entsprechend kommt Lernen allein im Kontext von Lehren in den Blick. Dies führt dazu, das Lernen als Aneignung von pädagogisch aufbereitetem Wissen verstanden wird.

In Abgrenzung vom institutionenzentrierten Zugang beschreibt der bildungszentrierte oder *subjektorientierte Ansatz* eine theoretische Perspektive, die die Erwachsenen nicht als Adressatinnen bzw. Adressaten von professionellen Bemühungen, sondern als Subjekte der eigenen Bildungsprozesse betrachtet. Lern- und Bildungsprozesse gelten dabei als Ergebnis der aktiven Auseinandersetzung des Menschen mit seiner Umwelt. Dabei wird die lebensweltlich-biografische Eingebundenheit des Lernens herausgestellt. Auch betont diese theoretische Perspektive, dass das Ergebnis von Lern- und Bildungsprozessen nicht immer den Intentionen der Pädagoginnen und Pädagogen entsprechen muss. Vielmehr wurde die Differenz zwischen Vermittlung und Aneignung, zwischen Lehren und Lernen herausgestellt und gefolgert, dass es notwendig sei, die Perspektive der Subjekte stärker zu berücksichtigen, um dem Phänomen des Lernens Erwachsener auf die Spur zu kommen. Lernen erscheint hier in erster Linie als Aktivität des lernenden Subjekts, welche an verschiedensten Lernorten stattfindet. Neben dem Lernen im Kontext formaler Lehr-Lern-Settings kommen damit auch die vielfältigen Formen des Lernens außerhalb von Bildungseinrichtungen in den Blick (z. B. Arnold 2012, Dinkelaker 2018, Egger et al. 2008, Faulstich/Ludwig 2004, Faulstich/Bayer 2009, Faulstich 2014).

Vor diesem Hintergrund war es möglich, dass durch die Erziehungswissenschaft dem Lebenslangen Lernen eine besondere Bedeutung beigemessen werden konnte. Dies erfordert jedoch, die erziehungswissenschaftliche Perspektive auf das Lebenslange Lernen auszuarbeiten (hierzu Hof/Rosenberg 2018, Hof/Bernhard 2022).

5.2 Lernen im Lebenslauf als Bezugspunkt erziehungswissenschaftlicher Theorie

Erziehungswissenschaft und Bildungsforschung orientieren sich unterdessen an einem »inclusive understanding of lifelong learning« (Wolter o. J., S. 21, zit. nach Wiesner/Wolter 2005, S. 21). Dieses Verständnis zeichnet sich dadurch aus, dass das Lernen hier auf die gesamte Lernbiografie bezogen und die menschliche Entwicklung in all ihren Dimensionen berücksichtigt wird. Dies bedeutet, dass nicht mehr die Bildungs- und Weiterbildungsinstitutionen den Bezugspunkt des erziehungswissenschaftlichen Nachdenkens darstellen, sondern das Lernen im Lebenslauf (vgl. auch Olbrich 2001, S. 393ff, Hof 2019, Hof/Rosenberg 2018). Dadurch verschiebt sich der Bezugspunkt von der Frage nach den curricularen Angeboten der Institutionen hin zum Lernen und zur Bildung der Menschen.

Das Lebenslange Lernen – verstanden als Lernen im Lebenslauf – verweist dabei auf den Gesamtprozess menschlichen Lernens in zeitlicher, räumlicher und inhaltlicher Hinsicht.

In *zeitlicher* Hinsicht bezieht sich das Lernen auf den gesamten Lebenslauf. Das Interesse am Lernen im Lebenslauf beinhaltet damit eine Ausweitung der Perspektive von einer kulturell definierten Altersstufe (dem Lernen der Grundschüler, der Jugendlichen, der Erwachsenen) hin zur Betrachtung des Lernens über die gesamte Lebensspanne. Die Lebenslaufperspektive rückt die Bildungsverläufe in den Mittelpunkt.

In *räumlicher* Hinsicht bezieht sich das Lernen im Lebenslauf auf Lernprozesse innerhalb und außerhalb von Bildungseinrichtungen. Mit der Hinwendung zum Lernen im Lebenslauf ist eine Perspektive verbunden, die das Lernen nicht nur im Kontext von Bildungseinrichtungen und pädagogisch gestalteten Lehr-Lern-Arrangements beleuchtet, sondern das gesamte Spektrum menschlichen Lernens in den Blick nimmt. »Lifelong learning does not see discrete learning stages in isolation but takes a systemic view of relationships between different types of learning over the course of people's lives« (OECD 2003, S. 105f.). Lernen wird also nicht nur im Kontext von Lehren thematisiert, sondern in all seinen formalen, non-formalen und informellen Formen. Das Interesse am Lernen im Lebenslauf impliziert damit, dass Lernen nicht nur in pädagogischen Institutionen stattfindet, sondern auch an anderen Lernorten. Daraus ergibt sich die Notwendigkeit, theoretisch und empirisch am Konzept des »lifewide learning« (Alheit/Dausien 2016, S. 9, Field 2006, 2013, Reischmann 2014, 2017) anzuknüpfen. Für die Erziehungswissenschaft folgt daraus die Aufgabe, biografische und institutionelle Übergänge stärker zu beachten.

In *inhaltlicher* Hinsicht beinhaltet das Lernen im Lebenslauf nicht nur die Aneignung relevanter Kulturgüter, sondern alle denkbaren Themen und Gegenstände des Lernens wie auch Prozesse des Verlernens. Dies wird etwa darin deutlich, dass die Notwendigkeit lebenslanger Lernprozesse nicht nur aus der Beschleunigung der Wissens- und Technikproduktion abgeleitet wird. Auch die Individualisierung von Lebensläufen und die Pluralisierung von Expertenmeinungen gehören zu den soziologischen Gegenwartsdiagnosen, die aus erziehungswissenschaftlicher Sicht die Frage aufwerfen, mit welchem Wissen die Menschen die damit verbundenen Herausforderungen bewältigen und wie durch pädagogische Interventionen die Rezeption von *Fake News* oder Ideologien verhindert werden kann (z. B. Merkt 2018)

Dieser weite und gegenüber der traditionellen institutionen- und professionsfokussierten Perspektive der Erwachsenenbildung entgrenzte Begriff des Lebenslangen Lernens beinhaltet allerdings die Gefahr, dass sich die Pädagogik und Erziehungswissenschaft für die gesamte Entwicklung des Menschen zuständig erklärt und ihr dadurch eine professionelle bzw. disziplinäre Fokussierung auf die Frage der Vermittlung und Aneignung verloren geht. In diesem sehr weiten Verständnis begreift etwa Lenzen die »Sorge um den Lebenslauf« als Grundbegriff der Erziehungswissenschaft (vgl. Lenzen 1997, 1999). Spezifischer und dadurch theoretisch ertragreicher erscheint daher eine Fokussierung auf das Lernen im Kontext des Lebenslaufs.

5.2.1 Traditionen und Perspektiven lebenslauf-bezogener Erziehungswissenschaft

Die Orientierung am Lebenslauf ist – auch wenn dies heute unter Bezug auf die moderne Wissensgesellschaft und das bildungspolitische Programm des Lebenslangen Lernens so erscheint – in keiner Weise neu. So rekurrieren etwa biografie- oder erfahrungsbezogene Ansätze in der Erwachsenenbildung auf die Erfahrung im Lebenslauf (vgl. Behrens-Cobet 2000; Dausien 2011, Gieseke 1985). Auch im Kontext anthropologischer Grundlegung der Erziehungswissenschaft gibt es verschiedene Bemühungen, Bildungsprozesse im Verweis auf zentrale Aufgaben im Lebenslauf zu begründen. Entsprechend der Einsicht, dass es nicht möglich ist, eine Anthropologie zu konzipieren, die sich ausschließlich auf ewige und unveränderliche Wesenszüge des Menschen konzentriert, wurden die Lebensaltersstufen als Bezugspunkt für die Beschreibung grundlegender Daseinsthemen und -aufgaben gesehen. Die Untersuchung der gegenwärtigen »soziokulturellen, kulturellen und naturhaften Bedingungen« (Lippitz 1980, zit. nach Bock 1984, S. 19) der Kindheit und Jugend, des Erwachsenenalters und des Alters bildeten dabei den normativen Bezugspunkt für die pädagogische Unterstützung von Erziehung und Bildung (z. B. Pöggeler 1964, S. 73ff.; Bock 1984).

Auch klassische entwicklungspsychologische Phasenmodelle (vgl. hierzu etwa den Überblick bei Faltermaier et al. 2013) werden immer wieder als Grundlage für pädagogisches Handeln herangezogen.

Dabei wird davon ausgegangen, dass der Mensch sich im Laufe seiner Entwicklung bestimmten Aufgaben stellen und diese lösen müsse, um gesellschaftlich erfolgreich zu sein: Diese Aufgaben sind Ergebnis einer Perspektive, die Entwicklungsverläufe nach einem universellen Muster konzipiert.

> »A developmental task is a task which arises at or about a certain period in the life of the individual, successful achievement of which leads to his happiness and to success with later tasks, while failure leads to unhappiness in the individual, disapproval by the society, and difficulty with later tasks« (Havighurst 1953/1965, S. 2).

Zwar entstehen – etwa in der Theorie Havighursts – die Entwicklungsaufgaben im Zusammenspiel innerer Ressourcen (physische Reifung,

Wachstum oder persönliche Werte und Ziele) und äußerer Kräfte (Forderungen und Erwartungen der Gesellschaft), sodass Individuum-Umwelt-Relationen zum Ausgangspunkt gewählt werden und damit eine Variabilität von Entwicklungs- und damit auch Lernaufgaben unterstellt sein könnte. Da Havighurst aber zugleich von einer Stabilität gesellschaftlicher Anforderungen und schichtspezifischer Wertorientierungen ausgeht, basiert auch sein Ansatz auf der Annahme geringer Variabilität und orientiert sich an der Existenz universeller Entwicklungsaufgaben. Diese treten in je spezifischen Altersphasen auf.

Tab. 2: Altersphasen und Entwicklungsaufgaben nach Faltermaier 2002, S. 51

Altersphase	Zentrale Entwicklungsaufgaben
Säuglingsalter	Gehen Lernen, Lernen von Nahrungsaufnahme, beginnende Sprachentwicklung
Kindheit	Erwerb der Geschlechtsrolle, Lernen von sozialer Kooperation, Erwerb von Basiskompetenzen im Lesen, Schreiben, Rechnen, Entwicklung von Moral und Werten
Pubertät/Adoleszenz	Akzeptieren der körperlichen Reifung, Erwerb der Geschlechtsrollen-Identität, Gestalten von Peer-Beziehungen
Frühes Erwachsenenalter	Partnerwahl/Ehe, Familiengründung/Kinder, Beginn einer Berufskarriere
Mittleres Erwachsenenalter	Kindererziehung, Entwicklung der Berufskarriere, Übernahme sozialer und öffentlicher Verantwortung
Spätes Erwachsenenalter	Anpassung an Pensionierung, Anpassung an Nachlassen von Körperkräften, Anpassung an Tod von Lebenspartner

Neuere Arbeiten betonen stärker die gesellschaftliche Eingebundenheit individueller Entwicklungsprozesse (Faltermaier et al. 2013). Sie weisen darauf hin, dass weder individuumsbezogene noch kontextuelle Beschreibungen allein ausreichen, um Wirkmechanismen und Verläufe zu erklären, und präferieren daher inter- oder transaktionale sowie ökologische Prozessmodelle (Bronfenbrenner 1994, Grundmann/Lüscher 2000, Reck-Hog/Eckert 2018). Dabei wird zunehmend auch der Einfluss gesellschaftlich institutionalisierter Rollenerwartungen sowie impliziter Entwicklungstheorien und Altersnormen betont (vgl. z. B. Bowen/Kornadt/Kessler 2014). Darüber hinaus wird individuellen Orientierungen und biografischen Entscheidungen besondere Bedeutung beigemessen: »Die erwachsene Person ist nicht nur passives Objekt von Entwicklungsprozessen; sie hat vielmehr Vorstellungen von ihrer persönlichen Entwicklung, an denen sie ihre Lebensführung orientiert« (Brandtstädter 1990, S. 337).

In seinen Leitsätzen einer Lebensspannenpsychologie hat Baltes (1990) die psychische Entwicklung daher auch als lebenslangen Prozess beschrieben, der sich durch die Gleichzeitigkeit von Gewinn und Verlust der Anpassungsfähigkeit sowie durch ein hohes Maß an Plastizität auszeichnet. Auch empirisch ist vielfach bestätigt, dass die Entwicklung multidimensional und multidirektional verläuft. Verschiedene Verhaltensbereiche entwickeln sich also unabhängig voneinander und zum Teil auch in unterschiedliche Richtungen.

Während die Entwicklungspsychologie die Veränderungen über die Lebensspanne fokussiert, berücksichtigen erziehungswissenschaftliche Ansätze stärker die aktive Auseinandersetzung des Menschen mit seiner Umwelt. So weist Werner Loch (1979, 1998, 2006) auf den grundlegenden Zusammenhang von Lebenslauf und Erziehung hin. Dieser besteht auf der einen Seite darin, dass das Leben des Menschen als eine Abfolge verschiedener Lebensereignisse abläuft, die als *curriculum vitae* beschrieben werden. »In ihm kehrt normalerweise bei jedem Menschen zwischen Geburt und Tod, kulturspezifisch modifiziert, eine Reihe von typischen Ereignissen, Stadien und Stationen wieder.« (Loch 2006, S. 73). Diese Lebensereignisse stellen die Grundlage für die Darstellung des Lebenslaufs oder die Erzählung biografischer Geschichten dar. Insofern ist – wie Loch es formuliert – der Lebenslauf das Individuum in seiner zeitlichen Gestalt (Loch 2006, auch 1979, S. 99). Allerdings wäre es verkürzt anzunehmen, dass die Lebensereignisse allein den individuellen Erziehungs- und Bildungsprozess beeinflussen. Vielmehr werden diese

Lebensereignisse – und dies ist die andere Seite – durch Erziehungs- und Bildungsprozesse mitgestaltet. »Im Horizont von Erziehung wird entschieden, welche Bedeutung der Lebenslauf gewinnt, und im Horizont des Lebenslaufs wird entschieden, welche Bedeutung die Erziehung gewinnt« (Loch 1979, S. 14).

Loch verweist dabei darauf, dass Eltern, Lehrkräfte und Sozialpädagoginnen und -pädagogen ihre Kinder nach mehr oder weniger klaren Vorstellungen von dem erziehen, was sie in ihrem künftigen Lebenslauf benötigen werden. Bezugspunkt ihres pädagogischen Handelns sollten daher Lernaufgaben sein, die sich im Lebenslauf stellen und die die Lernfähigkeit des Individuums aktivieren (vgl. Loch 2006, S. 74). Entsprechend stellt sich dann die Frage,

> »welche typischen Lernaufgaben der Lebenslauf den Menschen heute im Unterschied zu früheren Zeiten stellt, welche typischen Lernfähigkeiten zu deren Bewältigung aktiviert werden müssen und welche Lernhilfen dabei erforderlich sind, damit negative Lernhemmungen behoben und positive bestärkt werden können« (Loch 1998, S. 92).

Mit Blick auf den Lern- und Bildungsprozess besteht die Besonderheit seines Ansatzes darin, dass er von einer Wechselwirkung von Können und Lernen ausgeht: Im Lebenslauf hat man bereits Wissen erworben und dieses Wissen ist die Grundlage für neue (nicht nur pädagogisch zu gestaltende) Lernaufgaben:

> »Was muß man können, um lernen zu können? Und was muß man lernen, um ein Können entwickeln zu können? Vom Können ausgehend formuliert: Welche Grundfähigkeiten muß der Mensch normalerweise in seinen verschiedenen Lebensaltern entwickeln, um das lernen zu können, was er im Lebenslauf (unter den kulturellen Bedingungen der Gesellschaft, in der er lebt) zu seiner Selbsterhaltung benötigt?« (Loch 1998, S. 94 f.)

Auch wenn Loch das Wechselverhältnis zwischen Können und Lernen betont und damit den Blick auf die je individuellen Bildungsgeschichten in ihrer Zeitlichkeit richtet, so orientiert er sich noch an der Existenz eines anthropologisch vorgegebenen, generalisierenden Schemas von Lebensstufen. Damit kann er kaum berücksichtigen, dass mit der zunehmenden Individualisierung der Lebensführung und Pluralisierung biografischer Wege (Beck 1986; Hurrelmann 2003, Hunt 2005) auch die lineare Sequenzierung des Lebenslaufs gemäß der Phasen Schule-Arbeit-

Familie-Ruhestand abgelöst wird durch eine »dynamische Parallelisierung« des Lebensverlaufsbildes (Baltes 2001, S. 29). Vor dem Hintergrund der Einsicht, dass der institutionalisierte Lebenslauf (Kohli 1985) zunehmend flexibilisiert wird und etwa in der Lebensphase der Arbeit eine Schule besucht wird oder im Ruhestand noch weiter – beispielsweise ehrenamtlich – gearbeitet wird, schreitet auch die »Entkoppelung von Lernthemen und Lebensphasen« voran (Siebert 1996, S. 138).

Einhergehend mit der Entstandardisierung von Lebensläufen wird eine zunehmende Unsicherheit bzw. Ungewissheit diagnostiziert, »weil bestimmte Lebensentscheidungen nicht mehr automatisch auch entsprechende Lebensverläufe nach sich ziehen [...]« (Lessenich 1995, S. 62). Einhergehend damit sind Übergänge im Lebenslauf in den Fokus der Aufmerksamkeit gerückt (vgl. Schröer et al. 2013, Hof et al. 2015). Für die Erziehungswissenschaft bedeutet dies, besondere Aufmerksamkeit auf die Entwicklungen und Transformationen von Bildungs- und Lernprozessen im Lebenslauf zu richten. Sie betrachtet – und dies kann man gleichsam als disziplinären Fokus der Erziehungswissenschaft bezeichnen – den Lebenslauf unter dem Gesichtspunkt des Lernens bzw. der Bildung (Siebert 1985). Denn er gilt – wie Erich Weber dies formuliert (vgl. 1994, S. 366) – als der Ort, an dem das Individuum durch subjektive Verarbeitung und Mitgestaltung der objektiven Gegebenheiten und durch Bewältigung der sich lebensgeschichtlich stellenden Aufgaben zu Welt- und Selbstverständnis, aber auch Handlungsfähigkeit und biografischer Identität gelangt. Dies impliziert, dass die Formen, Inhalte und Kontexte des Lernens im Lebensverlauf in den Mittelpunkt der Aufmerksamkeit rücken und lebenslanges Lernen als Kompetenzentwicklung zu begreifen ist, die individualisiert und situationsbezogen erfolgen müsse (Brödel 2004, S. 8). Neben den Prozessen des Lernens kommen mit der Hinwendung zum Lebenslauf auch die längerfristigen kontinuierlichen oder auch diskontinuierlichen Bildungsprozesse in den Blick.

Mit dieser Perspektive grenzt sich die Erziehungswissenschaft ab von anderen Disziplinen und Forschungsrichtungen, die sich auch mit dem Lernen im Lebenslauf befassen. So interessiert sich etwa die Philosophie für den Aspekt der Zeit als grundlegende Bedingung menschlichen Seins (Mittelstrass 1994). Die Entwicklungspsychologie dagegen fokussiert die Frage der phasenspezifischen Bedingungen des Lernens und die Soziologie fragt nach den sozialen und institutionellen Grundlagen von Verläufen und Übergängen im Lebenslauf (Sackmann/Wingens 2001, Becker 2020). Die Neurologie und Hirnforschung wiederum befassen sich mit dem Einfluss neurologischer und hirnphysiologischer Grundlagen des Lernens und diskutieren die Frage, ob daraus Anleitungen für die Gestaltung lebenslanger Lernprozesse ableitbar sind (Klier 2010, Roth 2015).

Auch wenn damit der Lebenslauf zu einer zentralen erwachsenenpädagogischen Kategorie erklärt wird (Arnold 1996), so ist dennoch festzustellen, dass die mit der Hinwendung zum Lernen im Lebenslauf verbundenen Implikationen für das Verständnis von Lernen erst in Ansätzen sichtbar werden (vgl. etwa die Beiträge in Herzberg 2008, Hof/Rosenberg 2018, Hof 2018, Hof/Bernhard 2022). Die folgenden Punkte verstehen sich als erste Ansätze zur Formulierung einer Theorie Lebenslangen Lernens.

5.2.2 Perspektiven einer Theorie Lebenslangen Lernens

»While there has been much discussion about the nature, extent and significance of lifelong learning as a policy goal, there has been little theoretical discussion specifically of the nature of the learning required to engage with the change processes to which it is meant to be a response« (Edwards/Ranson/Strain 2002, S. 525).

So gibt es zwar eine lange Tradition der Reflexion (Künzli 2004) des Lernens – verstanden als relativ stabile Verhaltens- und Wahrnehmungsänderungen, die durch die Verarbeitung von Erfahrungen zustande kommen –, aber die Vielfältigkeit der Perspektiven wurde im Zuge der Etablierung der Psychologie weitgehend auf die innerpsychischen Mechanismen der Informationsverarbeitung eingeschränkt. Diese Entwicklung wurde zwar begleitet von verschiedenen Hinweisen, die herausstellen, dass die psychologischen Lerntheorien dem Phänomen des Lernens nicht annähernd gerecht werden (Schulze 1993), aber eine Hinwendung zu einer differenzierteren Lerntheorie zeigt sich erst langsam (vgl. etwa die Beiträge in Göhlich/Wulf/Zirfass 2014). Sie zeichnet sich dadurch aus, dass in Abgrenzung zu einer Sichtweise, die das Lernen als Informationsverarbeitung bzw. als kognitive Aneignung der Welt betrachtet, eine erziehungswissenschaftlich fundierte Lerntheorie die Auseinandersetzung mit der Welt in den Mittelpunkt stellt. So betonen Göhlich/Zirfas die reflexive Auseinandersetzung der Lernenden mit ihren Erfahrungen:

»Lernen bezeichnet die Veränderung von Selbst- und Weltverhältnissen sowie von Verhältnissen zu anderen, die nicht aufgrund von angeborenen Dispositionen, sondern aufgrund von zumindest basal reflektierten Erfahrungen erfolgen und die als dementsprechend begründbare Veränderungen von Handlungs- und Verhaltensmöglichkeiten, von Deutungs- und Interpretationsmustern und von Geschmacks- und Wertstrukturen vom Lernenden in seiner leiblichen Gesamtheit erlebbar sind; kurz gesagt: Lernen ist die erfahrungsreflexive, auf den Lernenden sich auswirkende Gewinnung von spezifischem Wissen und Können« (2007, S. 17).

Lernen als aktive Auseinandersetzung mit Erfahrung

Lernen gilt dabei als individuelle Handlung. Diese Handlung wird von einem Subjekt vollzogen, das im Laufe seiner bisherigen Biografie schon verschiedene Erfahrungen gemacht und zu Erfahrungs- und Deutungsmustern verarbeitet hat. Diese bilden die Grundlage für die Gewinnung neuen Wissens und Könnens – und damit zugleich auch für neue Lernhandlungen und die Auseinandersetzung mit weiteren Erfahrungen.

Diesen Hinweis auf den konstitutiven Zusammenhang von Lernen und Erfahrung verdankt die neuere erziehungswissenschaftliche Lerntheorie nicht nur der Rezeption der Arbeiten von John Dewey (1933/1986, 2000) und Günther Buck (1989), sondern auch den phänomenologischen Analysen des Lernprozesses (Meyer-Drawe 2008, Schulze 1993), konstruktivistischen Argumenten (Arnold/Siebert 1995) und subjektwissenschaftlichen Überlegungen (Faulstich/Ludwig 2004, Holzkamp 1995, Ludwig 2011).

Darüber hinaus haben die empirischen Arbeiten aus dem Kontext der Biografieforschung das Wissen über biografische Lernprozesse erweitert, indem sie individuelle Sinnbildungsprozesse rekonstruiert und in ihren lebensweltlichen Zusammenhängen beleuchtet haben (vgl. Alheit 2018, Dausien et al. 2016, Herzberg 2005, Miethe et al. 2014, Mikula/Lechner 2014, von Rosenberg 2016).

Lernen als Sinnbildungsprozess

Die detaillierte Rekonstruktion biografischer Lernprozesse verdeutlichte die Notwendigkeit einer Erweiterung der traditionellen Vorstellung vom Lernen als Aneignung von Wissen oder Veränderung von Verhalten im Anschluss an den Erwerb neuer kognitiver Strukturen. Vielmehr wurde herausgearbeitet, dass Lernen auch die Interpretation und Verbindung von einzelnen Lebensereignissen beinhaltet:

>»Life is a journey and [...] our experiences are episodic and we impose meaning on them as we join them together in telling our story. Not every one of those episodes are of equal value to our story, however, since there are some moments that are life-changing.« (Jarvis 2006, S. 136)

Bettina Dausien (2008) beschreibt diesen Prozess mit dem Bild der Baustelle:

>»›Das Leben ist eine Baustelle‹, und Lernen ist der konstruktive Prozess, in dem aus Handlungen und Erlebnissen Erfahrungen und Sinn produziert werden. Welcher biographische Sinn, welche Wissenskonfigurationen entstehen, hängt zum einen von dem ›Material‹ und den Werkzeugen ab, die auf der jeweiligen Baustelle verfügbar sind, zum anderen von dem Möglichkeitsraum für konkretes Handeln, für erstmaliges Erproben und immer wieder neues Versuchen [...], für Fehler, Abänderungen und neue Entwürfe; schließlich auch von dem kommunikativen Raum für individuelles und gemeinsames Reflektieren« (Dausien 2008, S. 167).

Sie veranschaulicht damit, dass die Lebensgeschichte bestimmte Handlungen und Lernvorgänge disponiert und damit den prinzipiell möglichen Handlungsspielraum auch einschränkt (ebd., S. 166). Umgekehrt bedeutet dies allerdings nicht, dass die Lebensgeschichte allein als Ergebnis von Lernen anzusehen ist. Vielmehr wirkt sie sich auch auf weitere Lernprozesse aus. Die Entwicklung biografischen Wissens (Alheit/Hoerning 1989) ist somit als Zusammenspiel von Individualität und Sozialität, von Besonderheit und Allgemeinheit zu begreifen. Dieses Wechselspiel wird gestaltet durch die Fähigkeit der Subjekte, einzelne Erlebnisse und Erfahrungen in einen Zusammenhang zu bringen und sich reflexiv auf die eigene Lebensgeschichte zu beziehen, eigene Lernprozesse wahrzunehmen und zu bewerten. Dieser Gedanke der Erzeugung von Handeln und Bedeutungskonstruktionen durch Biografie wird auch unter dem Begriff der Biografizität gefasst (Alheit 2010).

Lernen als Transformationsprozess

Lernen impliziert also nicht nur Aneignung neuen Wissens und Könnens, sondern auch ein Umlernen oder Verlernen. »Dabei können Lernprozesse eine unterschiedliche Reichweite haben, sie können bestehende Sinnstrukturen erweitern, neue Facetten hinzufügen und andere umorganisieren oder ›zurückbauen‹« (Dausien 2008, S. 166). In diesem weiten Verständnis beinhaltet Lernen Erkenntnis, Reflexion und Reflexivität (Eraut 2000, S. 533) und zeichnet sich durch die »transformation of understanding, identity and agency« aus (ebd., S. 534). In der gegenwärtigen Diskussion finden sich unterschiedliche Beschreibungen für Lernprozesse, durch die die biografische Erfahrungsstruktur bzw. das Selbst- und Weltverständnis selbst verändert wird: Marotzki spricht von Bildung (Marotzki 1990; vgl. auch Koller 2007, Nohl 2006) und Alheit von transitorischen Lernprozessen (Alheit 1993). Im Anschluss an die internationale Diskussion wird zunehmend das Konzept des Transformative Learning von Jack Mezirow (1997, 2006) aufgegriffen (hierzu auch Fuhr 2018, Hof 2016),

> »Transformative learning (TL) adds a critical dimension to lifelong learning's discourse on private projects of self-development, namely being better able to cope with existential individual crises on the one hand, and active citizenship on the other. This becomes apparent in the light of COVID-19. Transformative learning also has the potential to transform a global and individual crisis into a learning experience which addresses both the individual and society. Though the plague may be within and without, the learning challenge is to remain wide awake and not succumb to the pestilences and become victims.« (Eschenbacher/Fleming 2020, S. 14)

Lernen als ganzheitlicher Prozess

Darüber hinaus verweist die Hinwendung zum Lebenslangen Lernen – ebenso wie das Lernen im Lebenslauf – auf eine Relation von Lernen und Leben. Damit einher geht die Einsicht, dass Lernen nicht allein als kognitiver Prozess zu sehen ist, sondern als ganzheitlicher und sozialer Prozess betrachtet werden muss. Jarvis (2006) etwa sieht den Bezug zwischen Lernen und Leben als grundlegend für das Lebenslange Lernen an. Denn Leben meint nicht einfach nur Existenz, vielmehr beinhaltet es notwendigerweise Veränderungen und damit auch Lernen. Lebenslanges Lernen hat demzufolge notwendigerweise mit dem Sein und Werden der Person zu tun.

Jarvis folgert daraus, dass das Lernen im Lebenslauf sich auf alle Dimensionen des Menschen bezieht und neben der physischen, der kognitiven und der emotionalen Dimension des Menschen auch Selbstbewusstsein und Reflexion beinhaltet. Er schlägt daher folgende Definition vor: Lebenslanges Lernen ist die

> »combination of processes throughout a lifetime whereby the whole person – body (genetic, physical and biological) and mind (knowledge, skills, attitudes, values, emotions, beliefs and senses) – experiences social situations, the perceived content of which is then transformed cognitively, emotively or practically (or throughout any combinations) and integrated into the individual person's biography resulting in a continually changing (or more experienced) person.« (Jarvis 2006, S. 134, im Original kursiv)

Wenn Lernen im Lebenslauf aber die je subjektive Verarbeitung der vielfältigen (personalen, materialen und sozialen) Dimensionen der Welt beschreibt, dann impliziert dies, dass eine Theorie des Lernens auch die soziale Situation stärker in den Blick nehmen muss. Entsprechend gilt es, den Blick auszuweiten und Lernen – mit Lave/Wenger (1991, S. 31) – als integralen Bestandteil sozialer Praxis zu beschreiben.

Lernen als sozial eingelagerter Prozess

Die Berücksichtigung der Tatsache, dass Lernen innerhalb sozialer Praxen stattfindet, erfordert die stärkere Berücksichtigung der Lernsituation mit all ihren materialen, personalen und interaktiven Bedingungen. Zu dieser sozialen Praxis gehören die Aktivitäten der Beteiligten. Diese basieren – so die grundlegende Prämisse praxistheoretischer Ansätze (vgl. auch Reckwitz 2003, Schatzki 2001, Kemmis et al. 2014, Schäfer 2016) – auf sozial geteilten Selbstverständlichkeiten und Deutungen, die das Handeln der Beteiligten leiten. Lernen findet demnach in einer Situation statt, die durch eine ganz spezifische Verbindung von *doings, sayings and relatings* – von Verhaltensakten, Deutungen und Beziehungen – gekennzeichnet ist. Die Situation konstituiert sich durch die Akteure, die Handlungen und die materielle, raum-zeitlich organisierte Welt. In der dadurch entstandenen Situation bekommt Wissen eine Bedeutung und in dieser Situation findet Lernen statt.

Das aber bedeutet, dass Lern- und Bildungsprozesse nicht nur als individuelle Sinnbildungsprozesse, sondern auch in ihren Kontexten und dadurch eröffneten Möglichkeitsräumen zu betrachten sind. In diesem Zusammenhang weist Schäffter (2008) darauf hin, dass die gesellschaftliche Institutionalisierung des Lebenslangen Lernens einher geht mit der Etablierung und Auf-Dauer-Stellung von konkreten Möglichkeitsräumen für Lernende – etwa in Form der historisch-spezifischen sozialen Praktik des Bibliothekswesens oder des Online-Lernens. In den Blick zu nehmen sind in diesem Zusammenhang auch die sozialen Interaktions- und Kommunikationspraktiken, durch die die Auseinandersetzung mit neuen Herausforderungen – und damit das Lernen – gerahmt wird. Darüber hinaus führt aber auch die bildungspolitisch formulierte gesellschaftliche Erwartung an Lernaktivitäten nach einer schulischen und beruflichen Grundbildung zu einer fortschreitenden Institutionalisierung Lebenslangen Lernens, da sie die Bereitstellung ökonomischer Ressourcen etwa für Bildungseinrichtungen oder die Ausbildung von professionellen Weiterbildenden nach sich zieht.

5.2.3 Offene Fragen und weiterführende Perspektiven

Mit der Hinwendung zum Lebenslangen Lernen wurde also *erstens* die »bisher noch latente Krise pädagogischer Lerntheorie« (Schäffter 2008, S. 67) besonders deutlich. Denn Lernen ist nicht (mehr) in erster Linie als Ausdruck und Ergebnis einer inneren Entwicklungs- und Veränderungsgeschichte zu begreifen, sondern als (vorläufiges) Resultat einer Konstellation von biografischen Gegebenheiten und sozialen wie auch institutionellen Möglichkeiten. Es gilt demnach, die Perspektiven und

Deutungen der individuellen Subjekte in ihrer Eingebundenheit in vielfältige gesellschaftliche Einflüsse auf die Gestaltung des Kompetenzentwicklungsprozesses zu sehen. Dies zeigt sich beispielsweise im Kontext der Forschung zum Lernen in Übergängen des Lebenslaufs. Denn hier lässt sich empirisch nachzeichnen, wie normative Erwartungen, organisatorische Regelungen und individuelle Gestaltungsprozesse sich in konkreten *Doing Transitions* manifestieren (z. B. Hof 2020).

Eine Theorie Lebenslangen Lernens muss daher die Einseitigkeiten subjektivistischer Lerntheorien überwinden, die Lernen nur als individuellen psychischen Veränderungsprozess ansehen und die soziale Eingebundenheit vernachlässigen. Anzuknüpfen ist entsprechend an Modelle, die die wechselzeitige Verschränkung von Individuum und Umwelt herausstellen (hierzu etwa Illeris 2018, Hof 2018, Hof/Bernhard 2022).

Zweitens erweitert der Blick auf das Lernen im Lebenslauf die traditionelle lerntheoretische Perspektive dahingehend, dass nun auch längerfristige Lern- und Bildungsprozesse in den Blick kommen. Dadurch wird deutlich, dass Lernen nicht als linearer Prozess anzusehen ist. Es beinhaltet auch sich überlappende oder diskontinuierliche Prozesse. Dabei geht es nicht nur um eine kontinuierliche Erweiterung von Informationen und Fertigkeiten, sondern auch um Formen des Umlernens (Buck 1989, Ricken 2009) – ebenso wie um die Frage nach den Möglichkeiten und Grenzen Transformativen Lernens (z. B. Eschenbacher 2020).

Die Beschreibung und Erklärung von Lernen im Lebenslauf erfordert *drittens* auch eine Beschäftigung mit der Frage, was für ein Wissen eigentlich gelernt oder verlernt wird. Auf diese Frage ist allerdings in der bisherigen erziehungswissenschaftlichen Diskussion noch kaum eingegangen worden. Hier finden sich zwar empirische Analysen zur interaktiven Konstruktion von Wissen in pädagogischen Settings (Nolda 1996, Kade/Seitter 2007b, Dinkelaker 2008) oder zur historischen Veränderung pädagogisch als relevant erachteter Wissensformen (Hof 2009) – aber eine systematische Analyse des Lernens unter einer Berücksichtigung des Wissens fehlt noch (Hof 2016).

Und schließlich hat sich *viertens* eine erziehungswissenschaftliche Theorie des Lernens im Lebenslauf auch der Frage nach den pädagogischen Institutionalisierungsformen zu stellen. Dabei reicht es – wie Schäffter (2008, S. 73) es formuliert – nicht mehr aus, immer neue Varianten des vertrauten Grundmusters eines themenbezogenen Unterrichts zu entwickeln und sich allein mit dem Lernen in expliziten Bildungseinrichtungen zu befassen. Vielmehr sei eine Neubestimmung der gesellschaftlichen Funktion von Erwachsenenbildung und Weiterbildung notwendig, die »der gegenwärtigen strukturellen Transformation der gesellschaftlichen Rahmenbedingungen gerecht wird.« Schäffter verweist dabei auf die Notwendigkeit, neben der Vermittlung von Wissen auch die Unterstützung von Reflexivität als Funktion von Erwachsenenbildung anzusehen. Darüber hinaus habe eine Theorie Lebenslangen Lernens in institutionentheoretischer Perspektive den Zusammenhang von individuellen Lernprozessen und den vorhandenen Institutionalisierungsformen des Lernens – und damit den sozialen Praktiken – zu beleuchten. Konkret fordert Schäffter die Ausarbeitung einer Kartografie differenter Lernkontexte. Diese seien in ihren je spezifischen Lernpraktiken, aber auch den je besonderen Lerngegenständen zu beschreiben, sodass dann gezeigt werden könne, welche Lernkontexte für welches Lernen besonders geeignet ist.

Vor dem Hintergrund praxistheoretischer Perspektiven intendieren Kemmis et al. die Beschreibung von *Practice Architectures* (Kemmis et al. 2014, Kemmis 2019).

5.3 Lernen im Lebenslauf als Herausforderung für die Bildungsforschung

Die Hinwendung zum Lernen im Lebenslauf hat nicht nur Auswirkungen auf die Lerntheorie, sondern auch auf die Bildungsforschung. Denn hier gilt es nun, Konzepte und Verfahren zu entwickeln, die es erlauben, das Lernen im Lebensverlauf detaillierter zu beleuchten. In den

Blick zu nehmen sind dabei zeitliche Verläufe, aber auch institutionelle und gesellschaftliche Rahmungen des Lernens im Lebenslauf.

5.3.1 Analyse von Lernen und Bildung im zeitlichen Verlauf

Biografieforschung

Eine lange Tradition der Untersuchung von Lernen und Bildung in einer zeitlichen Perspektive findet sich im Rahmen der erziehungswissenschaftlichen Biografieforschung (Hof 2020, Baacke/Schulze 1979/1993, Krüger/Marotzki 2006, Dausien/Hanses 2017, Ecarius 2018). Dabei wird davon ausgegangen, dass Menschen den verschiedenen Lebensereignissen Bedeutung beimessen und diese biografisch in einen Zusammenhang bringen. Biografien werden dementsprechend als Ergebnis der sinnhaften Verarbeitung von Handlungen und Erlebnissen zu Erfahrungen und Bedeutungszusammenhängen gesehen. Zugleich wird aber berücksichtigt, dass die biografischen Erzählungen sowohl auf »objektive Lebensereignisse« als auch auf die »Innenwelt« der selbstreferenziellen Verarbeitung dieser Erlebnisse Bezug nehmen. Die erziehungswissenschaftliche Biografieforschung fokussiert insbesondere die »verschlungenen Pfade biografischer Ordnungsbildung« (Marotzki 2006, S. 113) und die Rekonstruktion von Lebensgeschichten als Lern- und Bildungsgeschichten (Ecarius 2006, Dausien 2008, Felden 2018, Koller 2016, Mikula/Lechner 2014) in ihren sozialen und lebensweltlichen Zusammenhängen (Alheit/Dausien 2016, Dausien et al. 2016).

> »Die biographieanalytische Perspektive leistet einen Beitrag zur Erforschung von Lernen im Lebenslauf, indem sie die Konstruktionen von lebensgeschichtlichen Zusammenhängen durch die Erzählenden fokussiert und deren Erfahrungs- sowie Lern- und Bildungsprozesse aus diesen Erzählungen rekonstruiert« (von Felden 2018, S. 46).

In Biografien zeigen sich demzufolge biografische Lernprozesse. Diese werden als Ergebnis der aktiven Auseinandersetzung des Subjekts mit seiner Umwelt begriffen, zeichnen sich aber zugleich dadurch aus, dass sie auf lebensweltlichen Erfahrungsmöglichkeiten und vorangegangenen Lern- und Bildungsprozessen basieren. Biografische Lernprozesse sind demzufolge häufig mit dem Stichwort der Kontinuität versehen. Theoretisch untermauert wird die Kontinuitätsannahme biografischen Lernens auch mit der Sozialphänomenologie (hierzu auch Delory-Momberger 2007). So hat insbesondere Alfred Schütz (1981) herausgestellt, dass Menschen erlebte Situationen zu Erfahrungen verarbeiten. Im Laufe ihres Lebens bauen sie sich dadurch einen Wissensvorrat auf, den sie dann zur Interpretation weiterer Erlebnisse verwenden. Dieser Wissensvorrat wird ergänzt durch die Übernahme von Erfahrungen anderer – also etwa durch das Wissen und die Erklärungen von Eltern und Lehrkräften, durch die Deutungsangebote der Kirche, Sozialer Medien oder der Werbung und die Erkenntnisse der Wissenschaft. Eigene Erlebnisse und übernommene Erfahrungen bilden damit die biografischen Ressourcen, die die Wahrnehmung strukturieren und dem Erleben des Individuums eine Gestalt geben. In dieser Perspektive werden neue Erlebnisse mithilfe des vorhandenen biografischen Wissens interpretiert, sodass erst einmal eine kontinuierliche Erfahrungsaufschichtung unterstellt wird.

Biografietheoretisch fundiert (Schütze 1983, vgl. auch Hof 2020) wird es damit möglich, besonderes Augenmerk auf die Rekonstruktion der Erfahrungs- und Deutungsmuster zu richten, welche die Menschen der Interpretation ihrer Erfahrungen zugrunde legen.

Nun haben die bisherigen Ausführungen gezeigt, dass es verkürzt wäre, lebenslanges Lernen als kontinuierlichen Prozess der Aneignung neuen Wissens zu beschreiben. Vielmehr müssen auch Diskontinuitäten und Brüche in der Lebensführung wie auch in den Sinnbildungs- und Erfahrungsprozessen angenommen werden. In Erweiterung der traditionellen Perspektive der Biografieforschung ist mit der Berücksichtigung des Lernens im Lebenslauf der Fokus auch auf längerfristige Lernprozesse zu richten. Damit erweitert sich die Analyse von der Rekonstruktion der subjektiven Bewertungen und Verknüpfungen von Lebensereignissen hin zur Frage nach Veränderungen. Diese können sich auf Transformationen von Selbst- und Weltverständnissen (Koller 2018, Koller/Wulftange 2014, Laros/Fuhr/Taylor 2017), aber auch auf die Inhalte des Lernens, die Lernorte, Lernformen, Intentionen und Ziele beziehen.

Lebensverlaufsforschung

Während die Biografieforschung die Aufschichtung von Erfahrungen in der Lebensgeschichte rekonstruieren möchte, interessiert sich die Lebensverlaufsforschung für Strukturen des Lebenslaufs (Sackmann/Wingens 2001, vgl. zusammenfassend auch Becker 2020, Langfeldt 2018). Insbesondere die soziologische Lebensverlaufsforschung nimmt die zeitliche Abfolge von sozialen Positionen und Rollen bzw. Statuskonfigurationen in den Blick (Buchmann 1989, S. 16). In diesem Zusammenhang werden Übergänge – als »changes in state that are more or less abrupt« (Elder 1998, zit. nach Sackmann/Wingens 2001, S. 19) ebenso relevant wie die Frage nach typischen Verläufen und ihren sozialstrukturellen Bedingungen. Die soziologische Lebensverlaufsforschung zielt demzufolge auf die empirische Erfassung von Veränderungen im Lebensverlauf sowie auf die Herausarbeitung kollektiver Verlaufsmuster:

> »Welche Muster von Lebensverläufen gibt es, und wie unterscheiden sie sich zwischen Frauen und Männern, sozialen Gruppen, Gesellschaften und historischen Perioden? Welche Ursachen aus der vergangenen individuellen und kollektiven Lebensgeschichte und aus den auf sie einwirkenden sozio-ökonomischen Bedingungen und Institutionen prägen Lebensverläufe? Welche strukturbildenden Folgen ergeben sich aus dem Wandel von Lebensverläufen?« (Mayer 2001, zit. nach Becker 2020, S. 63)

Für eine Bildungsforschung, die sich mit lebenslangen Lernprozessen befassen möchte, ergeben sich damit verschiedenen Anknüpfungspunkte. Zum einen können Lernaktivitäten und Bildungserträge (z. B. Schulabschlüsse und/oder Kompetenzen) in ihrem zeitlichen Verlauf erhoben und im Hinblick auf strukturelle Bedingungen wie auch Folgen für den weiteren Lebensverlauf untersucht werden. Dieses Forschungsprogramm findet sich beispielsweise im Rahmen des Nationalen Bildungspanels (▶ Kap. 4.3). Die NEPS-Studie »Bildungsverläufe in Deutschland« (https://www.neps-data.de) verfolgt das Ziel, zu beschreiben, wie sich der Bildungsstand vom Kindes- bis ins hohe Erwachsenenalter entwickelt, welche fördernden und hemmenden Bedingungen dabei relevant sind und welche Auswirkungen die (Aus-)Bildung auf das weitere Leben hat. Dabei interessiert sie sich insbesondere für diejenigen Lebensphasen, in denen Veränderungen stattfinden – etwa der Übergang in die weiterführende Schule oder die Berufswahl- oder Studienentscheidung. Hier zeigt sich ein zweiter Anknüpfungspunkt für die Bildungsforschung: Studien, die sich mit Phasen im Lebensverlauf befassen, in denen besondere Veränderungen stattfinden.

Übergangsforschung

Im Kontext der Bildungsforschung werden Übergänge im Lebenslauf vor allem entlang der Unterscheidung zwischen den Lebensaltern Kindheit, Jugend und Erwachsenenalter sowie entlang des institutionalisierten Bildungsgangs (Kindertagesstätte, Grundschule, weiterführende Schule, Berufsausbildung, Studium) und für das Erwachsenenalter entlang beruflicher und familienbezogener Aktivitäten bzw. dem Übergang in die Nacherwerbsphase thematisiert.

Übergänge lassen sich dabei verstehen als »Schnittstellen individueller biographischer Verläufe und sozialer Strukturen« (Kutscha 1991, S. 113). Insofern versteht sich die Übergangsforschung als ein Ort, an dem – anhand der Untersuchung konkreter Übergänge zwischen verschiedenen Lebensphasen, etwa der Schule zur Berufsausbildung oder der Berufsausbildung zur Arbeitswelt – das Wechselverhältnis zwischen den durch institutionelle Vorgaben strukturierten Handlungsmöglichkeiten und den individuellen Lebensentscheidungen und Bewältigungsstrategien beleuchtet werden kann. Entsprechend kann hier der Einsicht Rechnung getragen werden, dass die soziale Struktur nicht das individuelle Handeln bedingt, sondern dass das individuelle Handeln sich in der Auseinandersetzung mit den strukturellen Möglichkeiten gestaltet – und die jeweils gewählten Handlungsweisen wiederum Auswirkungen auf die soziale Struktur haben.

Die Untersuchung von Übergängen im Lebenslauf kann dabei verschiedene Aspekte Lebenslangen Lernens beleuchten (vgl. zum Folgenden auch Hof 2021).

Zum einen verweisen Übergänge auf institutionalisierte soziale Positionswechsel. Der forschende Blick auf Übergänge im Lebensverlauf eröffnet damit die Möglichkeit, etwas über institutionelle Lebenslaufskripts, Handlungserwartungen und Regulierungen zu erfahren sowie Einblick in die Formen des Rollen- und Statuswechsels, neue soziale

Positionierungen und die Modi der Ausgestaltung neuer Möglichkeitsräume zu erhalten.

Übergänge lassen sich aber nicht nur als Bewältigung gesellschaftlich institutionalisierter Lebenslaufmodelle begreifen, sondern auch als biografische Phasen des Wandels. Sie bilden *breaking points*, durch die die Pfadabhängigkeiten des Lebenslaufs durchbrochen und neue biografische Möglichkeitsräume »entdeckt« werden können. In den Blick kommen damit die in biografischen Transitionsphasen stattfindenden Gestaltungs- und Handlungsprozesse, die Formen der Bearbeitung von »sozial prozessierte[n], verdichtete[n] und akzelerierte[n] Phasen in einem in permanentem Wandel befindlichen Lebenslauf« (Welzer 1993, S. 37). In dieser Perspektive kann sich die Übergangsforschung damit beschäftigen, wie die Akteure bestimmte »vorgegebene« Übergangszumutungen verarbeiten und bewältigen (z. B. Stauber/Pohl/Walter 2007) und ob und in welcher Weise dadurch Lernprozesse angestoßen werden (vgl. Hof/Bernhard 2022).

Neben den Lebens- und Lernverläufen in ihrer zeitlichen und sozialräumlichen Strukturiertheit sowie den individuellen Bedeutungszuschreibungen und wahrgenommenen Herausforderungen kommen zunehmend die sozialen Prozesse und Praktiken der Herstellung lebensgeschichtlicher Übergänge in den Blick (vgl. Walther et al. 2020, Wanka 2020). Die Hinwendung zu *Doing Transitions* geht dabei mit einer Perspektivverschiebung einher, die Stefan Hirschauer folgendermaßen beschreibt: »Das Präfix ›doing‹ steht für eine Heuristik, mit der sich kompakte soziale Tatsachen temporalisieren und als praktische Vollzugswirklichkeiten dekomponieren lassen.« (Hirschauer 2014, S. 73).

Insgesamt wird auch an dieser Stelle deutlich, dass Bildungswege nicht nur vor dem Hintergrund sozialer Bedingungen zu erklären sind, sondern auch individuelle Entscheidungen und die Wahrnehmung von Möglichkeiten eine Rolle spielen. Dabei geht es etwa darum, *wie* sich Individuen im lebensgeschichtlichen Zusammenhang mit ihrer sozialen, kulturellen und dinglichen Umwelt auseinandersetzen und welche Faktoren dazu führen können, dass es zu Transformationen der sozial erwarteten Lern- und Bildungsprozesse im Lebenslauf kommt (vgl. auch Grunert 2005, Dausien/Rothe/Schwendowius 2016, Thiersch/Silkenbeumer/

Labede 2020). Zu untersuchen wären auch Entscheidungsprozesse in biografischen Übergängen: Welche sozialstrukturellen und milieuspezifischen Faktoren kommen dabei zum Tragen? Welche Wirkungen haben entsprechende Entscheidungen – etwa für oder gegen eine gymnasiale Schullaufbahn? Inwiefern werden dadurch Lernstrategien, Berufswahlentscheidungen und Einkommensmöglichkeiten determiniert?

Eine besondere Herausforderung besteht darin, die wechselseitigen Relationierungen von Person und Umwelt auch empirisch zu erfassen (vgl. hierzu etwa Bernardi/Huinink/Settersten 2019, Buchmann/Steinhoff 2017).

5.3.2 Analyse Lebenslangen Lernens im Kontext institutioneller Gelegenheiten und Ablaufstrukturen

Lernen – verstanden als relativ stabile Verhaltens- und Wahrnehmungsänderung, die durch die Verarbeitung von Erfahrungen zustande kommt – basiert auf der Möglichkeit, Erfahrungen machen zu können. Dabei bildet die biologische Ausstattung des Menschen eine zentrale Grundlage ebenso wie die jeweils verfügbaren Erfahrungsmöglichkeiten. Diese werden von der sozialen und kulturellen Verfasstheit der Welt beeinflusst. Auch institutionalisierte Lernangebote sind hier bedeutsam. Eine Analyse des Lernens im Lebenslauf erfordert in diesem Zusammenhang einmal die Beschäftigung mit der je spezifischen Struktur des Bildungssystems und die dadurch ermöglichten Übergänge zwischen den verschiedenen Bildungsbereichen. Diese Perspektive ist gerade aufgrund der starken Ausdifferenzierung unterschiedlicher Bildungswege im deutschen Bildungssystem – man denke nur an das dreigliedrige Schulsystem oder an die Vervielfältigung von universitären Ausbildungswegen im Zuge der Einführung von Bachelor- und Masterstudiengängen – relevant (BiBB 2017, Bellenberg/Forell 2013).

Lernen im Lebenslauf hat dabei nicht nur biografische Dimensionen, sondern dieses gilt es vor allem auch in seinem institutionellen Rahmen zu beleuchten. Für die empirische Forschung ist dabei die Frage relevant, wie auf der Ebene der Organisationen Lern- und Bildungsprozesse ermöglicht, gefördert oder eben auch verhindert werden. In den Blick kommen damit organisatorische Verfahren und Abläufe ebenso wie institutionalisierte Regeln und Anforderungen – etwa zur Überprüfung von Eignung – und Interaktionspraktiken. Entsprechende Analysen werden gegenwärtig unter dem Stichwort »Doing Transitions« bearbeitet (vgl. Walther et al. 2020, Bauer et al. 2022).

Interessant scheint dabei auch die Perspektive des Möglichkeitsraums. Orientiert an einem relationalen Raumverständnis (Löw 2001) verweisen Möglichkeitsräume auf die Handlungsoptionen, die sich im jeweiligen institutionellen und interaktiven Kontext für Zugehörigkeitskonstruktionen eröffnen (vgl. Hummrich 2012, S. 81, Hummrich et al. 2017). Biografisch können die neuen Erfahrungen zur Transformation biografischer Sinnkonstruktionen sowie von Selbst- und Weltverhältnissen führen (Niemeyer-Jensen/Hinrichsen 2015, Hinrichsen 2020).

5.3.3 Analyse Lebenslangen Lernens im gesellschaftlich-historischen Rahmen

Im Hinblick auf die gesellschaftliche Einbettung Lebenslangen Lernens wird häufig in erster Linie auf die gesellschaftlichen Transformationsprozesse – etwa die Hinwendung zur Wissensgesellschaft – eingegangen und daraus die Notwendigkeit einer Förderung Lebenslangen Lernens abgeleitet (▶ Kap. 1). Die empirische Bildungsforschung dagegen beschäftigt sich in erster Linie mit der Beschreibung der Aktivitäten, Kompetenzen und Einstellungen der Gesellschaftsmitglieder. Entsprechend konnte gezeigt werden, dass das Lebenslange Lernen heute keine bildungspolitische Zukunftsvision, sondern eine soziale Realität ist. Der Herausforderung, das Augenmerk nun auch auf die gesellschaftlichen Bedingungen für und die Folgen von lebenslangen Lernprozessen zu richten, hat die Bildungsforschung sich gestellt. Hier wird insbesondere der Zusammenhang von Lebenslangem Lernen und sozialer Ungleichheit untersucht (▶ Kap. 4).

Für die Analyse der gesellschaftlichen Kontexte Lebenslangen Lernens ist aber nicht nur die sozialstrukturelle Verortung der Lernenden bedeutsam. Vielmehr gilt es, auch die soziokulturellen und diskursiven Dimensionen des Lernens im Lebenslauf einzubeziehen.

So basiert etwa Kohlis Diagnose der Institutionalisierung des Lebenslaufs (1985) auf der Unterscheidung zwischen einer Ausbildungs-, einer Erwerbs- und einer Nacherwerbsphase und verortet Lernen damit in Kindheit und Jugend. Auch wenn im Zuge der Hinwendung zum Konzept des Lebenslangen Lernens eine zeitliche Ausdehnung des Lernens auch in die Lebensphase des Erwachsenenalters auszumachen ist (▶ Kap. 3.1), so gilt es dennoch die sozial geteilten Normalitätsvorstellungen – etwa über typische Phasen des Lernens, aber auch über relevante Lernorte – in ihrem möglichen Einfluss auf die Ausgestaltung Lebenslangen Lernens einzubeziehen.

In diesem Zusammenhang ist etwa auf die Unterschiedlichkeit von Zeitstrukturen zu verweisen. Denn die chronologische Zeit der Lebensalter unterscheidet sich von individuell bedeutsamen oder institutionell bzw. politisch regulierten Zeitmustern (z. B. Dauer der Erziehungszeiten, Renteneintrittsalter, Relation von Arbeitszeit und Freizeit etc.). Im pädagogischen Kontext zeigt sich dies etwa in Annahmen über den richtigen Zeitpunkt erzieherischer Maßnahmen und mit Bezug auf das lebenslange Lernen in der Forderung, insbesondere dem frühen Kindesalter besondere Bedeutung bei der Förderung von Lernkompetenzen zuzuschreiben (z. B. OECD). Entsprechende Setzungen werden auch unter dem Stichwort der Chrononormativität diskutiert (vgl. Freeman 2010, Riach et al. 2014).

Einen Zugang zu den gesellschaftlichen Implikationen des Lebenslangen Lernens eröffnet auch eine Forschungsrichtung, die sich reflexiv auf die Analyse der bildungspolitischen Programmatiken in ihren nationalen und internationalen Kontexten bezieht (Alheit 2009, Rothe 2011). Insbesondere die an Foucault orientierte diskursanalytische Forschung lässt dabei differenzierte Einsichten in die latenten Wirkungen des lebenslangen Lernens als Regierungstechnik erwarten (vgl. Forneck 2006, Wrana 2003, Fejes/Nicoll 2008, Fegter et al. 2015).

Mit der Hinwendung zum Lebenslangen Lernen bzw. zum Lernen im Lebenslauf ist demzufolge nicht nur eine Ausweitung der Analyse auf den Aspekt der Zeit zu realisieren, sondern auch eine stärkere Kontextualisierung des Lebenslangen Lernens.

6 Lebenslanges Lernen als pädagogisches Handlungs- und Arbeitsfeld

Die Hinwendung zum Lebenslangen Lernen hat nicht nur Implikationen für die erziehungswissenschaftliche Theoriebildung. Sie verändert auch das gesamte pädagogische Handlungsfeld. Dieses war lange an der Unterscheidung verschiedener Zielgruppen ausgerichtet. Dabei spielte die Bezugnahme auf das Alter eine bedeutende Rolle – auch wenn andere Kategorien, etwa das Geschlecht oder der Beruf, der Bildungsstand oder das Vorhandensein spezifischer Problemlagen zu einer Differenzierung und Pluralisierung der Zielgruppen geführt haben. Entsprechend grenzen sich die Ausbildungen und professionellen Tätigkeitsfelder, die sich in erster Linie auf Kinder beziehen – etwa die Erzieherausbildung oder die Frühpädagogik – ab von der Weiterbildung, die Angebote für junge bzw. ältere Erwachsene konzipiert. Die Sozialpädagogik wiederum bietet in erster Linie Hilfe und Unterstützung für die Jugend sowie für (Problem-)Familien. Einhergehend mit der Orientierung an unterschiedlichen Adressatinnen und Adressaten haben sich verschiedene pädagogische Institutionen entwickelt, etwa Kindergärten, Jugendbildungsstätten oder Volkshochschulen, die spezifische Bildungs- und Unterstützungsmöglichkeiten anbieten. Entsprechend stand die pädagogische Arbeit in den verschiedenen Organisationen im Mittelpunkt pädagogischer Theorie und Praxis.

Die adressaten- und institutionenbezogene Differenzierung pädagogischer Handlungs- und Arbeitsfelder wird mit der Hinwendung zum Lernen im Lebenslauf zunehmend brüchig. Denn nun rückt das Individuum in seiner Entwicklung in den Mittelpunkt der Reflexion. Pädagogische Organisationen wie die Schule oder die Weiterbildungseinrichtungen werden daraufhin bewertet, welchen Beitrag sie zur Förderung der individuellen Kompetenzentwicklung leisten. Damit tritt die subjektbezogene Förderung individueller Kompetenzentwicklung an die Stelle institutioneller Vorgaben und Bildungsziele (▶ Kap. 3).

Mit der Orientierung am Lernen im Lebenslauf wird also der institutionenbezogene Fokus der Pädagogik in den Hintergrund gerückt zugunsten der Frage, wie die Übergänge von einer Lebensphase in die nächste, von einer Institution zu einer anderen, von einer Kompetenzstufe zur nächsten ablaufen. Im Zuge dieser »Kompetenzwende« gilt der bzw. die Einzelne nicht nur als Adressat oder Adressatin pädagogischer Arbeit, sondern wird zunehmend als Gestalter bzw. Gestalterin dieses Prozesses angesehen. Das Individuum wird als »aktives realitätsverarbeitendes Subjekt« (Hurrelmann 1983) angesehen, das sich die Welt aneignet und dadurch seiner Bildung Gestalt gibt. Den Pädagoginnen und Pädagogen kommt dabei die Aufgabe zu, die individuelle Kompetenzentwicklung zu fördern.

6.1 Professionelles pädagogisches Handeln im Kontext Lebenslangen Lernens

Das Ziel, das Lernen der Individuen über den gesamten Lebensverlauf pädagogisch professionell zu unterstützen, erfordert zum einen eine Vergegenwärtigung der Merkmale professionellen Handelns. Zum anderen stellt sich die Frage, welche Aufgaben und Arbeitsfelder sich für Pädagoginnen und Pädagogen im Feld des Lebenslangen Lernens ergeben.

6.1.1 Exkurs: Wofür sind Pädagoginnen und Pädagogen zuständig? Oder: Ein Vorschlag zur professionellen Selbstbegrenzung

Fragt man nach den Merkmalen professionellen Handelns, dann steht die Frage nach der *Struktur professionellen Handelns* im Vordergrund. Es geht also nicht um die Diskussion von Professionen als soziale Kooperationsformen, sondern um die Merkmale professionellen Handelns. In dieser Intention haben etwa Beck et al. (1980) Berufe als gesellschaftlich ausgehandelte Fähigkeitsschablonen beschrieben. Entsprechend ist zu fragen, welches Wissen, welche Fertigkeiten und Fähigkeiten für pädagogische Berufsfelder relevant sind. Eine Antwort darauf lässt sich finden, wenn man die Charakteristika professionellen Handelns näher bestimmt. Hierzu werden – nicht nur im Feld der Pädagogik – folgende Merkmale genannt:

Professionelles Handeln bezieht sich auf eine gesellschaftlich als notwendig erachtete, abgegrenzte *Aufgabe*. Parsons (1970) spricht daher auch von der *funktionalen Spezifität* professionellen Handelns. Dies impliziert auch, dass sich die Beziehung zwischen den Beteiligten nicht auf die gesamte Person bezieht, sondern »ausschnitthaft« ausfällt: nicht die Person der Klientinnen und Klienten interessiert, sondern das Problem, das es zu lösen gilt.

- Professionelles Handeln orientiert sich an *(wissenschaftlicher) Rationalität*, setzt also die Existenz eines systematischen (in der Regel wissenschaftlichen) Wissens voraus.
- Professionelles Handeln realisiert sich in der Verwendung spezifischer *Handlungskompetenzen und* Methoden.
- Der Rolle des oder der Professionellen entspricht eine Komplementär-Rolle (Beratende – Ratsuchende; Lehrende – Lernende; Dozierende – Teilnehmende; etc.).
- Die durch die Abhängigkeit der Ratsuchenden (Hilflosigkeit/-bedürftigkeit; fachliche Inkompetenz; emotionales Engagement etc.) bedingte Macht des bzw. der Professionellen wird durch *institutionalisierte Handlungsmuster* beschränkt: Diese sind insbesondere dadurch gekennzeichnet, dass das Problemlösungsarrangement nicht nach dem Muster der Geschäftsbeziehung, sondern nach Art einer *Solidarbeziehung* ausgestaltet ist. Der Klient oder die Klientin hat Interesse an einer kompetenten Leistung des oder der Professionellen und dieser bzw. diese wiederum braucht die Mitarbeit des Klienten oder der Klientin.

Zusammenfassend lässt sich das professionelle pädagogische Handeln damit als Handeln beschreiben, das an einer spezifischen spezialisierten

Aufgabe orientiert ist – etwa die Zuständigkeit für die Gestaltung von Lehr-Lern-Arrangements bzw. die Unterstützung individueller Kompetenzentwicklung. Diese Aufgabe wird mit Bezug auf eine wissenschaftlich fundierte Fachautorität erledigt, was nicht nur die Begründung des professionellen Handelns, sondern auch die Fähigkeit zur Reflexion konkreter Interaktionsverhältnisse beinhaltet. Darüber hinaus ist es gekennzeichnet durch den Einsatz professioneller »Handlungsrepertoires […], die es Handlungsträgern ermöglichen, rasch, ohne Verzögerung, sicher und zielstrebig in komplexen Situationen zu agieren.« (Bauer 1998, S. 344).

6.1.2 Implikationen für das pädagogische Arbeitsfeld

Der wichtige Hinweis darauf, dass Professionelle spezifische Aufgaben haben, macht auch deutlich, dass Pädagoginnen und Pädagogen *nicht* für alles zuständig sind. Das Handlungsproblem, auf das sie sich fokussieren, liegt darin, Lern- und Bildungsprozesse in Gang zu setzen und aufrecht zu erhalten.

Die Veränderungen im Feld des Lernens Erwachsener haben vielfache Entgrenzungen deutlich gemacht: Erwachsenenbildung bezieht sich auf das Lernen Erwachsener diesseits und jenseits pädagogischer Organisationen. Neben den traditionellen Bildungsanbietern allgemeinbildender, beruflicher, politischer und religiöser Bildung gelten nun auch Reisen und Vereinsaktivitäten als Lernorte, Fahrschulen, Kultureinrichtungen und das Internet als mögliche Lernumgebungen. Daraus könnte geschlossen werden, dass die Erwachsenenpädagoginnen und -pädagogen nun für alle Aktivitäten der Menschen innerhalb und außerhalb pädagogischer Einrichtungen zuständig sind. Ich möchte mich an dieser Stelle für eine Begrenzung der Aufgaben pädagogischer Professioneller aussprechen und die These vertreten, dass mit dem lebenslangen Lernen zwar einerseits die Notwendigkeit der Ausweitung unseres Verständnisses von Erwachsenenbildung einhergeht, dass aber andererseits eine Begrenzung erforderlich ist, namentlich die Konzentrierung auf Fragen der *pädagogischen Gestaltung von Lernmöglichkeiten.*

Für das pädagogische Arbeitsfeld ergibt sich daraus eine Ausweitung des traditionellen Aufgabenbereichs: Neben der direkten Gestaltung von Lernumgebungen (▶ Kap. 6.2) rückt zunehmend die Schaffung geeigneter institutioneller Rahmenbedingungen für den Kompetenzerwerb im Lebenslauf in den Fokus der Aufmerksamkeit Dies beinhaltet auch den Blick darauf, dass Lebenslanges Lernen sich nicht nur auf erwachsene Lernende bezieht, sondern auf alle Altersgruppen und dabei vor allem auch auf die Übergänge zwischen verschiedenen Lebensphasen (▶ Kap. 6.3). Schließlich ist es zunehmend erforderlich, die Menschen bei der Entscheidung für geeignete Bildungsmöglichkeiten zu unterstützen und Bildungsberatung anzubieten (▶ Kap. 6.4).

Vor diesem Hintergrund werden das Organisieren, das Vermitteln und das Beraten als zentrale pädagogische Kernaktivitäten unterschieden. Diese erfordern nicht nur spezifisches fachliches Wissen, sondern vor allem auch die Fähigkeit und Bereitschaft zu forschender Reflexion (Hof/Egloff 2022).

6.2 Unterstützung durch professionelle Gestaltung von Lehr-Lern-Prozessen

Die Aufgabe der pädagogischen Gestaltung von Lehr-Lern-Arrangements im Kontext Lebenslangen Lernens ist dadurch gekennzeichnet, dass eine Vielzahl an Lernorten und Vermittlungsformen denkbar ist. Lernen kann in personalen Interaktionssituationen, mit Medien oder im Rahmen arbeitsbezogener Tätigkeiten oder gesellschaftlich-kultureller Aktivitäten stattfinden (Erpenbeck/Sauer 2000) – es kann auf die Aneignung von Informationen, Handlungsfertigkeiten oder Reflexionskompetenzen ausgerichtet sein (Hof 2003). Entsprechend erfordert die professionelle Fähigkeit zur Gestaltung von Lehr-Lern-Kompetenzen nicht nur die Beantwortung der Frage, wie die konkreten Lernumgebungen zu gestalten sind und welche Inhalte und Lernformen für welche Adressatengruppen geeignet sind, sondern es gilt auch zu entscheiden, welches Lehr-Lern-

Arrangement für die jeweiligen Adressatinnen und Adressaten, die sozialen und institutionellen Rahmenbedingungen, die Lerninhalte und -ziele am besten geeignet erscheinen. Die damit angesprochenen Fragen werden in den verschiedenen pädagogischen Studiengängen angesprochen. Insbesondere die Masterprogramme zur Erwachsenenbildung/ Weiterbildung nehmen diese Fragen auf. Die Absolventinnen und Absolventen sollen in der Lage sein, gesellschaftliche, institutionelle wie individuelle Kompetenzanforderungen und Bildungsbedarfe zu analysieren, Bildungs- und Beratungsangebote für Erwachsene zu konzipieren sowie durch Evaluationen und Qualitätsmanagementaktivitäten zur Weiterentwicklung auf organisationaler und/oder kommunaler Ebene beizutragen. Entsprechende Studienangebote finden sich an verschiedenen Universitäten in Form von Vollzeitstudiengängen, berufsbegleitenden Masterprogrammen zur Erwachsenenbildung oder Fernstudienangeboten.[7] Darüber hinaus gibt es verschiedene spezialisierte Studiengänge. Hier sind insbesondere die Angebote zur *Gestaltung multimedialer Lernumgebungen,* zum *Bildungsmanagement* und zur *Weiterbildungsberatung* zu nennen

6.3 Unterstützung durch Konzeption und Gestaltung institutioneller Rahmenbedingungen

Als wichtige Voraussetzung für Lebenslanges Lernen gilt die Durchlässigkeit und Transparenz des Bildungssystems. Sie drückt sich aus in der »Vision eines relativ offenen, flexiblen und transparenten Bildungssystems mit vielfältigen Ein- und Ausgängen, zahlreichen Übergängen und Verbindungslinien [...] und ohne Sackgassen« (Wiesner/Wolter 2005, S. 22), das individuelle Zugänge schafft und flexible Lernformen ermöglicht.

---

7 Weitere Informationen hierzu: https://www.bildungsserver.de/studium-erwachsenen bildung-4801-de.html

Verschiedene Rahmenbedingungen sind nötig, damit die Individuen ihre je eigenen Wege durch das Bildungssystem gehen können. Besondere Bedeutung kommt dabei einer höheren *Durchlässigkeit zwischen den vielfältigen Bildungswegen* zu. Diese kann durch rechtliche Vorgaben – etwa die Erlaubnis, nach Beendigung des Hauptschulabschlusses auf eine weiterführende Schule zu gehen, oder die Möglichkeit, nach der Meisterprüfung an die Universität zu wechseln – ermöglicht und durch Kooperations- und Kommunikationsaktivitäten unterstützt werden. Neben der schlichten Information über entsprechende Möglichkeiten sind hier etwa zusätzliche Förderkurse denkbar. Gerade die Thematisierung von Übergangsmöglichkeiten – sowohl zwischen den beteiligten Individuen als auch zwischen den Institutionen – gilt als wichtige Maßnahme zur Verbesserung der Durchlässigkeit im Bildungssystem (Reupold/Tippelt 2006).

Der Prozess einer zunehmenden vertikalen und horizontalen Verknüpfung von Bildungsgängen wird ergänzt durch die Forderung nach einer stärkeren *Kooperation und Vernetzung der einzelnen Bildungsinstitutionen*. So wurde beispielsweise mit den Programmen der »Lernenden Regionen« oder »Lernen vor Ort« eine Vernetzung von Institutionen auf regionaler Ebene vorangetrieben (vgl. Longworth 2006, Nuissl et al. 2006, Schreiber-Barsch 2007). Begründet wird die Notwendigkeit von Vernetzung damit, dass Netzwerke eine organisatorische Antwort auf die zunehmende Komplexität der Lebens- und Bedarfslagen pädagogischer Zielgruppen darstellen. Mehrdimensionale Problemlagen erfordern vermehrte Zusammenarbeit, Kommunikation und ein aufeinander abgestimmtes Vorgehen. Über die Schaffung von Synergieeffekten und eine gezielte, professionelle Aufgabenteilung kann Vernetzung zu mehr Effektivität und Qualitätssicherung beitragen (Dietsche/Meyer 2004, S. 43). Dabei weist der Vernetzungsgedanke über die häufig in diesem Zusammenhang geäußerte Notwendigkeit des Aufbaus von Kooperationen hinaus. Die Entwicklung von Kooperationen ist wichtig, um einen Austausch herzustellen und bereits bestehende Strukturen zu optimieren. Auf konkreter Ebene können sie so die Vernetzung von Inhalten, Personen, Institutionen und Regionen unterstützen. Vertikale Vernetzung bezieht sich dabei auf die verschiedenen Bildungsstufen (z. B. Kindergarten, Schule, Ausbildung, Weiterbildung etc.), die horizontale Vernetzung auf die Verbindungen zwischen verschiedenen Einrichtungen und Institutionen auf einer Bildungsstufe (vgl. BLK 2004, S. 33).

Für professionelles pädagogisches Handeln bedeutet dies nicht nur die Schaffung von Weiterbildungsverbünden, die etwa durch die Einrichtung einer trägerübergreifenden Datenbank die Information über das Weiterbildungsangebot einer Region verbessern, sondern auch engere Zusammenarbeit zwischen den verschiedenen Bildungseinrichtungen (Tippelt 2003) sowie eine theoretisch und empirisch fundierte Planung der institutionellen Rahmenbedingungen für Lebenslanges Lernen. Besondere Bedeutung wird dabei der Gestaltung der Region bzw. des kommunalen Raums beigemessen. So werden zunehmend Regionen als mögliche Bildungsräume beleuchtet (Weishaupt 2010, Bertelsmannstiftung 2018). Für das pädagogische Handeln wird damit die Aufgabe verbunden, auf kommunaler Ebene ganzheitliche Konzepte zu entwickeln, durch die die Menschen in ihrer Bildungsbiografie – von der frühkindlichen Bildung bis hin zur Weiterbildung – unterstützt werden können. Besondere Bedeutung erhalten dabei Übergänge im Lebenslauf (vgl. Online Handbuch Übergangsmanagement, Hof et al. 2014). Durch bessere Abstimmung zwischen verschiedenen zuständigen Einrichtungen gilt es, die biografischen Bildungsstationen und Bildungsangeboten zu optimieren.

Unter dem Stichwort des kommunalen Bildungsmanagements erweisen sich zwei pädagogische Aufgabenfelder als bedeutsam: Zum einen das »strukturelle Übergangsmanagement« (Ohme 2013, S. 792), durch das verschiedene Bildungseinrichtungen einer Region unterstützt werden sollen, das Ziel der Verbesserung der Bildungschancen und gesellschaftlichen Teilhabemöglichkeiten aller Bürgerinnen und Bürger gemeinsam im Blick zu haben und diese durch Kooperation und Zusammenarbeit praktisch zu verbessern. Zum anderen soll das »individuelle Übergangsmanagement« (ebd., S. 793) dazu dienen, die Adressatinnen und Adressaten zu unterstützen, sich bei der Vielfalt der Angebote zurecht zu finden.

6.4 Unterstützung durch Beratung

Im Zuge der Durchsetzung des Lebenslangen Lernens als gesellschaftliche Realität stehen die Menschen nicht mehr nur vor der Aufgabe, grundlegende und weiterbildende Bildungsinstitutionen zu durchlaufen, sondern es wird von ihnen erwartet, dass sie ihre je individuellen Lern- und Kompetenzentwicklungsprozesse über den gesamten Lebensverlauf gestalten. Diese Erwartung einer andauernden Fortsetzung individueller Lern- und Bildungsprozesse führt dazu, dass der bzw. die Einzelne sich in besonderem Maße mit der Gestaltung seiner oder ihrer Bildungs- oder Kompetenzbiografie befassen muss, um eine Grundlage für die Wahl neuer Aus- oder Weiterbildungsgänge zu haben. »Die Menschen stehen in zunehmendem Maße vor der Herausforderung, sich Aufschluss über ihre Fähigkeiten, Kompetenzen zu verschaffen und die für sie ›richtigen‹ Bildungs-, Weiterbildungs-, Ausbildungs- und Berufsentscheidungen zu treffen.« (Töpper 2008, S. 35). Zur Unterstützung der erforderlichen Klärungs- und Entscheidungsprozesse bei individuellen (Weiter-)Bildungsentscheidungen wird vermehrt die Etablierung von Beratungsmöglichkeiten gefordert (z. B. Schiersmann 2021).

Dabei lassen sich verschiedene Formen der Beratung unterscheiden: zum einen die personenbezogene Beratung, die sich an einzelne Menschen richtet und insbesondere als Weiterbildungsberatung oder Lernberatung institutionalisiert ist. Zum zweiten die Organisationsberatung, die Betriebe und auch Weiterbildungsanbieter bei der Verbesserung der Realisierung lebenslanger Lernprozesse unterstützt.

6.4.1 Formen der Beratung

Weiterbildungsberatung

Die Weiterbildungsberatung ist bislang vor allem von den Arbeitsämtern bzw. der Agentur für Arbeit übernommen worden – findet unterdessen aber auch zunehmend in Weiterbildungsverbünden, regionalen Lernzentren oder bei den Kommunen statt. Die Ausweitung von Weiterbildungsberatungsstellen ist nicht nur Konsequenz der bildungspolitischen

Forderung an die Individuen, ihre Lernprozesse über den gesamten Lebenslauf zu organisieren, sondern ist auch vor dem Hintergrund der zunehmenden Pluralisierung und Vervielfältigung der Lern- und Bildungsmöglichkeiten zu sehen. Dies bringt die Individuen in die Situation, sich nicht mehr an normierten Bildungs- und Berufsverläufen orientieren zu können, sondern individuelle Entscheidungen treffen zu müssen. Diese Entscheidungen erfordern aber nicht nur ein Wissen über Bildungsmöglichkeiten, sondern auch eine Betrachtung der je individuellen Situation. Weiterbildungsberatung hat demnach neben der Aufgabe der Information auch die Aufgabe der Unterstützung der je individuellen Kompetenzentwicklungsprozesse.

In persönlichen Beratungsgesprächen wird nach der Passung zwischen den Angeboten der Weiterbildungseinrichtungen und den Ratsuchenden gefragt. Hierzu ist es notwendig, die Ausgangssituation des Klienten oder der Klientin zu erfassen und passende Weiterbildungsmöglichkeiten zu finden. Darüber hinaus können auch Fragen der Finanzierung angesprochen werden. Manche Beratungsstellen bieten auch diagnostische Instrumente zu Kompetenzerfassung oder Berufseignungstests an. Dadurch sollen die Ratsuchenden ein klareres Bild über ihre eigenen Kompetenzen erhalten und entsprechend eine passende Weiterbildungsmaßnahme finden.

Lernberatung

Neben der Hilfe bei der Wahl geeigneter Weiterbildungsmöglichkeiten werden zunehmend auch Beratungsangebote unterbreitet, die sich auch an den Lernprozess selbst richten. Lernberatungen zielen darauf ab, individuelle Lernprobleme zu identifizieren und Maßnahmen zur Behebung von Lernschwierigkeiten aufzuzeigen. Sie verstehen sich als »Supportangebot, das darauf abzielt, dem Lernenden das eigene Lernen zu erleichtern (oder zu ermöglichen), die Lernergebnisse zu verbessern, die eigene Lernkompetenz zu fördern und Lernerfolg zu sichern« (Rohs/ Käpplinger 2004, S. 17, im Original hervorgehoben).

Hintergrund für die neue Bedeutung dieser Beratungsform sind nicht zuletzt die veränderten Anforderungen an die Lernkompetenzen der Menschen. Denn mit der Forderung nach Lebenslangem Lernen werden nun auch diejenigen Menschen aufgefordert, sich weiterzubilden, die in der sozialwissenschaftlichen Literatur als eher bildungsungewohnt beschrieben werden – also bislang kaum an Weiterbildungsmaßnahmen teilgenommen haben und auch über geringe Lernkompetenz (Baethge/Baethge-Kinsky 2004) verfügen.

Darüber hinaus sind insbesondere mit der Einrichtung von multimedialen Lernumgebungen die Erwartungen an die Selbstlernkompetenzen der Menschen eklatant gestiegen. Zwar ist davon auszugehen, dass jeder Mensch von Geburt an die Fähigkeit zur lernenden Aneignung von Wissen und Fertigkeiten besitzt, aber im Zuge der gestiegenen Anforderungen an die Effizienz des Lernens bedarf es auch einer ständigen Weiterentwicklung dieser Kompetenzen. Angesprochen sind hier insbesondere die methodischen Fähigkeiten zur Analyse, Organisation und Reflexion des eigenen Lernprozesses (Rohs/Käpplinger 2004, S. 14).

Lernberatung kann hier die Aufgabe übernehmen, individuelle Lernprobleme zu identifizieren und Maßnahmen zur Behebung von Lernschwierigkeiten aufzuzeigen.

Aufgabe der Lernberatenden ist es – ausgehend von den Voraussetzungen der Teilnehmenden –, diese bei der individuellen Gestaltung ihrer Lernprozesse zu begleiten und sie bei der Umsetzung in Alltag (Transfer) zu unterstützen. Ziel ist es dabei immer, einen reflexiven Rückzugsraum zu schaffen, in dem der oder die Lernende über die eigenen Lernprozesse und -techniken nachdenken und diese gegebenenfalls modifizieren kann (vgl. u. a. Thomann 2003, S. 42 f.).

Neben der psychosozialen Dimension enthält Lernberatung so auch immer eine fachlich-inhaltliche Anforderung an den Lernberater. Dieser benötigt eine geschulte Beobachtungsgabe und diagnostische Fähigkeiten, um Lernblockaden erkennen und Hinweise zur Lösung geben zu können (vgl. Klingovsky 2004, S. 19). Darüber hinaus muss er über ausreichend Selbstreflexion verfügen, um Prozesse im Kontakt mit dem oder der Lernenden auf einer metakommunikativen Ebene analysieren und einordnen zu können.

Qualifizierungsberatung

Im Zuge der veränderten Anforderungen an die Bildung der Menschen fordern nicht nur die Menschen einen Ausbau der Beratung, sondern auch die Organisationen und Betriebe melden entsprechende Wünsche an. Hintergrund hierfür bildet die Tatsache, dass der technische Wandel nicht nur von Individuen, sondern auch von Betrieben Strategien und Aktivitäten zur Kompetenzentwicklung fordert. Im Kontext des beruflichen und betrieblichen Lernens führen der schnelle wissenschaftliche und technische Wandel sowie die gesellschaftlichen und ökonomischen Veränderungen, die mit dem Prozess der Europäisierung und Globalisierung einhergehen, zur Notwendigkeit, dass Arbeitnehmer und auch Organisationen ihr Wissen und Handeln laufend den aktuellen Veränderungen anpassen.

Allerdings stellen sich die Bedingungen für lebenslanges Lernen nicht für alle in gleicher Weise dar. Während große Betriebe oft eigene Weiterbildungs- und Personalentwicklungsabteilungen einrichten können, sieht die Situation in kleinen und mittleren Unternehmen (KMUs) sehr viel schwieriger aus. Hier sind meist die finanziellen und personellen Bedingungen nicht gegeben, um geeignete Bildungs- und Qualifizierungskonzepte zu entwickeln oder Mitarbeitende für Kompetenzentwicklungsmaßnahmen freizustellen.

Sogenannte Qualifizierungsberatende bieten hier ihre Unterstützung an. Sie führen Bedarfs- und Bedürfnisanalysen in den Betrieben durch, um auf der Basis eines detaillierten Wissens über spezifische und typische Problemlagen der Unternehmen Qualifizierungsnotwendigkeiten zu beschreiben. Darüber hinaus informieren sie sich über die regionalen Bildungs- und Fördermöglichkeiten – sodass sie den Unternehmen geeignete Weiterbildungsmöglichkeiten empfehlen und den Bildungsanbietern notwendige Bedarfe nennen können. Ein Schwerpunkt der Tätigkeit der Qualifizierungsberatenden liegt somit in der Perspektivenverschränkung (Gieseke 2008).

Die Beratung der Organisationen intendiert eine Anhebung der Qualifizierungen in Betrieben, Behörden, Institutionen. Beraterinnen und Berater weisen Wege zu Weiterbildungsmöglichkeiten für die Individuen und geben Vorschläge zur lernförderlichen Arbeitsgestaltung.

6.4.2   Beratungskompetenzen

Fragt man nach den Kompetenzen, die Beratende in der Bildungsberatung brauchen, dann wird immer wieder auf die Bedeutung sozialer Kompetenzen hingewiesen. »Kommunikations- bzw. Gesprächsführungskompetenz« sowie »Einfühlungs- und Wahrnehmungsvermögen« gelten als ebenso wichtig wird die »detaillierte Kenntnis des Weiterbildungsmarkts« und ein »breites Wissens- und Erfahrungsspektrum«.

Mit Blick auf die Besonderheit von Beratungsprozessen lassen sich aber sehr viel genauere Angaben machen:

> »Beratung ist also eine Kommunikationssituation mit einem Berater, in die Persönlichkeit des Ratsuchenden und seine Lebenssituation einbezogen werden. Anlass der Beratung ist das Interesse des Ratsuchenden an einer Unterstützung für die Lösung einer Entscheidungs- und Problemsituation. Gegenstand der Kommunikation können Fragen der Wahl von Bildungswegen sein, aber auch solche, die eher als Lernberatung gekennzeichnet sind.« (Klevenow 1980, S. 8)

Im Anschluss an diese Definition lassen sich folgende *Besonderheit von Beratungsprozessen* ausmachen (vgl. hierzu auch Hof/Egloff 2022, Kap. 9.1):

- Beratungsprozesse zeichnen sich durch eine sprachliche Interaktion bzw. Kommunikation zwischen Beratenden und Ratsuchenden aus. Sie sind dabei eingebettet in einen institutionellen Rahmen (Stanik 2015).
- Bezugspunkt von Beratung sind die Fragen und Probleme der Ratsuchenden. Diese kommen allerdings manchmal in eine Beratung, ohne schon eine klare Vorstellung von ihrem Problem zu haben. Beratende haben hier die Aufgabe, durch gezielte Fragen Hilfe bei der Problemerkennung zu leisten. Erfolgreiche Beratungsprozesse zeichnen sich dadurch aus, dass die Berater durch die Art ihrer Fragen den Ratsuchenden *Kategorien an die Hand geben, ihre Situation neu zu sehen* (vgl. hierzu de Cuvry et al. 2009).
- In Beratungen geht es allerdings nicht nur darum, die individuelle Situation der Person oder des Unternehmens im Hinblick auf Lernmöglichkeiten und -erfordernisse zu rekonstruieren. Vielmehr haben die Beratenden auch die Aufgabe, auf geeignete Problemlösungsstra-

tegien hinzuweisen, und das heißt, *passende Bildungsmöglichkeiten vorzuschlagen*. In diesem Zusammenhang gilt es, nicht nur kursförmige Weiterbildungsofferten zu berücksichtigt, sondern auch Möglichkeiten des Lernens im Prozess der Arbeit, mit Medien oder im sozialen Umfeld einzubeziehen.

Hinsichtlich der möglichen Beratungsformate hat Gieseke (2016) eine empirisch fundierte Typologie entwickelt. Sie unterscheidet

- die informative Beratung, bei der es um die Bereitstellung von adressaten- und problembezogenen Informationen für die Ratsuchenden geht;
- die situative Beratung, in der die Analyse der jeweiligen Lebenslage bzw. Problemsituation im Zentrum steht und den Anlass für die Entwicklung weiterer Handlungsmöglichkeiten bildet;
- die biografieorientierte Beratung, die sich auf die biografische Selbstauslegung, Widersprüche und Perspektiven der Ratsuchenden fokussiert.

Ungeachtet der Diversität der Formate lässt sich als grundlegende Gemeinsamkeit festhalten, dass es bei Beraten um »Verstehen, Impulse geben und Handlungsmöglichkeiten eröffnen« geht (Ludwig 2012, S. 197f).

Will man *Beraten als Handlungsform* charakterisieren, dann lässt sich diese mit Knoll (2008) als Ermöglichungshandeln beschreiben. Bildungsberatung ist demzufolge eine Form des Agierens, die Räume – im wörtlichen und im übertragenen Sinne – bereitstellt. In diesen Räumen kann der oder die Einzelne sich selbst und seine bzw. ihre konkrete Situation wahrnehmen und dort Neues in den Blick nehmen und gedanklich erproben. Es sind Räume, in denen ein Gegenüber da ist, das offen aufnimmt und nicht sofort urteilt, sondern die eigenen Fähigkeiten und Stärken und Potenziale zu entdecken hilft (vgl. Knoll 2008, S. 14).

Beratung bietet einerseits Hilfe zur Selbstklärung an, gibt aber andererseits auch Informationen und Hinweise über Handlungs- und Lernmöglichkeiten.

Im Kontext Lebenslangen Lernens leistet Beratung eine »personspezifische Orientierungshilfe« (Dietsche/Meyer 2004, S. 49) bei der Auswahl passender Lern- und Lebenswege sowie der Bewältigung der damit korrespondierenden Konflikte. Wie jede Beratung sind auch die verschiedenen Formen der Bildungsberatung immer als »Hilfe zur Selbsthilfe« zu begreifen. Der oder die Ratsuchende kann letztendlich immer selbst entscheiden, ob und welche Ratschläge er oder sie befolgt und welche Lern- und Bildungswege er bzw. sie einschlägt.

Dennoch aber – und hier könnte eine Abgrenzung zur psychologischen Beratung liegen – bezieht sich die Bildungsberatung, verstanden als *pädagogische* Handlungsform, nicht nur auf das Selbstkonzept oder die subjektiven Theorien und Deutungsmuster des oder der Ratsuchenden, sondern befasst sich auch mit der Frage, auf welchem Wege neues Wissen und neue Fertigkeiten angeeignet werden können bzw. welche Bildungsinhalte und Lernorte in der je spezifischen Situation geeignet sind.

Vor dem Hintergrund dieser allgemeinen Kennzeichnung der Bildungsberatung als pädagogischer Handlungsform lassen sich folgende Kompetenzen für professionelle Bildungsberatende ableiten (vgl. hierzu auch Hof/Egloff 2022, Kap. 9):

Fachkompetenz:

- differenziertes Fachwissen und Berufserfahrung, um komplexe Probleme gut differenzieren und strukturieren zu können, Hintergründe aufzudecken und Handlungsmöglichkeiten aufzuzeigen
- Kategorien/Schemata zur Analyse von Situationen
- Wissen über Handlungsmöglichkeiten (Institutionen, Qualifizierungswege, Lernformen, Finanzierungsmöglichkeiten)

Beratungs-Prozesskompetenz:

- kommunikative Sensibilität
- Interkulturalität (Offenheit für andere kulturelle oder subkulturelle Lebenswelten und Lebensstile)
- Fähigkeit zur Herstellung einer zwanglosen Interaktion
- Fähigkeit zur Strukturierung von Problemen

- Fragetechnik, um die Ratsuchenden durch gezielte Fragen bei der Problemerkennung zu unterstützen
- Fähigkeit zur Entwicklung zielführender Arbeitsprogramme
- Fähigkeit, Personen oder Gruppen aufgabenorientiert zu motivieren

Schiersmann et al. (2013) weisen darüber hinaus noch auf organisationsbezogene Kompetenzen hin. Sie meinen damit insbesondere die Fähigkeit zum (Weiter-)Entwickeln und Umsetzen von Organisationsstrukturen sowie zum Kooperieren mit dem fachlichen und überfachlichen Umfeld. Auch betonen sie die Notwendigkeit einer Berücksichtigung gesellschaftlicher Rahmenbedingungen und Ziele. Dies nennen sie gesellschaftsbezogene Kompetenzen (vgl. ebd., S. 214).

Insgesamt erweist sich damit das Arbeitsfeld des Lebenslangen Lernens als ein Arbeitsfeld, das nicht nur für die Lernenden, sondern auch für die professionellen Pädagoginnen und Pädagogen neue Herausforderungen mit sich bringt.

An Stelle eines Schlussworts

Kade/Nittel/Seitter haben in der zweiten Auflage ihrer Einführung in die Erwachsenenbildung/Weiterbildung, die auch in der Reihe Grundriss der Pädagogik/Erziehungswissenschaft erschienen ist, die Geschichte des Lernens Erwachsener um eine vierte Phase erweitert. Während sie in der ersten Auflage von 1999 den historischen Verlauf des Lernens Erwachsener in drei Phasen untergliederten und dabei die Volksaufklärung, die Volksbildung und die Erwachsenenbildung/Weiterbildung voneinander abgrenzen, kommt in der aktualisierten zweiten Auflage von 2007 noch eine vierte Phase hinzu, die sie als die des Lebenslangen Lernens überschreiben. Dies provoziert die Frage, ob die Erwachsenenbildung nun vom Lebenslangen Lernen abgelöst wird.

Am Ende der vorliegenden Einführung sollte deutlich geworden sein, dass die Erwachsenenbildung mit dem Lebenslangen Lernen nicht verschwindet – weder die Erwachsenenbildung als berufspraktisch-institutionelle Realität noch die Erwachsenenbildung als Teildisziplin innerhalb der Erziehungswissenschaft. Das Verhältnis ist allerdings komplizierter geworden. Dies ergibt sich schon allein daraus, dass das, was mit dem Konzept des Lebenslangen Lernens inhaltlich verbunden wird, in hohem Maße differiert und zugleich noch weiter im Wandel ist. Das Lebenslange Lernen ist insofern auch theoretisch gewissermaßen ein unabgeschlossenes Projekt.

Aber auch wenn das Lebenslange Lernen als empirische Realität, als gesellschaftliche Erwartung und als Grundlage erziehungswissenschaftlicher Theorie und Forschung sich allein in der Zeit zwischen der ersten Auflage dieses Buch (2009) und heute weiterentwickelt hat und weitere Entwicklungen nicht auszuschließen sind, so scheint mir dennoch mit der Orientierung am Lernen im Lebenslauf nun ein Bezugspunkt für die theoretische, empirische und pädagogisch-praktische Arbeit gefunden, der Aktivitäten auch jenseits politischer Vorgaben ermöglicht.

Literatur

Alheit, P./Dausien, B. (2016): Bildungsprozesse über die Lebensspanne und lebenslanges Lernen. In: R. Tippelt/B. Schmidt-Hertha (Hrsg.) Handbuch Bildungsforschung. Springer Reference Sozialwissenschaften. Wiesbaden: Springer VS. https://doi-org.proxy.ub.uni-frankfurt.de/10.1007/978-3-531-20002-6_38-1.

Alheit, P. (1993): Transitorische Bildungsprozesse: Das ›biographische Paradigma‹ in der Weiterbildung. In: W. Mader (Hrsg.): Weiterbildung und Gesellschaft. 2. Auflage. Bremen, S. 343–418.

Alheit, P. (2008): Lebenslanges Lernen und soziales Kapital. In: H. Herzberg (Hrsg.): Lebenslanges Lernen. Frankfurt a. M. u. a.: Lang, S. 13–30.

Alheit, P. (2009): Diskursive Politiken. Lebenslanges Lernen als surogat? In: C. Hof/J. Ludwig/C. Zeuner (Hrsg.): Strukturen Lebenslangen Lernens. Baltmannsweiler: Schneider, S. 4–15.

Alheit, P. (2010): Identität oder »Biographizität«? Beiträge der neueren sozial- und erziehungswissenschaftlichen Biographieforschung zu einem Konzept der Identitätsentwicklung. In: B. Griese (Hrsg.): Subjekt – Identität – Person? Reflexionen zur Biographieforschung. Wiesbaden: VS Verl. für Sozialwissenschaften, S. 219–249.

Alheit, P. (2018): Biographical learning – within the lifelong learning discourse. In: K. Illeris (Hrsg.): Contemporary Theories of Learning. Learning theorists … in their own words. 2nd edition. New York: Routledge, S. 153–165.

Alheit, P./Hoerning, E. (Hrg.) (1989): Biographisches Wissen. Frankfurt a. M.: Campus.

Alkemeyer, T./Schürmann, V./Volbers, J. (Hrsg.) (2015): Praxis denken. Konzepte und Kritik. Wiesbaden: Springer VS.

Allmendinger, J. et al. (2019): Adult education and lifelong learning. In: H.-P. Blossfeld/H.-G. Roßbach (eds.). Education as a lifelong process. The German National Educational Panel Study (NEPS), Zeitschrift für Erziehungswissenschaft. Sonderheft, 03. Wiesbaden: Springer VS, S. 325–346.

Arnold, R. (1996): Weiterbildung. München.

Arnold, R. (1997): Von der Weiterbildung zur Kompetenzentwicklung. Neue Denkmodelle und Gestaltungsansätze in einem sich verändernden Handlungsfeld. In: Kompetenzentwicklung '97. Hrsg. von der Arbeitsgemeinschaft QUEM. Münster 1997, S. 253–310.

Arnold, R. (2000): Lebenslanges Lernen aus der Sicht der Erwachsenenbildung. In: F. Achtenhagen/W. Lempert (Hrsg.): Lebenslanges Lernen im Beruf. Seine Grundlegung im Kindes- und Jugendalter. Bd. 5., Opladen: Leske + Budrich, S. 151–166.

Arnold, R. (2010): Art. Kompetenz, in: R. Arnold/S. Nolda: Wörterbuch Erwachsenenbildung. Bad Heilbrunn: Klinkhardt, S. 172f.

Arnold, R. (Hrsg.) (2015): Ermöglichungsdidaktik. Erwachsenenpädagogische Grundlagen und Erfahrungen. 2. Auflage. Baltmannsweiler: Schneider Hohengehren.

Arnold, R. (Hrsg.) (2012): Entgrenzungen des Lernens. Internationale Perspektiven für die Erwachsenenbildung. Bielefeld: W. Bertelsmann.

Arnold, R./Lermen, M. (2005): Lernen, Bildung und Kompetenzentwicklung. Neuere Entwicklungen in Erwachsenenbildung und Weiterbildung. In: G. Wiesner/A. Wolter (Hrsg.): Die lernende Gesellschaft. Weinheim u. a.: Juventa, S. 45–59.

Arnold, R./Prescher, Th./Stroh, Chr. (2017): Ermöglichungsdidaktik konkret. Didaktische Rekonstruktion ausgewählter Lernszenarien. Baltmannsweiler: Schneider Hohengehren.

Arnold, R./Schüssler, I. (1998): Wandel der Lernkulturen. Ideen und Bausteine für ein lebendiges Lernen. Darmstadt.

Arnold, R./Siebert, H. (2006): Konstruktivistische Erwachsenenbildung. Von der Deutung zur Konstruktion von Wirklichkeit. Baltmannsweiler: Schneider Hohengehren.

Aspin, D./Chapman, J. (2000): Lifelong Learning. Concepts and Conceptions. In: International Journal of Lifelong Education, 19 Jg., S. 2–19.

Baacke, D./Schulze, Th. (1979/1993): Aus Geschichten lernen – Zur Einübung pädagogischen Verstehens. München: Juventa.

Baethge, M./Baethge-Kinsky, V. (1998): Jenseits von Beruf und Beruflichkeit? Neue Formen von Arbeitsorganisation und Beschäftigung und ihre Bedeutung für eine zentrale Kategorie gesellschaftlicher Integration. In: Mitteilungen aus der Arbeitsmarkt- und Berufsforschung, 31 (1998) 3, S. 461–472.

Baethge, M./Baethge-Kinsky, V. (2004): Der ungleiche Kampf um das Lebenslange Lernen. Münster u. a.: Waxmann.

Baltes, P. B. (2001): Das Zeitalter des permanent unfertigen Menschen: Lebenslanges Lernen nonstop? In: Aus Politik und Zeitgeschichte, Jg. B 36, S. 24ff.

Baltes, P. B. (1990): Entwicklungspsychologie der Lebensspanne – Theoretische Leitsätze. In: Psychologische Rundschau, Jg. 41, H. 1, S. 1–24.

Baltes, P. B./Lindenberger, U./Staudinger, U. M. (1998): Life-Span theory in developmental psychology. In: R. M. Lerner (Hrsg.): Handbook of child psychology. 5. Auflage. New York: Willey (1), S. 1029–1143.

Bandura, A. (1997): Self-efficacy – The exercise of control. New York: Freeman.

Barz, H./Tippelt, R. (Hrsg.) (2004): Weiterbildung und soziale Milieus in Deutschland. 2 Bde. Bielefeld: Bertelsmann.

Bauer, K.-O. (1998): Pädagogisches Handlungsrepertoire und professionelles Selbst von Lehrerinnen und Lehrern. In: Zeitschrift für Pädagogik 44, S. 343–359.

Bauer, P./Becker, B./Friebertshäuser, B./Hof, Chr. (Hrsg.) (2022): Diskurse – Institutionen – Individuen. Neue Perspektiven in der Übergangsforschung. Opladen: Budrich.

Bayerisches Staatsministerium für Unterricht und Kultur (2021): Bildung – nicht nur für Kinder und Jugendliche: Die wichtigsten Informationen zur Erwachsenenbildung. https://www.km.bayern.de/ministerium/erwachsenenbildung.html (13. 10. 2021).

Beck, U. (1986): Risikogesellschaft. Auf dem Weg in eine andere Moderne. Frankfurt a. M.: Suhrkamp.

Becker, B. (2020): Lebensverlaufsforschung und Übergangsforschung. In: B. Stauber/M. Rieger-Ladich/A. Walther/A. Wanka (Hrsg.): Reflexive Übergangsforschung. Theoretische und methodologische Grundlagen. Opladen: Budrich, S. 63–80.

Becker, R./Lauterbach, W. (2004): Bildung als Privileg? – Erklärungen und Befunde zu den Ursachen der Bildungsungleichheit. Wiesbaden: VS Verlag für Sozialwissenschaften.

Becker, S./Veelken, L./Wallraven, K. P. (Hrsg.) (2000): Handbuch Altenbildung. Theorien und Konzepte für Gegenwart und Zukunft. Opladen: Leske + Budrich.

Behr, F./Hof, Chr. (2019): Habituelle Grundlagen des Studierverhaltens. Annäherungen an die Bedingungen universitären Lernens. In: O. Dörner et al. (Hsrg.): Erwachsenenbildung und Lernen in Zeiten von Globalisierung, Transformation und Entgrenzung. Leverkusen: Budrich, S. 217–231.

Behrens-Cobet, H. (2000): Biographisches Lernen. In: S. Becker/L. Veelken/K. P. Wallraven (Hrsg.): Handbuch Altenbildung. Theorien und Konzepte für Gegenwart und Zukunft. Opladen: Leske + Budrich, S. 299–304.

Bélanger, P. (1997): The Astonishing Return fo Lifelong Leanring. In: National Institute for Educational Research/UNESCO Institute for Education (Hrsg.): Comparitive Studies on Lifelong Learning Policies. Tokyo, S. VII–XII.

Bell, D. (1985): Die nachindustrielle Gesellschaft. Frankfurt a. M.: Campus.

Bellenberg, G./Forell, M. (Hrsg.) (2013): Bildungsübergänge gestalten Ein Dialog zwischen Wissenschaft und Praxis. Münster u. a.: Waxmann.

Berdelmann, K./Fuhr, Th. (2020): Zeigen. Stuttgart: Kohlhammer.

Berg, A. (2018): Qualitative Bildungsforschung und informelles Lernen. In: M. Harring/D. Witte/T. Burger (Hrsg.): Handbuch informelles Lernen. Interdisziplinäre und internationale Perspektiven. Weinheim: Beltz Juventa, S. 710–723.

Bernardi, L./Huinink, J./Settersten, R. A. (2019): The life course cube: A tool for studying lives. In: Advances in Life Course Research Vol 41. www.sciencedirect.com/science/article/pii/S1040260818301850?via%3Dihub (29.02.2020).

Bernien, M. (1997): Anforderungen an eine qualitative und quantitative Darstellung der beruflichen Kompetenzentwicklung. In: Arbeitsgemeinschaft QUEM (Hrsg.): Kompetenzentwicklung. Münster, S. 17–85.

Bertelsmann-Stiftung (Hrsg.) (2018): Deutscher Weiterbildungsatlas. Teilnahme und Angebot in Kreisen und kreisfreien Städten. Gütersloh: Bertelsmann Stiftung.

BiBB (2017) Durchlässigkeit im Bildungssystem. Möglichkeiten zur Gestaltung individueller Bildungswege. Bonn: Bundesinstitut für Berufsbildung.

Bildungsbericht (2020): Bildung in Deutschland 2020. Ein indikatorengestützter Bericht mit einer Analyse zu Bildung in einer digitalisierten Welt. Hrsg. von der Autorengruppe Bildungsberichterstattung. Bielefeld: wbv.

Bilger, F. (2015): Statistische Erfassung informellen Lernens. In: M. Rohs (Hrsg.): Handbuch informelles Lernen. Springer: VS, S. 637–658.

Bilger, F./Käpplinger, B. (2017): Barrieren für die Bildungsbeteiligung Erwachsener. In: F. Bilger, et al. (Hrsg.): Weiterbildungsverhalten in Deutschland 2016 – Ergebnisse des Adult Education Survey (S. 265–275). Bielefeld: W. Bertelsmann.

Bilger, F./Behringer, F./Kuper, H./Schrader, J. (Hrsg.) (2017): Weiterbildungsverhalten in Deutschland 2016 – Ergebnisse des Adult Education Survey. Bielefeld: W. Bertelsmann.

Bilger, F./von Rosenbladt, B. (2008): Weiterbildungsverhalten in Deutschland – Bd. 1. Berichtssystem Weiterbildung und Adult Education Survey 2007. Bielefeld: Bertelsmann.

Bittner, M./Bossen, A./Budde J./Rißler, G. (2017): Konturen praxistheoretischer Erziehungswissenschaft. Weinhheim/Basel: Beltz Juventa.

BLK: Bund-Länder-Kommission für Bildungsplanung und Forschungsförderung (2004): Strategie für Lebenslanges Lernen in der Bundesrepublik Deutschland. Bonn: BLK 2004.

Blossfeld, H.-P./Huinink, J. (2001): Lebensverlaufsforschung als sozialwissenschaftliche Forschungsperspektive. In: BIOS. Zeitschrift für Biographieforschung und Oral History 14(2), S. 5–31.

Blossfeld, H.-P./Roßbach, H.-G. (2019): Education As a Lifelong Process. The German National Educational Panel Study (NEPS). 2. Auflage. Wiesbaden: VS.

BMAS (2019): Strategiepapier Nationale Weiterbildungsstrategie. Berlin: Bundesministerium für Arbeit und Soziales. https://www.bmas.de/SharedDocs/Downloads/DE/Aus-Weiterbildung/strategiepapier-nationale-weiterbildungsstrategie.pdf.

BMBF (1997): Innovationen für die Wissensgesellschaft. Bonn: BMBF.

BMBF (2008): Konzeption der Bundesregierung zum Lernen im Lebenslauf. https://docplayer.org/18151519-Konzeption-der-bundesregierung-zum-lernen-im-lebenslauf.html.

BMBF (2019): Weiterbildungsverhalten in Deutschland 2018. Ergebnisse des Adult Education Survey – AES-Trendbericht. Bonn: BMBF.

BMBF (2021): Weiterbildungsverhalten in Deutschland 2020. Ergebnisse des Adult Education Survey – AES-Trendbericht. Berlin: BMBF. https://www.bmbf.de/SharedDocs/Publikationen/de/bmbf/1/269716_AES-Trendbericht_2020.pdf?__blob=publicationFile&v=4.

Bock, I. (1984): Pädagogische Anthropologie der Lebensalter. Eine Einführung. München: Ehrenwirth.

Böhm-Kasper, O./Bienefeld, M. (2018): Quantitative Bildungsforschung und informelles Lernen. In: In: M. Harring/D. Witte/T. Burger (Hrsg.): Handbuch informelles Lernen. Interdisziplinäre und internationale Perspektiven. Weinheim: Beltz Juventa, S. 694–709.

Böhme, G. (1983): Neue Aspekte eines alten Begriffs. Reflexionen über ›lebenslanges Lernen‹. In: Hessische Blätter für Volksbildung 33, S. 255–262.

Bolder, A./Hendrich, W. (2000): Fremde Bildungswelten. Alternative Strategien lebenslangen Lernens. Opladen: Leske + Budrich.

Born, C./Krüger, H. (Hrsg.) (2001): Individualisierung und Verflechtung – Geschlecht und Generation im Lebenslaufregime. Weinheim u. a.: Juventa.

Bourdieu, P. (1983): Ökonomisches Kapital, soziales Kapital, kulturelles Kapital. In: R. Kreckel (Hrsg.): Soziale Ungleichheiten. Soziale Welt. Sonderband 2. Göttingen, S. 183–198.

Bourdieu, P. (1989): Die feinen Unterschiede – Kritik der gesellschaftlichen Urteilskraft. Frankfurt a. M.: Suhrkamp.

Bowen, C.E./Kornadt, A.E./Kessler, E.-M. (2014): Die Bedeutung von Altersbildern im Lebenslauf. In: H.-W. Wahl/A. Kruse (Hrsg.): Lebensläufe im Wandel. Entwicklung über die Lebensspanne aus Sicht verschiedener Disziplinen. Stuttgart: Kohlhammer, S. 287–298.

Brandstädter, J. (1990): Entwicklung im Lebenslauf. In: K. U. Mayer (Hrsg.): Lebensläufe und sozialer Wandel. Sonderheft der KzfSS. Opladen, S. 322–350.

Brandstädter, J./Lindenberger, U. (2007): Entwicklungspsychologie der Lebensspanne. Stuttgart: Kohlhammer.

Brinkmann, D. (2003): Der Freizeitpark als Lebenswelt – informelles Lernen als Erlebnis. In: W. Wittwer/St. Kirchhoff (Hrsg.): Informelles Lernen und Weiterbildung. München u. a.: Luchterhand, S. 73–104.

Brödel, R. (1998): Lebenslanges Lernen – lebensbegleitende Bildung. In: R. Brödel (Hrsg.): Lebenslanges Lernen – Lebensbegleitende Bildung. Neuwied, Kriftel: Luchterhand, S. 35–50.

Brödel, R. (2003): Lebenslanges Lernen im Spannungsfeld von Bildungsgeschichte, Politik und Erziehungswissenschaft. In: D. Nittel/W. Seitter (Hrsg.): Die Bildung des Erwachsenen. Erziehungs- und sozialwissenschaftliche Zugänge. Bielefeld, S. 115–142.

Brödel, R. (2004): Lebensbegleitendes Lernen als Kompetenzentwicklung. Einleitung. In: R. Brödel/J. Kreimeyer (Hrsg.): Lebensbegleitendes Lernen als Kompetenzentwicklung. Analysen – Konzeptionen – Handlungsfelder. Bielefeld: Bertelsmann (Erwachsenenbildung und lebensbegleitendes Lernen Grundlagen und Theorie), S. 7–40.

Brödel, R./Kreimeyer, J. (Hrsg.) (2004): Lebensbegleitendes Lernen als Kompetenzentwicklung. Analysen – Konzeptionen – Handlungsfelder. Bielefeld: Bertelsmann.

Brödel, R./Siebert, H. (2003): Lerngesellschaft als Zeitdiagnose und als Impuls der Erwachsenenpädagogik – Einleitung. In: Dies. (Hrsg.): Ansichten zur Lerngesellschaft. Baltmannsweiler: Schneider Verl. Hohengehren, S. 1–13.

Bronfenbrenner, U. (1994): Ecological Models in Human Development. In: T. Husen/T. N. Postlethwaite (Hrsg.): The International Encyclopedia of Education, Volume 3. Oxford: Pergamon Press, S. 1643–1647.

Buchmann, M./Steinhoff, A. (2017): Social Inequality, Life Course Transitions, and Adolescent Development: Introduction to the Special Issue. In: Journal of Youth and Adolescence 46, H. 10, S. 2083–2090.

Buck, B. (1989): Lernen und Erfahrung – Epagogik. Zum Begriff der didaktischen Induktion. Darmstadt: Wissenschaftliche Buchgesellschaft.

Buddeberg, K. et al. (2021): Der kritische Umgang mit Informationen und Daten als Bildungsbedarf unter den Vorzeichen von Datenkapitalismus. In: Chr. Bernhard-Skala et al.: Erwachsenenpädagogische Digitalisierungsforschung. Bielefeld: wbv, S. 55–70.

Bund-Länder-Kommission für Bildungsplanung und Forschungsförderung (BLK) (2004): Strategie für Lebenslanges Lernen in der Bundesrepublik Deutschland. Bonn.

Bynner, J./Schuller, T./Feinstein, L. (2003): Wider benefits of education: skills, higher education and civic engagement. In: Zeitschrift für Pädagogik, 49, S. 341–361.

Casale, R./Oelkers, J./Tröhler, D. (2004): Lebenslanges Lernen in historischer Perspektive. Drei Beispiele für ein altes Konzept. In: Zeitschrift für Pädagogik, 50, H. 1, S. 21–37.

CEDEFOP (2005): Lebenslanges Lernen: Die Einstellungen der Bürger in Nahaufnahme. Luxenburg: EU.

Conein, S. (Hrsg.) (2004): Erwachsenenbildung und die Popularisierung von Wissenschaft. Bielefeld.

Cropley, A. (1986): Lebenslanges Lernen. In: W. Sarges/R. Fricke (Hrsg.): Psychologie für die Erwachsenenbildung/Weiterbildung. Göttingen, S. 308–312.

Dauber, H./Verne, E. (Hrsg.) (1976): Freiheit zum Lernen. Alternativen zur lebenslänglichen Verschulung. Reinbek.

Dausien, B. (2001): Bildungsprozesse in Lebensläufen von Frauen – Ein biographietheoretisches Bildungskonzept. In: W. Gieseke (Hrsg.): Handbuch zur Frauenbildung. Opladen: Leske + Budrich, S. 101–114.

Dausien, B. (2008): Lebenslanges Lernen als Leitlinie für die Bildungspraxis. Überlegungen zur pädagogischen Konstruktion von Lernen aus biographietheoretischer Sicht. In: H. Herzberg (Hrsg.): Lebenslanges Lernen. Frankfurt a. M. u. a.: Lang, S. 151–174.

Dausien, B. (2011): »Biografisches Lernen« und »Biografizität«. Überlegungen zu einer pädagogischen Idee und Praxis in der Erwachsenenbildung. In: Hessische Blätter für Volksbildung 2/2011, S. 110–125.

Dausien, B./Alheit, P. (2005): Biographieorientierung und Didaktik. Überlegungen zur Begleitung biographischen Lernens in der Erwachsenenbildung. In: Report: Zeitschrift für Weiterbildungsforschung 3, S. 27–36.

Dausien, B./Hanses, A. (2017): »Biographisches Wissen« – Erinnerung an ein uneingelöstes Forschungsprogramm. In: ZQF 18. Jg., Heft 2/2017, S. 173–189.

Dausien, B./Rothe, D./Schwendowius, D. (Hrsg.) (2016): Bildungswege: Biographien zwischen Teilhabe und Ausgrenzung. Frankfurt a. M.: Campus.

De Cuvry, A./Kossak, P./Zeuner, C. (2009): Das Hamburger Strukturmodell zur Bildungsberatung. In: Hessische Blätter für Volksbildung 59(1), 19–28.

Degele, N. (1999): »Doing Knowledge«. Vom gebildeten zum informierten Wissen. In: C. Honegger/St. Hradil/F. Traxler (Hrsg.): Grenzenlose Gesellschaft? Opladen: Westdeutscher Verlag, S. 459–569.

Dehnbostel, P. (2010): Lernen am Arbeitsplatz. In: R. Arnold/S. Nolda/E. Nuissl. (Hrsg.): Wörterbuch Erwachsenenbildung. Bad Heilbrunn: Klinkhardt: S. 192–193.

Dehnbostel, P. (2016): Informelles Lernen in der betrieblichen Bildungsarbeit. In: M. Rohs (Hrsg.): Handbuch Informelles Lernen. Wiesbaden: Springer VS, S. 343–364.

Dehnbostel, P. (2020): Der Betrieb als Lernort. In: R. Arnold et al. (Hrsg.): Handbuch Berufsbildung. Wiesbaden: Springer VS, S. 485–501.

Delors, J. (1996): Learning: the treasure within. Report to Unesco the international commission on education for the twenty-first century. Paris: UNESCO.

Delors, J. (1997): Lernfähigkeit: Unser verborgener Reichtum. UNESCO-Bericht zur Bildung für das 21. Jahrhundert. Hrsg. von der Deutschen UNESCO-Kommission. Neuwied: Luchterhand.

Delory-Momberger, C. (2007): Biographisches Lernen. In: M. Göhlich/Chr. Wulf/J. Zirfas (Hrsg.): Pädagogische Theorien des Lernens. Weinheim/Basel, S. 142–152.

Deutscher Bildungsrat (1970): Strukturplan für das Bildungswesen. Stuttgart: Klett.

Dewey, J. (1933/1986): How We Think. In: J. A. Boydston (Ed.), John Dewey – The later works (1925–1953) (Vol. 8: 1933, pp. 105–352). Carbondale, Ill. [i.e.]: Southern Ill. Univ. Press.

Dewey, J. (1938/1986): Logic: The Theory of Inquiry. In: J. A. Boydston (Ed.), John Dewey – The later works, 1925–1953 (Vol 12: 1938, pp. 1–793). Carbondale, Ill.: Southern Ill. Univ. Press.

Dewey, J. (2000): Demokratie und Erziehung. Eine Einleitung in die philosophische Pädagogik. Weinheim u. a.: Beltz.

Diedrichsen, N./Theile, H./Nahrstedt, W. (2003): Typologisierung unterschiedlicher Institutionalformen (Lernorte) im sozialen Umfeld. Berlin: QUEM-Materialien 44.

Dietsche, B./Meyer, H. H. (2004): Literaturauswertung Lebenslanges Lernen und Literaturnachweis zur Literaturauswertung Lebenslanges Lernen. Anhang 3 und Anhang 4 zur Strategie für Lebenslanges Lernen in der Bundesrepublik Deutschland. http://www.die-bonn.de/esprid/dokumente/doc-2004/dietsche04_02.pdf; http://www.pedocs.de/volltexte/2008/305/.

Dinkelaker, J. (2008): Kommunikation von (Nicht-)Wissen. Eine Fallstudie zum Lernen Erwachsener in hybriden Settings. Wiesbaden: Springer VS.

Dinkelaker, J. (2018:) Lernen Erwachsener. Stuttgart: Kohlhammer.

Dohmen, G. (1996): Das Lebenslange Lernen. Leitlinien einer modernen Bildungspolitik. Bonn: bmbf.

Dohmen, G. (2001): Das informelle Lernen. Die internationale Erschließung einer bisher vernachlässigten Grundform.

Dörner, O. et al. (Hrsg.) (2016): Differente Lernkulturen. Opladen: Budrich.

Dörner, O. et al. (Hrsg.) (2017) Biografie – Lebenslauf – Generation. Perspektiven der Erwachsenenbildung Opladen u. a.: Budrich.

Dräger, H. (1976): Schulbildung – unter Aspekten der Erwachsenenbildung. In: Westermanns Pädagogische Beiträge, H. 2, S. 64–72.

Dräger, H. (1979): Historische Aspekte und bildungspolitische Konsequenzen einer Theorie des lebenslangen Lernens. In: Internationales Jahrbuch der Erwachsenenbildung, Jg. 7, S. 109–141.

Dräger, H. (1984): Volksbildung in Deutschland im 19. Jahrhundert. 2 Bde. Bad Heilbrunn: Klinkhardt.

Düx, W./Sass, E. (2005): Lernen in informellen Kontexten. Lernpotenziale in Settings des freiwilligen Engagements. In: Zeitschrift für Erziehungswissenschaft, Jg. 8, H. 3, S. 394–411.

Dybowski, G. et al. (1999): Betriebliche Innovations- und Lernstrategien. Implikationen für berufliche Bildungs- und betriebliche Personalentwicklungsprozesse. Bielefeld.

Ecarius, J. (2008): Elementares Lernen und Erfahrungslernen. Handlungsproblematiken und Lernprozesse in biographischen Erzählungen. In: K. Mitgutsch et al. (Hrsg.): Dem Lernen auf der Spur. Die pädagogische Perspektive. Stuttgart: Cotta, S. 97–110.

Ecarius, J. (2018): Erziehungswissenschaftliche Biographieforschung. In: H. Lutz et al. (Hrsg.): Handbuch Biographieforschung. Wiesbaden: Springer VS, S. 163–174.

Editorial (2006): Is lifelong learning adult education? In: International Journal of Lifelong Education, Jg. 25, H. 6, S. 545–546.

Edwards, R./Ranson, St./Strain, M. (2002): Reflexivity: towards a theory of lifelong learning. In: International Journal of Lifelong Education, Jg. 21, H. 6, S. 525–536.

Egger, R./Mikula, R./Haring, S./Felbinger, A./Pilch-Ortega, A. (Hrsg.) (2008): Orte des Lernens. Lernwelten und ihre biographische Aneignung. Wiesbaden: VS Verlag für Sozialwissenschaften.

Egloff, B./Kade, J. (2005): Der Wandel der Bedingungen des Lernens und Lehrens: Institutionen. In: Grundlagen der Weiterbildung Praxishilfen. Neuwied 2005, S. 1–25.

Elder, G. H. Jr. (1985): Perspectives on the life course. In: G. H. Elder (Hrsg.): Life course dynamics: Trajectories and transitions. 1968–1980. Ithaca, NY: Cornell University Press, S. 23–49.

Elder, G. H. (1998): The life course and human development. In: R. M. Lerner (Hrsg.): Handbook of child psychology. 5. Auflage. New York: Willey (1), S. 939–991.

Empfehlung des Europäischen Parlaments und des Rates vom 18. Dezember 2006 zu Schlüsselkompetenzen für lebensbegleitendes Lernen https://eur-lex.europa. eu/legal-content/DE/TXT/PDF/?uri=CELEX:32006H0962&from=EN.

English, L. M./Mayo, P. (2021): Lifelong Learning, Global Social Justice, and Sustainability. Cham: Palgrave Macmillan/Springer International.

Eraut, M. (2000): Non-formal learning, implicit learning and tacit knowledge in professional work. In: F. Coffield (Hrsg.): The Necessitiy of Informal Learning. Bristol: Policy Press, S. 12–31.

Erpenbeck, J./Heyse, V. (1999): Was sind Kompetenzen? In: Dies.: Die Kompetenzbiographie. Münster 1996, S. 156–170.

Erpenbeck, J./Sauer, J. (2000): Das Forschungs- und Entwicklungsprogramm »Lernkultur Kompetenzentwicklung«. In: Arbeitsgemeinschaft Qualifikations-Entwicklungs-Management (Hrsg.): Kompetenzentwicklung 2000. Münster, S. 289–335.

Erpenbeck, J./Sauter, W. (2015): Wissen, Werte und Kompetenzen in der Mitarbeiterentwicklung. Springer: Gabler.

Eschenbacher, S. (2020): Möglichkeiten und Grenzen Transformativen Lernens im Kontext von Flucht und Migrationserfahrungen. In: T. Kloubert (Hrsg.): Erwachsenenbildung und Migration. Wiesbaden: Springer VS, S. 77–91.

Eschenbacher, S./Fleming, T. (2020): Transformative dimensions of lifelong learning: Mezirow, Rorty and COVID-19. International Review of Education, 1–16. https://doi.org/10.1007/s11159-020-09859-6.

Eurofound (2017): Sixth European Working Conditions Survey – Overview report (2017 update). Luxembourg: Publications Office of the European Union. Doi: 10.2806/422172.

Europäische Kommission (1993): Weißbuch über Wachstum, Wettbewerbsfähigkeit und Beschäftigung. Brüssel: EU.

Europäische Kommission (1995): Weißbuch zur allgemeinen und beruflichen Bildung. Lehren und Lernen. Auf dem Weg zur kognitiven Gesellschaft. Brüssel: EU.

Europäische Kommission (2000): Memorandum zum Lebenslangen Lernen. Brüssel: EU.

Europäische Kommission (2010): Europa 2020. Eine Strategie für intelligentes, nachhaltiges und integratives Wachstum. Brüssel.

Europäischer Rat (2000): Schlussfolgerungen des Vorsitzes aus den Konsultationen am 23. und 24. März 2000 in Lissabon. http://www.europarl.europa.eu/sum mits/lis1_de.htm.

Europäischer Rat (2002): Entschließung des Rates vom 27. Juni 2002 zum lebensbegleitenden Lernen. Brüssel.

Europäischer Rat (2006): Beschluss des Europäischen Parlaments und des Rates über ein Aktionsprogramm im Bereich des lebenslangen Lernens vom 15. November 2006. Brüssel: EU.

Europäischer Rat (2008): Empfehlungen des europäischen Parlaments und des Rats zur Einrichtung des Europäischen Qualifikationsrahmens für lebenslanges Lernen vom 23. April 2008. Brüssel: EU.

Europäischer Rat (2011): Entschließung des Rates über eine erneuerte europäische Agenda für die Erwachsenenbildung. Brüssel: EU.

European Commission/Eurostat (2006): Classification of Learning Activities – Manual. Luxemburg.

Eurydice (2000): Lebenslanges Lernen: Der Beitrag der Mitgliedsstaaten der Europäischen Union. Ergebnisse der Euridice-Umfrage. Brüssel 2000.

Faltermaier, T. et al. (2013): Entwicklungspsychologie des Erwachsenenalters. 3. vollständig überarb. Auflage. Stuttgart u. a.: Kohlhammer.

Faulstich, P. (Hrsg.) (2014): Lerndebatten. Phänomenologische, pragmatistische und kritische Lerntheorien in der Diskussion. Bielefeld: transcript.

Faulstich, P./Bayer, M. (Hrsg.) (2009): Lernorte. Vielfalt von Weiterbildungs- und Lernmöglichkeiten. Hamburg: VSA Verlag.

Faulstich, P./Ludwig, J. (Hrsg.) (2004): Expansives Lernen. Baltmannsweiler: Schneider-Verl. Hohengehren.

Faulstich, P./Trumann, J. (2016): Wissenschaftsvermittlung, Popularisierung und kollektive Wissensproduktion. In: Magazin erwachsenenbildung.at. Das Fachmedium für Forschung, Praxis und Diskurs. Ausgabe 27, 2016. Wien. http://www.erwachsenenbildung.at/magazin/16-27/meb16-27.pdf.

Faure, E. (1973): Wie wir leben lernen: der Unesco-Bericht über Ziele u. Zukunft unserer Erziehungsprogramme, Reinbek: Rowohlt.

Fegter, S., et al. (Hrsg.) (2015): Erziehungswissenschaftliche Diskursforschung. Empirische Analysen zu Bildungs- und Erziehungsverhältnissen. Wiesbaden: Springer VS.

Fejes, A./Nicoll, K. (Hrsg.) (2008): Foucault and lifelong learning. Governing the subject. London: Routledge.

Felden, H. von (2006): Lernprozesse über die Lebenszeit. Zur Untersuchung von Lebenslangem Lernen mit Mitteln der Biographieforschung. In: G. Wiesner/Chr. Zeuner/H. Forneck (Hrsg.): Teilhabe an der Erwachsenenbildung und gesellschaftliche Modernisierung. Baltmannsweiler: Schneider-Verl. Hohengehren, S. 217–233.

Felden, H. von (2008): Lerntheorie und Biographieforschung: Zur Verbindung von theoretischen Ansätzen des Lernens und Methoden empirischer Rekonstruktion von Lernprozessen über die Lebenszeit. In: Dies (Hrsg.). Perspektiven erziehungswissenschaftlicher Biographieforschung. Wiesbaden: VS, S. 109–128.

Felden, H. von (2014): Transformationen in Lern- und Bildungsprozessen und Transitionen in Übergängen. In: H. von Felden/O. Schäffter/H. Schicke (Hrsg.): Denken in Übergängen. Weiterbildung in transitorischen Lebenslagen (Lernweltforschung, Bd. 15). Wiesbaden: VS, S. 61–84.

Felden, H. von (2018): Zur Erforschung von Lern- und Bildungsprozessen über die Lebenszeit aus biographieanalytischer Perspektive. In: Chr. Hof/H. Rosenberg (Hrsg.): Lernen im Lebenslauf. Wiesbaden: VS, S. 42–63.

Felden, H. von (2019): Zur Rezeption von Appellen des Lebenslangen Lernens. In: O. Dörner et al. (Hrsg.): Erwachsenenbildung und Lernen in Zeiten von Globalisierung, Transformation und Entgrenzung. Opladen: Budrich, S. 25–36.

Felden, H. von (2020): Identifikation, Anpassung, Widerstand. Wiesbaden: Springer VS.

Fell, M./Feuerlein-Wiesner, E. (2002): Weiterbildung als Orientierungshilfe. In: GdWZ 13 2, S. 66–69.

Fend, H./Berger, F./Grob, U. (Hrsg.) (2009): Lebensverläufe, Lebensbewältigung, Lebensglück. Ergebnisse der LiFe-Studie. Wiesbaden: VS.

Field, J. (2001): Lifelong education. In: International Journal of Lifelong Education, Jg. 20, H. 1/2, S. 3–15.

Field, J. (2006): Lifelong learning and the new educational order. 2nd, rev. ed. Stoke on Trent u. a.: Trentham Books.

Field, J. (2013): Lifelong learning and the restructuring of the adult life course. In: W. Schröer/B. Stauber/A. Walther/L. Böhnisch/K. Lenz (Hrsg.): Handbuch Übergänge. Weinheim/Basel: Beltz Juventa, S. 378–394.

Forneck, H. (2006): Gouvernementalität und Weiterbildung. Perspektiven einer machttheoretischen Perspektive auf Weiterbildung. In: G. Wiesner/Chr. Zeuner/H. Forneck (Hrsg.): Empirische Forschung und Theoriebildung in der Erwachsenenbildung. Baltmannsweiler: Schneider-Verl. Hohengehren, S. 27–32.

Freeman, E. (2010): Time binds: queer temporalities, queer histories. Durham: Duke University Press.

Freericks, R. (2006): Lernen in Erlebniswelten. Erlebnisorientierte Lernorte und ihre Potenziale für ein nachhaltiges Lernen. In: DIE-Zeitschrift für Erwachsenenbildung 4, S. 32–35.

Friebel, H. (2004): Doing Gender: Familien- und Erwerbsarbeit und Weiterbildungsteilnahme – »Das is'n Agreement, das haben wir stillschweigend beschlossen«. In: F. Behringer et al. (Hrsg.): Diskontinuierliche Erwerbsbiographien. Hohengehren: Schneider, S. 133–144.

Friebel, H. (2006): Bildung im Lebenszusammenhang – Doing gender. In: WSI-Mitteilungen, Jg. 59, H. 3, S. 144–149.

Friebel, H. (2008): Die Kinder der Bildungsexpansion und das »Lebenslange Lernen«. Augsburg: Ziel-Verlag.

Friebel, H./Epskamp, H./Knobloch, B./Montag, S./Toth, S. (2000): Bildungsbeteiligung: Chancen und Risiken – Eine Längsschnittstudie über Bildungs- und Weiterbildungskarrieren in der »Moderne«. Opladen: Leske + Budrich.

Friedenthal-Haase, M. (1998): Orientierung und Reorientierung: Kategorien und Aufgaben lebensbegleitender Bildung. In: R. Brödel (Hrsg.): Lebenslanges Lernen – Lebensbegleitende Bildung. Neuwied, Kriftel: Luchterhand, S. 60–72.

Fuhr, T. (2011): Lehr-/Lerntheorien. In: T. Fuhr/P. Gonon/Chr. Hof (Hrsg.): Erwachsenenbildung – Weiterbildung (= Handbuch der Erziehungswissenschaft 4). Studienausgabe. Paderborn: Schöningh, S. 379–398.

Fuhr, T. (2018): Lernen im Lebenslauf als transformatives Lernen. In: C. Hof/H. Rosenberg (Hrsg.): Lernen im Lebenslauf. Theoretische Perspektiven und empirische Zugänge. Wiesbaden: Springer VS, S. 83–104.

Gass, R. (1996): Ziele, Struktur und Mittel des lebensbegleitenden Lernens. Europäisches Jahr des lebensbegleitenden Lernens 1996. Luxemburg: Amt für amtliche Veröffentlichungen der Europäischen Gemeinschaften.

Gehlen, A. (1986): Anthropologische und sozialpsychologische Untersuchungen. Reinbek: Rowohlt.

Geissler, K. A. (2003): Alle lernen alles – die Kolonisierung der Lebenswelt durchs Lernen. In: W. Wittwer/St. Kirchhof (Hrsg.): Informelles Lernen und Weiterbildung. München u. a.: Luchterhand, 127–141.

Geissler, K. A/Kade, J. (1982): Die Bildung Erwachsener. München: Urban & Schwarzenberg.

Gerlach, Chr. (2000): Lebenslanges Lernen. Konzepte und Entwicklungen 1972 bis 1997. Köln, Weimar, Wien: Böhlau.

Gerstenmaier, J./Mandl, H. (2005): Konstruktivistische Ansätze in der Erwachsenenbildung und Weiterbildung. In: R. Tippelt (Hrsg.): Handbuch Erwachsenenbildung, Weiterbildung. Wiesbaden: VS-Verlag, S. 184–192.

Giese, J./Wittpoth, J. (2011): Institutionen der Erwachsenenbildung. In: Th. Fuhr/ Ph. Gonon/Chr. Hof (Hrsg.): Erwachsenenbildung – Weiterbildung (= Handbuch der Erziehungswissenschaft 4). Studienausgabe. Paderborn: Schöningh, S. 199–216.

Gieseke, W. (1985): Erfahrungsorientierte Lernkonzepte. In: Didaktik der Erwachsenenbildung. Stuttgart: Kohlhammer, S. 74–92.

Gieseke, W. (2008): Bedarfsorientierte Angebotsplanung in der Erwachsenenbildung. Bielefeld: Bertelsmann.

Gieseke, W. (2016): Reichweite und Tiefe der Berufs-, Bildungs- und Weiterbildungsberatung. In: W. Gieseke/D. Nittel (Hrsg.): Handbuch Pädagogische Beratung über die Lebensspanne Weinheim: Beltz, S. 468–483.

Gnahs, D./Kuwan, H./Seidel, S. (Hrsg.) (2008): Weiterbildungsverhalten in Deutschland. Bd. 2: Berichtskonzepte auf dem Prüfstand. Bielefeld: wbv.

Göhlich, M./Wulf, Ch./Zirfas J. (Hrsg.) (2014): Pädagogische Theorien des Lernens. 2. Auflage. Weinheim und Basel: Beltz.

Grotlüschen, A. (2010): Erneuerung der Interessetheorie. Die Genese von Interesse an Erwachsenen- und Weiterbildung. Wiesbaden: Springer VS.

Grundmann, M./Lüscher, K. (Hrsg.) (2000): Sozialökologische Sozialisationsforschung. Ein anwendungsorientiertes Lehr- und Studienbuch. Konstanz: UVK.

Grunert, C. (2005): Zum Themenschwerpunkt »Bildungsbiographien und Bildungsverläufe«. In: bildungsforschung, Jahrgang 2, Ausgabe 2. http://www.bil dungsforschung.org/Archiv/2005-02/zumthema/.

Halimi, S. (2000): Lifelong Learning for Equity and Social Cohesion: A New Challange for Higher Education: In: P. Alheit et al. (Hrsg.): Lifelong learning inside and outside schools. Bremen, 25–27 February 1999, Collected Papers, Vol. 1 Roskilde University u. a. 2000, S. 14–24.

Harring, M./Witte, M.D./Burger, T. (Hrsg.) (2018): Handbuch informelles Lernen. Interdisziplinäre und internationale Perspektiven. 2. überarb. Auflage. Weinheim; Basel: Beltz Juventa.

Harrison, R./Reeve, F./Hanson, A. et al. (Hrsg.) (2002): Supporting lifelong learning. Bd. 1, London; New York: RoutledgeFalmer.

Hasan, A. (2001): Lifelong Learning: a Monitoring Framework and Trends in Participation. In: D. Aspin/J. Chapman/M. Hatton/Y. Sawano (Hrsg.): International Handbook of Lifelong Learning. 2 Bände. Dodrecht, Boston, London: Kluwer Academic Publischers, S. 379–402.

Hasselhorn, M./Gold, A. (2017). Pädagogische Psychologie. Erfolgreiches Lernen und Lehren. Stuttgart: Kohlhammer.

Hauck-Thum, U./Noller J. (Hrsg.) (2021): Was ist Digitalität? Philosophische und pädagogische Perspektiven. Berlin: Springer Metzler.

Havighurst, R. J. (1953; reprint 1963): Human Development and Education. New York.

Heidenreich, M. (2002): Merkmale der Wissensgesellschaft. In: Lernen in der Wissensgesellschaft. Beiträge des OECD/CERI-Regionalseminars für deutschsprachige Länder in Esslingen (Bundesrepublik Deutschland) vom 8.–12. Oktober 2001. Innsbruck: Studien-Verlag, S. 334–363.

Heidenreich, M. (2003): Die Debatte um die Wissensgesellschaft. In: St. Böschen/ I. Schulz-Schaeffer (Hrsg.): Wissenschaft in der Wissensgesellschaft. Wiesbaden: Springer VS, S. 25–51.

Hein, D. (2003): Formen gesellschaftlicher Wissenspopularisierung. Die bügerliche Vereinskultur. In: L. Gall (Hrsg.): Wissenskommunikation im 19. Jahrhundert. Stuttgart: Steiner, S. 147–169.

Heinz, W. R. (Hrsg.) (2000): Übergänge. Individualisierung, Flexibilisierung und Institutionalisierung des Lebenslaufs. 3. Beiheft der ZSE. Zeitschrift für Soziologie der Erziehung und Sozialisation. Weinheim.

Heinz, W. R. (2000): Selbstsozialisation im Lebenslauf. Umrisse einer Theorie biographischen Handelns. In: E. M. Hoerning (Hrsg.): Biographische Sozialisation. Stuttgart: Lucius und Lucius. S. 165–186.

Heinz, W. R./Huinink, J./Weymann, A. (Hrsg.) (2009): The Life Course Reader. Individuals and Societies Across Time. Frankfurt a. M./New York: Campus.

Helsper, W./Hörster, R./Kade, J. (Hrsg.) (2003): Ungewissheit. Pädagogische Felder im Modernisierungsprozess. Weilerswist: Velbrück Wissenschaft.

Herzberg, H. (2005): Lernhabitus als Grundlage lebenslanger Lernprozesse. In: Zeitschrift für qualitative Bildungs-, Beratungs- und Sozialforschung, Jg. 6, H. 1, S. 11–22.

Herzberg, H. (Hrsg.) (2008): Lebenslanges Lernen. Frankfurt a. M. u. a.: Lang.

Heuer, U./Botzat, T./Meisel, K. (Hrsg.) (2001): Neue Lehr- und Lernkulturen in der Weiterbildung. Bielefeld: Bertelsmann.

Hillmert, St. (2020): Bildung und Lebensverläufe in einer differenzierten und dynamischen Gesellschaft. In: B. Schmidt-Hertha/E. Haberzeth/St. Hillmert (Hrsg.): Lebenslang lernen können. Gesellschaftliche Transformationen als Herausforderung für Bildung und Weiterbildung. Bielefeld: wbv, S. 17–32.

Hillmert, St./Mayer, K. U. (Hrsg.) (2004): Geboren 1964 und 1971 – Neuere Untersuchungen zu Ausbildungs- und Berufschancen in Westdeutschland. Wiesbaden: VS Verlag für Sozialwissenschaften.

Hillmert, St./Rüber, I.E. (2020). Bildung und lebenslanges Lernen. In: K. R. Schroeter et al. (Hrsg.): Handbuch Soziologie des Alter(n)s. Wiesbaden: Springer VS. https://doi.org/10.1007/978-3-658-09630-4_34-1.

Hinrichsen, M. (2020). Das FSJ als biographischer Zwischenraum. (Re-)Konstruktionen von Bildungswegen junger Erwachsener. Wiesbaden: VS.

Hirschauer, S. (2014): Un/doing Differences. Die Kontingenz sozialer Zugehörigkeiten. In: Zeitschrift für Soziologie 43, H. 3, S. 170–191.

Hodkinson, P./Bloomer, M. (2000): Institutional culture and dispositions to learning. In: British Journal of Sociology of Education 21 (2000), S. 187–202.

Hodkinson, P. et al. (2004): The significance of individual biography in workplace learning. In: Studies in the Education of Adults, Jg. 36, H. 1, S. 6–24.

Hoerning, E. M. (Hrsg.) (2000): Biographische Sozialisationsforschung. Stuttgart: Lucius/Lucius.

Hof, Chr. (1996): Überlegungen zum Konzept ›Wissen‹ in der Erwachsenenbildung. In: S. Nolda (Hrsg.): Erwachsenenbildung in der Wissensgesellschaft. Bad Heilbrunn: Klinkhardt, S. 12–30.

Hof, Chr. (2001): Konzepte des Wissens. Eine empirische Studie zu den wissenstheoretischen Grundlagen des Unterrichtens. Bielefeld: Bertelsmann.

Hof, Chr. (2002a): Wissen als Thema der Erwachsenenbildung. In: B. Dewe/G. Wiesner/J. Wittpoth (Hrsg.): Professionswissen und erwachsenenpädagogisches Handeln. Literatur- und Forschungsreport Weiterbildung, Beiheft, S. 9–17.

Hof, Chr. (2002b): Von der Wissensvermittlung zur Kompetenzorientierung in der Erwachsenenbildung? Anmerkungen zur scheinbaren Alternative zwischen Kompetenz und Wissen. In: Literatur- und Forschungsreport Weiterbildung 49, S. 80–89.

Hof, Chr. (2003): Wissensvermittlung. Zur Differenz von personalen, medialen und strukturalen Formen der Wissensvermittlung. In: D. Nittel/W. Seitter (Hrsg.): Studien zur Bildung des Erwachsenen. Bielefeld: Bertelsmann, S. 25–34.

Hof, Chr. (2005): Popularisierung der Wissenschaft. Merkmale und Probleme einer wieder entdeckten Form der Wissensvermittlung. In: Weiterbildung, 4, S. 12–15.

Hof, Chr. (2011a): Lehren in der Erwachsenenbildung. In: Th. Fuhr/Ph. Gonon/Chr. Hof (Hrsg.): Erwachsenenbildung – Weiterbildung (= Handbuch Erziehungswissenschaft 4). Studienausgabe. Paderborn: Schöningh, S. 399–413.

Hof, Chr. (2011b): Theorien des Wissens und der Kompetenzen. In: T. Fuhr/Ph. Gonon/Chr. Hof (Hrsg.): Erwachsenenbildung – Weiterbildung (= Handbuch Erziehungswissenschaft 4). Studienausgabe. Paderborn: Schöningh, S. 959–966.

Hof, Chr. (2016): Wissen und Lernen. Versuch einer Systematisierung. In: Hessische Blätter 3/2016, S. 205–213.

Hof, Chr. (2017): Is there Space for ›Bildung‹ and ›Transformative Learning‹ in the Lifelong Learning Discourse? In: A. Laros/T. Fuhr/E.W. Taylor (Hrsg.): Transformative learning meets Bildung. An international exchange. Rotterdam u. a.: Sense Publishers (2017) S. 269–278.

Hof, Chr. (2018): Der Lebenslauf als Rahmen für Lern- und Bildungsprozesse. Perspektiven und Desiderata. In: Chr. Hof/H. Rosenberg (Hrsg.): Lernen im Lebenslauf. Theoretische Perspektiven und empirische Zugänge. Wiesbaden: Springer VS, S. 181–204.

Hof, Chr. (2019): Lernen in Lebensphasen oder Lebenslanges Lernen? Anmerkungen zu einer nur scheinbaren Alternative. In: O. Dörner et al. (Hrsg.): Metapher, Medium, Methode – Theoretische und empirische Zugänge zur Bildung Erwachsener. Opladen: Budrich.

Hof, Chr. (2020): Biografietheoretische Grundlagen reflexiver Übergangsforschung – eine Spurensuche. In: A. Walther et al. (Hrsg.): Reflexive Übergangsforschung. Theoretische und methodologische Grundlagen. Opladen: Budrich, S. 103–120.

Hof, Chr. (2021): Experimentelle Übergänge im Lebenslauf? Theoretische und empirische Annäherungen an den Umgang moderner Subjekte mit sich und ihren gesellschaftlichen »Verhältnissen«. In: G. J. Betz/M. Halatcheva-Trapp/R. Keller (Hrsg): Soziologische Experimentalität. Weinheim: Beltz Juventa, S. 347–361.

Hof, Chr./Bernhard, M. (2022): Übergänge als Anlass für Lernprozesse. In: S. Andresen/P. Bauer/B. Stauber/A. Walther (Hrsg.): Doing Transitions – die Hervorbringung von Übergängen im Lebenslauf. Zeitschrift für Pädagogik, Beiheft 2022. Weinheim & Basel: Beltz.

Hof, Chr./Carstensen, N. (2015): Das Konzept des informellen Lernens auf dem Prüfstand. In: G. Niedermair (Hrsg.): Informelles Lernen. Linz: Trauner Verlag, S. 125–140.

Hof, Chr./Egloff, B. (2022): Forschen und Handeln in der Erwachsenenbildung. Bielefeld: wbv/utb

Hof, Chr./Kade, J. (2009): Prekäre Kontinuitäten. Das lebenslange Lernen aus biographietheoretischer Perspektive im Rahmen einer Follow-Up-Studie. In: Chr. Hof/J. Ludwig/Chr. Zeuner (Hrsg.): Strukturen lebenslangen Lernens. Hohengehren: Schneider, S. 150–160.

Hof, Chr./Meuth, M./Walther, A. (Hrsg.) (2014): Pädagogik der Übergänge. Übergänge in Lebenslauf und Biografie als Anlässe und Bezugspunkte von Erziehung, Bildung und Hilfe. Weinheim: Beltz Juventa.

Hof, Chr./Rosenberg, H. (Hrsg.) (2018): Lernen im Lebenslauf. Theoretische Perspektiven und empirische Zugänge. Wiesbaden: VS.

Holzkamp, K. (1995): Lernen. Subjektwissenschaftliche Grundlegung. Frankfurt a. M.: Campus.

Höpflinger, F. (o. J.): Alter, Kohorte und Periode – Grundsätze und Problematik einer Kohortenanalyse. http://www.hoepflinger.com/fhtop/fhmethod1E.html.

Hufer, K.-P./Klemm, U. (2002): Wissen ohne Bildung? Auf dem Weg in die Lerngesellschaft des 21. Jahrhunderts. Neu-Ulm: AG SPAk.

Huinink, J./Schröder, T. (2008): Skizzen zu einer Theorie des Lebenslaufs. In: A. Diekmann et al. (Hrsg.): Rational Choice: Theoretische Analysen und empirische Resultate. Wiesbaden: VS, S. 291–307.

Hummrich, M. (2012): Zum Umgang mit interkultureller Heterogenität. Zeitschrift für Inklusion 2/2012 Onlinezeitschrift: https://www.inklusion-online.net/index.php/inklusion-online/article/view/41/41.

Hummrich, M./Hebenstreit, A./Hinrichsen, M. (2017): Möglichkeitsräume und Teilhabechancen in Bildungsprozessen. In: I. Miethe/A. Tervooren/N. Ricken (Hrsg.): Bildung und Teilhabe. Zwischen Inklusionsforderung und Exklusionsdrohung. Wiesbaden [Heidelberg]: Springer VS, S. 279–303.

Hunt, St. (2005): The life course. Houndmills: Palgrave.

Hurrelmann, K. (1983): Das Modell des produktiv realitätsverarbeitenden Subjekts in der Sozialisationsforschung. In: Zeitschrift für Sozialisationsforschung und Erziehungssoziologie 3, S. 91–103.

Hurrelmann, Klaus (2003): Der entstrukturierte Lebenslauf. In: Zeitschrift für Soziologie der Erziehung und Sozialisation 23, H. 2, S. 115–126.

Iller, C. (2009): Zielgruppen. In: Th. Fuhr/Ph. Gonon/Chr. Hof (Hrsg.): Handbuch Erziehungswisssenschaft, Bd. II/2: Erwachsenenbildung/Weiterbildung. Paderborn: Schöningh, S. 987–997.

Illeris, K. (2006): How We Learn: Learning and Non-learning in School and Beyond. London u. a.: Routledge.

Illeris, K. (2018): A comprehensive understanding of human learning. In: K. Illeris (Hrsg.): Contemporary Theories of Learning. Learning theorists … in their own words (Second edition, S. 1–14). New York: Routledge.

Illich, I. (1971/2003): Entschulung der Gesellschaft. Eine Streitschrift. 5. Auflage. München: C. H. Beck.

Illich, I. (1972): Schulen helfen nicht: Über das mythenbildende Ritual der Industriegesellschaft. Reinbek: Rowohlt.

Ioannidou, A. (2010): Steuerung im transnationalen Bildungsraum. Internationales Bildungsmonitoring zum Lebenslangen Lernen. Bielefeld : Bertelsmann.

Jarvis, P. (2006): Towards a comprehensive theory of human learning. London u. a.: RoutledgeFalmer.

Jörissen, B. (2007): Informelle Lernkulturen in Online-Communities. Mediale Rahmungen und rituelle Gestaltungsweisen. In: C. Wullf et al.: Lernkulturen im Umbruch. Rituelle Praktiken in Schule, Medien, Familie und Jugend. Wiesbaden: Springer VS, S. 184–2019.

Jourdan, M. (1978): Recurrent Education. Erwachsene kehren zurück zur Bildung. Essen.

Jütte, W. (2011): Lernende Gesellschaft. In: T. Fuhr/Ph. Gonon/Chr. Hof (Hrsg.): Erwachsenenbildung – Weiterbildung. (= Handbuch Erziehungswissenschaft 4). Studienausgabe. Paderborn: Shöningh, S. 227–235.

Jütting, D. H./Jung, W. (1983): Lebenslanges Lernen als Erwachsenenbildung. In: Hessische Blätter für Volksbildung 33, S. 313–318.

Kade, J. (1997a): Entgrenzung und Entstrukturierung. Zum Wandel der Erwachsenenbildung in der Moderne. In: K. Derichs-Kunstmann/P. Faulstich/R. Tippelt (Hrsg.): Enttraditionalisierung der Erwachsenenbildung. Frankfurt a. M.: DIE, S. 13–31.

Kade, J. (1997b): Vermittelbar/nicht vermittelbar: Vermitteln: Aneignen. Im Prozess der Systembildung des Pädagogischen. In: D. Lenzen/N. Luhmann (Hrsg.): Bildung und Weiterbildung im Erziehungssystem. Frankfurt a. M.: Suhrkamp, S. 30–70.

Kade, J./Seitter, W. (1996): Lebenslanges Lernen – Mögliche Bildungswelten. Erwachsenenbildung, Biographie und Alltag. Opladen: Leske + Budrich.

Kade, J./Nittel, D./Seitter, W. (2007): Einführung in die Erwachsenenbildung/Weiterbildung. 2. erweiterte und aktualisierte Auflage. Stuttgart: Kohlhammer.

Kade, J./Seitter, W. (2007a): Lebenslanges Lernen. In: M. Göhlich/Chr. Wulf/J. Zirfas (Hrsg.): Pädagogische Theorien des Lernens. Weinheim, S. 133–141.

Kade, J./Seitter, W. (Hrsg.) (2007b): Umgang mit Wissen. Recherchen zur Empirie des pädagogischen. 2 Bde. Opladen: Budrich.

Kade, S. (2007): Bildung und Altern. Eine Einführung. Bielefeld: Bertelsmann.

Kaiser, A. (2011): Individuelle Komponenten des Lernens Erwachsener. In: T. Fuhr/P. Gonon/C. Hof (Hrsg.): Erwachsenenbildung – Weiterbildung. Handbuch der Erziehungswissenschaft 4. Paderborn: Schöningh UTB, S. 91–109.

Kaiser, A. (Hrsg.) (2003): Vermittlung von Selbstlernkompetenzen. München: Luchterhand.

Kaiser, A./Kaiser, R. (2007): Denken trainieren, Lernen optimieren. Metakognition als Schlüsselkompetenz. 2., überarb. Auflage. Augsburg: Ziel Verlag.

Kaiser, A./Kaiser, R./Hohmann, R. (2007) Lernertypen, Lernumgebung, Lernerfolg. Erwachsene im Lernfeld. Bielefeld.

Kaiser, A./Kaiser, R. (1999): Metakognition. Denken und Problemlösen optimieren. Neuwied u. a.: Luchterhand.

Kaiser, R./Kaiser, A. (2018): Die Neue Didaktik – Metakognition als Schlüsselkonzept für Lehren und Lernen. In: Grundlagen der Weiterbildung: Praxishilfen 162. Erg.-Lfg. Köln: Luchterhandt, S. 1–6.

Kaufmann, K./Widany, S. (2013): Berufliche Weiterbildung – Gelegenheits- und Teilnahmestrukturen. In: Zeitschrift für Erziehungswissenschaft, 16(1), S. 29–54.

Kell, A. (1996): Lebenslanges Lernen aus historischer Sicht. In: Die Berufsbildende Schule, Jg. 48, S. 48–56.

Kemmis, St. (2019): A Practice Sensibility. An Invitation to the Theory of Practice Architectures. Singapore: Springer Nature.

Kemmis, St./Wilkinson, J./Edwards-Grove, C. /Hardy, I./Grootenboer, P./Bristol, L. (2014): Changing Practices, Changing Education. Springer: Singapore.

Kenneth, K. (2002): Banking on knowledge: the new knowledge projects of the World Bank. In: Compare 32, 2, S. 311–326.

Kirchhof, S./Kreimeyer, J. (2003): Informelles Lernen im sozialen Umfeld. Lernende im Spannungsfeld zwischen individueller Kompetenzentwicklung und gesellschaftlicher Vereinnahmung. In: W. Wittwer/S. Kirchhof (Hrsg.): Informelles Lernen und Weiterbildung: Neue Wege zur Kompetenzentwicklung. Neuwied: Luchterhand, S. 213–241.

Kirchhöfer, D. (2001): Perspektiven des Lernens im sozialen Umfeld. In: Arbeitsgemeinschaft Betriebliche Weiterbildungsforschung e. V. (Hrsg.): Kompetenzentwicklung 2001: Tätigsein – Lernen – Innovation. Münster: Waxmann, S. 95–145.

Kirchhöfer, D. (2006): Lernen in sozialen Kontexten. In: Hessische Blätter für Volksbildung, H. 4, S. 324–330.

Klevenow, U. (1980): Weiterbildungsberatung. Frankfurt a. M.: PAS.

Klieme, E. (2004): Was sind Kompetenzen und wie lassen sie sich messen? In: Pädagogik Jg. 56, H.6, S. 10–13.

Klieme, E. et al. (2001): Problemlösen als fächerübergreifende Kompetenz. In: Zeitschrift für Pädagogik 47, S. 179–200.

Klier, A. (2010): Neurowissenschaftliche Erkenntnisse zum Lernen im Lebenslauf. In: Grundlangen der Weiterbildung – Praxishilfen (GdW-Ph), Lieferung Nr. 82, Juli 2010. Nr. 7.30.10.15.

Klingovsky, U. (2004): Professionalisierung und multimediale Selbstlernarchitekturen. Bonn: DIE.

Klingovsky, U. (2009): Schöne neue Lernkultur. Transformationen der Macht in der Weiterbildung; eine gouvernementalitätstheoretische Analyse. Bielefeld: transcript.

Knoll, J. H. (Hrsg.) (1974): Lebenslanges Lernen. Erwachsenenbildung in Theorie und Praxis. Hamburg.

Knoll, J. H. (1996): Bildung im 21. Jahrhundert. Vermächtnis und Chance auf dem Weg in die Lerngesellschaft. In: Bildung und Erziehung, Jg. 49, H. 3, S. 363–379.

Knoll, J. H. (2007): »Lebenslanges Lernen« – Ein neuer Begriff für eine alte Sache? Eine historische Spurensuche. In: Bildung und Erziehung 60, S. 195–208.

Knoll, J. H. (2008): Begleiten, fördern, stärken – Bildungsberatung als spezifische Handlungsform. In: G. Fellermayer/E. Kramer (Hrsg.): Bildungsberatung und Kompetenzentwicklung. Beiträge zur aktuellen Diskussion. Berlin: Karin Kramer Verlag, S. 14–20.

Knowles, M. (1980): Self-directed learning. A guide for learners and teachers. 4th edition. Englewood Cliffs: Prentice Hall.

Kohl, M./Molzberger, G. (2005): Lernen im Prozess der Arbeit. Überlegungen zur Systematisierung betrieblicher Lernformen in der Aus- und Weiterbildung. In: Zeitschrift für Berufs- und Wirtschaftspädagogik, Jg. Bd. 101, H. 3, S. 349–363.

Kohli, M. (1985): Die Institutionalisierung des Lebenslaufs. Historische Befunde und theoretische Argumente. In: Kölner Zeitschrift für Soziologie und Sozialpsychologie, 37 (1985) 1, S. 1–29.

Kohli, M. (2002): Der institutionalisierte Lebenslauf: ein Blick zurück und nach vorn1. In: J. Allmendinger (Hrsg.): Entstaatlichung und soziale Sicherheit. Verhandlungen des 31. Kongresses der Deutschen Gesellschaft für Soziologie in Leipzig, Opladen: Leske + Budrich, S. 525–545.

Koller, H.-Chr. (2007): Bildung als Entstehen neuen Wissens? Zur Genese des Neuen in transformatorischen Bildungsprozessen. In: H.-R. Müller (Hrsg.): Bildung im Horizont der Wissensgesellschaft. Wiesbaden: VS-Verlag, S. 49–66.

Koller, H.-Chr. (2016): Bildung und Biografie. Probleme und Perspektiven bildungstheoretisch orientierter Biografieforschung. In: Zeitschrift für Pädagogik, 62, 2, S. 172–184.

Koller, H.-Chr. (2018): Bildung anders denken. Einführung in die Theorie transformatorischer Bildungsprozesse. 2., aktualisierte Auflage. Stuttgart: Kohlhammer.

Koller, H.-C./Wulftange, G. (Hrsg.) (2014): Lebensgeschichte als Bildungsprozess? Perspektiven bildungstheoretischer Biographieforschung. Bielefeld: transcript.

Krapp, A. (2000): Individuelle Interessen als Bedingung lebenslangen Lernens. In: F. Achtenhagen/W. Lempert (Hrsg.): Lebenslanges Lernen im Beruf. Seine Grundlegung im Kindes- und Jugendalter. Psychologische Theorie, Empirie und Therapie. Bd. 3, S. 54–75.

Kraus, K. (2001): Lebenslanges Lernen – Karriere einer Leitidee. Bielefeld: Bertelsmann.

Kreimeyer, J. (2004): Lebensbegleitendes Lernen – zur »informellen« Dimension einer erwachsenenpädagogischen Aufgabe. In: R. Brödel/J. Kreimeyer (Hrsg.): Lebensbegleitendes Lernen als Kompetenzentwicklung. Analysen – Konzeptionen – Handlungsfelder. Bielefeld, S. 43–62.

Krüger, H.-H./Marotzki, W. (Hrsg.) (2006): Handbuch erziehungswissenschaftlicher Biographieforschung. 2., überarbeitete und aktualisierte Auflage. Wiesbaden: VS-Verlag.

Kruse, U./Wiesner, G. (2002): Gezielte Unterstützung selbstgesteuerten Lernens Erwachsener durch Weiterbildungsinstitutionen – Ergebnisse empirischer Untersuchungen. In: S. Kraft (Hrsg.): Selbstgesteuertes Lernen in der Weiterbildung. Hohengehren, 159–175.

Kuhlmann A.M./Sauter, W. (2008): Innovative Lernsysteme. Kompetenzentwicklung mit Blenden Learning und Social Software. Berlin: Springer.

Kultusministerkonferenz (KMK) (2001): Vierte Empfehlung der Kultusministerkonferenz zur Weiterbildung. Bonn.

Künzli, R. (2004): Art. Lernen. In: D. Benner/J. Oelkers (Hrsg.): Historisches Wörterbuch der Pädagogik. Weinheim: Beltz, S. 620–637.

Kurtz, Th. (2006): Unsicheres Handeln. In: Pädagogische Rundschau, 60 (2006) 5, S. 549–558.

Kutscha, G. (1991): Übergangsforschung – Zu einem neuen Forschungsbereich. In: K. Beck/A. Kell, (Hrsg.): Bilanz der Bildungsforschung. Stand und Zukunftsperspektiven. Weinheim: Deutscher Studien-Verlag, S. 113–155.

Kuwan, H./Bilger,F./Gnahs, D./Seidel, S. (2006): Berichtssystem Weiterbildung IX. Integrierter Gesamtbericht Berlin: BMBF.

Laible, M.-Chr./Anger, S./Baumann, M./Braunschweig, L. (2021): Lebenslanges Lernen ist eine Frage der Persönlichkeit, In: IAB-Forum 5. August 2021, https://www.iab-forum.de/lebenslanges-lernen-ist-eine-frage-der-persoenlichkeit/ (20.09.2021).

Langfeldt, B. (2018): Quantitative Forschung und Lebenslauf. In: H. Lutz et al. (Hrsg.) Handbuch Biographieforschung. Wiesbaden: Springer VS, S. 575–585.

Laros, A./Fuhr, T./Taylor, E. W. (Hrsg.). (2017): Transformative learning meets Bildung. An international exchange. Rotterdam: Sense Publishers.

Lauterbach, W./Fend, H./Gläßer, J. (2016): LifE. Lebensverläufe von der späten Kindheit ins fortgeschrittene Erwachsenenalter, Beschreibung der Studie. Potsdam: Universitätsverlag.

Lave, J./Wenger, E. (1991): Situated learning. Legitimate peripheral participation. Cambridge: University Press.

Leicester, M/Parker, S. (2001): From Adult Education to Lifelong Learning. In: D. Aspin et al. (Hrsg.): International Handbook of Lifelong Learning. 2 Bde. Dodrecht, Boston, London: Kluwer Academic Publishers, S. 109–118.

Leipold, B. (2012): Lebenslanges Lernen und Bildung im Alter. Stuttgart: Kohlhammer.

Lengrand, P. (1972): Permanente Erziehung. Eine Einführung. München/Bern.

Lenzen, D. (1997): Lebenslauf oder Humanontogenese? Vom Erziehungssystem zum kurativen System – von der Erziehungswissenschaft zur Humanvitologie. In: D. Lenzen/N. Luhmann (Hrsg.): Bildung und Weiterbildung im Erziehungssystem. Frankfurt a. M.: Suhrkamp, S. 228–247.

Lenzen, D. (1999): Lernen – Bildung – Lebenslauf: Optionen für das künftige Sujet der Erziehungswissenschaft. In: Th. Fuhr/K. Schultheis (Hrsg.): Zur Sache der Pädagogik. Untersuchungen zum Gegenstand der allgemeinen Erziehungswissenschaft. Bad Heilbrunn/Obb.: Klinkhardt, S. 181–194.

Lessenich, S. (1995): Wohlfahrtsstaatliche Regulierung und die Strukturierung von Lebensläufen. Zur Selektivität sozialpolitischer Institutionen. In: Soziale Welt, 46 (1), S. 51–69.

Livingstone, D. W. (2001): Adult's Informal Learning: Definitions, Findings, Gaps and Future Research. Ontario: NALL Research Paper 21/2001. http://www.oise.utoronto.ca/depts/sese/csew/nall/res/21adultsifnormallearning.htm (07.03. 2009).

Livingstone, D. W. (2006): Informal Learning. In: Z. Bekerman/N.C. Burbules, D. Silberman Keller (Hrsg.): Learning in Places. The informal education reader. New York u. a.: Lang, S. 203–227.

Loch, W. (1979): Lebenslauf und Erziehung. Essen: Neue deutsche Schule Verlagsgesellschaft.

Loch, W. (1998): Entwicklungsstufen der Lernfähigkeit im Lebenslauf. In: R. Brödel (Hrsg.): Lebenslanges Lernen – Lebensbegleitende Bildung. Neuwied, Kriftel: Luchterhand, S. 91–109.

Loch, W. (2006): Der Lebenslauf als anthropologischer Grundbegriff einer biographischen Erziehungstheorie. In: H.-H. Krüger/W. Marotzki (Hrsg.): Handbuch erziehungswissenschaftlicher Biographieforschung. 2., überarbeitete und aktualisierte Auflage. Wiesbaden: VS-Verlag, S. 71–89.

Longworth, N. (2006): Learning cities, learning regions, learning communities. Lifelong learning and local government. London u. a.: Routledge.

Longworth, N. (Hrsg.) (2004): Lifelong Learning in Action. Transforming education in 21st century. London: RoutledgeFalmer.

Löw, M. (2001): Raumsoziologie. Frankfurt a. M.: Suhrkamp.

Lüders, Ch./Kade, J./Hornstein, W. (2006): Entgrenzung des Pädagogischen. In: H.-H. Krüger/W. Helsper: Einführung in Grundbegriffe und Grundfragen der Erziehungswissenschaft. 7. Auflage. Wiesbaden, S. 223–232.

Ludwig, J. (2000): Lernende Verstehen. Bielefeld: wbv.

Ludwig, J. (2005): Modelle subjektorientierter Didaktik. In: Report 28, S. 75–80.

Ludwig, J. (2011): Subjekttheoretische Ansätze zum Lernen Erwachsener. In: Th. Fuhr/Ph. Gonon/Chr. Hof (Hrsg.): Handbuch Erziehungswissenschaft. Bd. II/2: Erwachsenenbildung/Weiterbildung. Paderborn: Schöningh UTB, S. 887–893.

Ludwig, J. (2012). Lernen und Lernberatung. Alphabetisierung als Herausforderung für die Erwachsenendidaktik. Bielefeld: Bertelsmann.

Luhmann, N. (1995): Die Soziologie des Wissens. Probleme ihrer theoretischen Konstruktion. In: Ders.: Gesellschaftsstruktur und Semantik, Bd. 4. Frankfurt a. M.: Suhrkamp, S. 189–201.

Mandl, H./Krause, U.-M. (2002): Lernkompetenz für die Wissensgesellschaft. In: Lernen in der Wissensgesellschaft. Beiträge des OECD/CERI-Regionalseminars für deutschsprachige Länder in Esslingen (Bundesrepublik Deutschland) vom 8.-12. Oktober 2001. Innsbruck: Studien-Verlag, S. 239–266.

Marotzki, W. (1990): Entwurf einer strukturalen Bildungstheorie. Biographietheoretische Auslegung von Bildungsprozessen in hochkomplexen Gesellschaften. Weinheim.

Marotzki, W. (2006): Forschungsmethoden und -methodologie der Erziehungswissenschaftlichen Biographieforschung. In: H.-H. Krüger/W. Marotzki (Hrsg.): Handbuch erziehungswissenschaftlicher Biographieforschung. 2. Auflage. Wiesbaden: Springer VS, S. 111–135.

Marsick, V.J./Volpe, M./Watkins, K.E. (1999): Theory and practice of informal learning in the knowledge era. In: V. J. Marsick/M. Volpe (Hrsg.): Informal Learning on the Job. Baton Rouge, S. 80–95.

Martin, Pierre-Yves/Nicolaisen, Torsten (Hrsg.) (2015): Lernstrategien fördern. Modelle und Praxisszenarien. Weinheim: Beltz Juventa.

Maschke, S./Stecher, L. (2009): Bildung in Biografie und Lebenslauf. In: I. Behnken (Hrsg.): Sozialisation, Biografie und Lebenslauf. Eine Einführung. Weinheim: Juventa, S. 216–239.

Maschke, S./Stecher, L. (2018): Non-formale und informelle Bildung. In: A. Lange et al. (Hrsg.): Handbuch Kindheits- und Jugendsoziologie. Wiesbaden: Springer VS, S. 149–163.

Mayrberger, K. (2020): Partizipative Mediendidaktik. Darstellung von Eckpunkten und Vertiefung des Partizipationsraums als konstituierendes Strukturelement. In: Jahrbuch Medienpädagogik 17, S. 59–92.

Memorandum über Lebenslanges Lernen (2000): Arbeitsdokument der Kommission der Europäischen Union. Brüssel.

Merkt, M. (2018): Fake News im Internet. Welche Herausforderungen ergeben sich für die Erwachsenenbildung? In: Weiter bilden 4, S. 22–25.

Merriam, S. B./Clark, M. C. (1992): Adult learning in good times and bad. Studies in Continuing Education, Jg. 14, H. 1, 1–13.

Merriam, S. B./Clark,M. C. (1993): Learning from Life Experience – What Makes It Significant? In: International Journal of Lifelong Education, Jg. 12, H. 2, S. 129–138.

Merriam, S./Lumsden, D. B. (1985): Educational Needs and Interests of Older Learners. In: D. B. Lumsden (Hrsg.): The Older Adult as Learner. Aspects of Educational Gerontology. Washington/Cambridge: Hemisphere Publ. Corp, S. 51–71.

Merrill, B./Alheit, P. (2004): Biography and narratives – Adult returners to learning. In: M. Osborne/J. Gallacher/B. Crossan (Hrsg.): Researching Widening Access to Lifelong Learning. London u. a.: Routledge, S. 150–162.

Messerschmidt, A. (2011): Weiter bilden? Anmerkungen zum lebenslangen Lernen aus erwachsenenbildnerischer und bildungstheoretischer Perspektive. In: Kommission Sozialpädagogik (Hrsg.): Bildung des Effective Citizen. Sozialpädagogik auf dem Weg zu einem neuen Sozialentwurf. Weinheim: Juventa, S. 13–23.

Metzger, Chr. (2000): Lebenslanges Lernen unter Berücksichtigung von Lernstrategien. In: F. Achtenhagen (Hrsg.): Lebenslanges Lernen im Beruf. Opladen: Leske + Budrich, S. 39–59.

Meueler, E. (2001): Lob des Scheiterns. Methoden und Geschichtenbuch zur Erwachsenenbildung an der Universität. Hohengehren.

Meulemann, H. (1995): Die Geschichte einer Jugend – Lebenserfolg und Erfolgsdeutung ehemaliger Gymnasiasten zwischen dem 15. und 30. Lebensjahr. Opladen: Westdeutscher Verlag.

Meyer-Drawe, K. (2008): Diskurse des Lernens. Paderborn u. a.: Fink.

Mezirow, J. (1991): Transformative dimensions of adult learning. San Francisco: Jossey-Bass.

Mezirow, J. (1997): Transformative Erwachsenenbildung. Baltmannsweiler: Schneider Verl. Hohengehren.

Mezirow, J. (2006): An overview on transformative learning. In: P. Sutherland/J. Crowther (Hrsg.): Lifelong Learning. Concepts and Contexts. London, New York: Routledge, S. 24–38.

Miethe, I. (2011): Biografiearbeit. Lehr- und Handbuch für Studium und Praxis. Weinheim: Juventa.

Miethe, I./Ecarius, J./Tervooren, A. (Hrsg.) (2014): Bildungsentscheidungen im Lebenslauf. Perspektiven qualitativer Forschung. Opladen u. a.: Budrich.

Mikula, R./Lechner, R. (2014): Figurationen biografischer Lernprozesse. Wiesbaden: Springer VS.

Mittelstrass, J. (1994): Zeitformen des Lebens: Philosophische Unterscheidungen. In: Alter und Altern. Ein interdisziplinärer Studientext zur Gerontologie. Berlin/New York, S. 386–407.

Möhle, M. (2020). Bildungspolitik. In: M. Möhle, Europäische Sozialpolitik Wiesbaden: Springer, S. 167–187.

Molzberger, G. (2002): Informelles Lernen in der Arbeit – wie erforscht man das Alltägliche? Versuch einer Erklärung und Annäherung über betriebliche Fallstudien.In: P. Dehnbostel/Ph. Gonon (Hrsg.): Informelles Lernen – eine Herausforderung für die berufliche Aus- und Weiterbildung. Bielefeld: Bertelsmann, S. 59–70.

Müller, K. R. (1998): Erfahrung und Reflexion: ›Fallarbeit‹ als Erwachsenenbildungskonzept. In: Grundlagen der Weiterbildung (GdWZ), 9 (1998) 6, S. 273–277.

Müller, K. R. (2003): Autonomie und Fremdbestimmung als Referenzpunkte didaktischen Denkens – Das Bildungskonzept »Fallarbeit« im ermöglichungsdidaktischen Diskurs. In: R. Arnold (Hrsg.): Ermöglichungsdidaktik. Baltmannsweiler: Schneider, S. 120–141.

Müller, N./Wenzelmann, F. (2020): Berufliche Weiterbildung – Teilnahme und Abstinenz. In: Zeitschrift für Weiterbildungsforschung, H. 1, S. 47–73.

Müller, N./Wenzelmann, F. (2018): Berufliche Weiterbildung aus Sicht der Individuen. Eine Bilanz von Aufwand und Nutzen. In: BWP 4, S. 40–44.

Nacke, B./Dohmen, G. (Hrsg.) (1996): Lebenslanges Lernen. Erfahrungen und Anregungen aus Wissenschaft und Praxis. Bonn.

Niedermair, G. (Hrsg.) (2015): Informelles Lernen. Annäherungen – Problemlagen – Forschungsbefunde. Linz: Trauner.

Niegemann, H. (Hrsg.) (2019): Handbuch Bildungstechnologie: Konzeption und Einsatz digitaler Lernumgebungen Berlin, Heidelberg: Springer.

Niemeyer-Jensen, B./Hinrichsen, M. (2015): Möglichkeitsräume (re)konstruieren – Biographische Aneignungsprozesse zwischen Schule und Erwerbstätigkeit. In: S. Schmidt-Lauff et al. (Hrsg.): Transitionen in der Erwachsenenbildung. Gesellschaftliche, institutionelle und individuelle Übergänge. Opladen: Budrich, S. 163–174.

Nittel, D./Schöll, I. (2003): Die vielen Gesichter einer Beziehung. Über das Verhältnis von Schule und Erwachsenenbildung. In: Hessische Blätter für Volksbildung, H. 1, S. 1–6.

Nittel, D./Schütz, J./Tippelt, R. (2014): Pädagogische Arbeit im System des lebenslangen Lernens. Ergebnisse komparativer Berufsgruppenforschung. Weinheim: Beltz.

Nittel, D./Wahl, J. (2015): Lebenslanges Lernen als Bezugspunkt der Systemsteuerung. In: Der Pädagogische Blick 22, H. 2, S. 218–229.

Nohl, A.-M. (2006): Die Bildsamkeit spontanen Handelns. Phasen biografischer Wandlungsprozesse in unterschiedlichen Lebensaltern. In: Zeitschrift für Pädagogik, 52, S. 91–107.

Nohl, A.-M./Rosenberg, F. von (2012): Lernorientierungen und ihre Transformation. Theoretische und empirische Einblicke für eine teilnehmerorientierte Erwachsenenbildung. In: H. von Felden et al. (Hrsg.): Erwachsenenbildung und Lernen. Baltmannsweiler: Schneider-Verl. Hohengehren, S. 143–153.

Nohl, A.-M./Rosenberg, F. von/Thomsen, S. (2015): Bildung und Lernen im biographischen Kontext. Empirische Typisierungen und praxeologische Reflexionen. Wiesbaden: Springer VS.

Nolda, S. (1996): Interaktion und Wissen. Eine qualitative Studie zum Lehr-Lernverhalten in Veranstaltungen der allgemeinen Erwachsenenbildung. Frankfurt a. M.: DIE.

Nolda, S. (2001a): Appell und Legitimation, Deskription und Reflexion. Reale und mögliche Verwendungen des Begriffs der Wissensgesellschaft außerhalb und innerhalb der Erwachsenenbildung. In: Hessische Blätter für Volksbildung, H. 2, S. 107–118.

Nolda, S. (2001b): Das Konzept der Wissensgesellschaft und seine (mögliche) Bedeutung für die Erwachsenenbildung. In: J. Wittpoth (Hrsg.): Erwachsenenbildung und Zeitdiagnose. Bielefeld: Bertelsmann, S. 91–117.

Nolda, S. (2002): Pädagogik und Medien. Eine Einführung. Stuttgart: Kohlhammer.

Nolda, S. (2004): Das Verdrängen des Lerners durch das Lernen – zum Umgang mit Wissen in der Wissensgesellschaft. In: D. M. Meister (Hrsg.): Online-Lernen und Weiterbildung. Wiesbaden: VS Verlag für Sozialwissenschaften, S. 29–42.

Nuissl, E. (2006): Orte und Netze lebenslangen Lernens. In: R. Fatke, Reinhard/ H. Merkens (Hrsg.): Bildung über die Lebenszeit. Wiesbaden: VS Verlag für Sozialwissenschaften, S. 69–83.

Nuissl, E. et al. (Hrsg.) (2006): Regionale Bildungsnetze. Bielefeld.

OECD (1973): Recurrent Education. A Strategy for Lifelong Learning. Paris.

OECD (1996a): Lifelong Learning for All. Paris: OECD.

OECD (1996b): The Knowledge based Economy. Arbeitspapier OECD/96/02 Paris.

OECD (2003): Education Policy Analysis. Paris: OECD.

OECD (2003b): Schlüsselkompetenzen für persönliches, soziales und ökonomisches Wohlergehen. https://www.oecd.org/pisa/35693281.pdf.

OECD (2021): OECD Skills Outlook 2021: Learning for Life, OECD Publishing, Paris, https://doi.org/10.1787/0ae365b4-en.

Ohme, A. (2013): Übergangsmanagement. In: W. Schröer et al. (Hrsg.): Handbuch Übergänge. Weinheim: Beltz Juventa, S. 791–809.

Olbrich, J. (1974): »Lebenslanges Lernen« als soziologische und systemtheoretische Kategorie. In: Theorie und Praxis der Erwachsenenbildung 4 (1974), S. 325–331.

Olbrich, J. (2001): Geschichte der Erwachsenenbildung in Deutschland. Bonn: Bundeszentrale für Politische Bildung.

Online Handbuch Übergangsmanagement. http://www.uebergangsmanagement. info/.

Opfermann, M./Höffler, T.H./Schmeck, A. (2019): Lernen mit Medien: ein Überblick. In: H. Niegemann/A. Weinberger (Hrsg.): Lernen mit Bildungstechnologien. Berlin: Springer Nature. https://doi.org/10.1007/978-3-662-54373-3_2-1.

Overwien, B. (2005): Stichwort: Informelles lernen. In: Zeitschrift für Erziehungswissenschaft 8(3), S. 339–355.

Parsons, T. (1970): Struktur und Funktion der modernen Medizin. Eine soziologische Analyse. In: Probleme der Medizinsoziologie. Hrsg. v. R. König/M. Tönnesmann. Köln, S. 10–57.

Peukert, H. (2000): Reflexionen über die Zukunft von Bildung. In: Zeitschrift für Pädagogik, Jg. 46, Heft 4. (S. 507–524). Weinheim und Basel: Beltz.

Picht, G. (1964): Die deutsche Bildungskatastrophe. Freiburg.

Picht, G. (1976): Erwachsenenbildung – die große Bildungsaufgabe der Zukunft. In: Ders. et al.: Leitlinien der Erwachsenenbildung. 2. Auflage. Braunschweig, S. 17–39.

Pöggeler, F. (1964): Der Mensch in Mündigkeit und Reife. Anthropologie des Erwachsenen. Paderborn.

Pongratz, L. A. (2008): Lebenslanges Lernen. In: Dzierzbicka, A./Schirlbauer, (Hrsg.): Pädagogisches Glossar der Gegenwart. Von Autonomie bis Zertifizierung. Wien.

Pongratz, L. A. (2010): Lernen lebenslänglich: eine Absage. In: Ders.: Kritische Erwachsenenbildung. Analysen und Anstöße. Wiesbaden, S. 153–166.

Prange, K. (2005): Die Zeigestruktur der Erziehung. Grundriss der operativen Pädagogik. Paderborn: Schöningh.

Prange, K./Strobel-Eisele, E. (2015): Die Formen pädagogischen Handelns. Eine Einführung. 2. Überarb. Auflage. Stuttgart u. a.: Kohlhammer.

Qualifikationsrahmen (2011): Deutscher Qualifikationsrahmen für Lebenslanges Lernen. https://www.dqr.de/media/content/Der_Deutsche_Qualifikationsrahmen _fue_lebenslanges_Lernen.pdf.

Raab, J./Keller, R. (Hrsg.) (2016): Wissensforschung – Forschungswissen. Weinheim: Beltz Juventa.

Reck-Hog, U./Eckert, T. (2018): Der sozialökologische Ansatz in der Erwachsenenbildung. In: R. Tippelt/A. von Hippel (Hrsg.): Handbuch Erwachsenenbildung/Weiterbildung. Wiesbaden: Springer VS, 185–203.

Reckwitz, A. (2003): Grundelemente einer Theorie sozialer Praktiken. Eine sozialtheoretische Perspektive. Zeitschrift für Soziologie, 32 (4), S. 282–301.

Rehfeldt, J. (2012): Der gestaltete Lernkontext. Lernen im informellen betrieblichen Kontext. Wiesbaden: VS.

Reich-Claassen, J./Tippelt, R. (2011): Lernen im Lebenslauf, Teilnehmerforschung, Bildungsbeteiligung. In: T. Fuhr/Ph. Gonon/Chr. Hof (Hrsg.): Erwachsenenbildung – Weiterbildung (= Handbuch Erziehungswissenschaft 4). Studienausgabe. Paderborn: Schöningh, S. 123–146.

Reinmann-Rothmeier, G. (2002): Mediendidaktik und Wissensmanagement. In: Medien-Pädagogik 2. www.medienpaed.com/02-2/reinmann1.pdf.

Reischmann, J. (1995): Lernen en passant. Die vergessene Dimension. Die Kehrseite der Professionalisierung in der Erwachsenenbildung. In: Grundlagen der Weiterbildung (GdWZ), 6 (1995) 4, S. 200–204.

Reischmann, J. (2002): Selbstgesteuertes Lernen: Entwicklungen des Konzepts und neuere theoretische Ansätze. In: Selbstgesteuertes Lernen in der Weiterbildung. Hohengehren, S. 107–126.

Reischmann, J. (2011): Formen des Lernens Erwachsener. In: T. Fuhr/Ph. Gonon/Chr. Hof, Christiane (Hrsg.): Erwachsenenbildung – Weiterbildung (= Handbuch der Erziehungswissenschaft 4) Studienausgabe. Paderborn u. a.: Schöningh UTB, S. 111–122.

Reischmann, J. (2014): Lifelong and Lifewide Learning – a Perspective. In: S. Charungkaittikul (Hrsg.): Lifelong Education and Lifelong Learning in Thailand. Bangkok, p. 286–309.

Reischmann, J. (2017): Lifewide learning – Challenges for Andragogy. In: Journal of Adult Learning, Knowledge and Innovation 1(1), S. 43–50.

Reupold, A./Tippelt, R. (2006): Übergänge in Bildungsphasen. In: E. Nuissl et al. (Hrsg.): Regionale Bildungsnetze. Bielefeld, S. 89–110.

Riach, K./Rumens, N./Tyler, M. (2014): Un/doing Chrononormativity: Negotiating Ageing, Gender and Sexuality in Organizational Life. In: Organization Studies 35, S. 1677–1698.

Ricken, N. (Hrsg.) (2009): Umlernen. Paderborn: Fink.

Rohs, M. (2014): Konzeptioneller Rahmen zum Verhältnis formellen und informellen Lernens. In: Schweizerische Zeitschrift für Bildungswissenschaften, 36 (2014) 3, S. 391–406.

Rohs, M. (Hrsg.) (2016): Handbuch Informelles Lernen. Wiesbaden: Springer VS.

Rohs, M./Käpplinger, B. (2004): Lernberatung: Ein Omnibusbegriff auf Erfolgstour. In: Lernberatung in der beruflich-betrieblichen Bildung. Konzepte und Praxisbeispiele für die Umsetzung. Münster u. a.: Waxmann, S. 13–27. http://www.die-bonn.de/esprid/dokumente/doc-2004/rohs04_01.pdf.

Rolff, H.-G. (2019): Wissensgesellschaft, Wissen, Werte und falsche Fakten. In: Päd. Aspekte Transformationsprozesse, S. 47–56.

Rosa, H. (2005): Beschleunigung. Die Veränderung der Zeitstrukturen in der Moderne. Frankfurt a. M.

Rosenberg, H. von (2016): Lernen, Bildung und kulturelle Pluralität. Auf dem Weg zu einer empirisch fundierten Theorie. Wiesbaden: Springer VS.

Rosenbladt, B. von/Bilger, F. (2008): Weiterbildungsverhalten in Deutschland. 1. Berichtssystem Weiterbildung und Adult Education Survey 2007. Bielefeld: wbv.

Roth, G. (2015): Aus Sicht des Gehirns. 4. Auflage. Frankfurt a. M.: Suhrkamp.

Rothe, D. (2011): Lebenslanges Lernen als Programm. Eine diskursive Formation in der Erwachsenenbildung. Frankfurt a. M.: Campus.

Rüber, I. E./Rees, S.-L./Schmidt-Hertha, B. (2018): Lifelong Learning – Lifelong Returns? A New Theoretical Framework for the Analysis of Civic Returns on Adult Learning. International Review of Education, 64 (5), 543–562.

Sackmann, R./Wingens, M. (Hrsg.) (2001): Strukturen des Lebenslaufs. Übergang – Sequenz – Verlauf. Weinheim und München.

Schäfer, H. (Hrsg.) (2016): Praxistheorie. Ein soziologisches Forschungsprogramm. Bielefeld: transcript.

Schäffer, B. (2009): Bilder lebenslangen Lernens. Anmerkungen zu einem eigentümlichen Diskurs. In: Chr. Hof/J. Ludwig/Chr. Zeuner (Hrsg.): Strukturen Lebenslangen Lernens. Baltmannsweiler: Schneider, S. 94–111.

Schäffter, O. (1997): Irritation als Lernanlass. Bildung zwischen Helfen, Heilen und Lehren. In: H.-H. Krüger (Hrsg.): Bildung zwischen Markt und Staat. Opladen: Budrich, S. 691–708.

Schäffter, O. (1998): Weiterbildung in der Transformationsgesellschaft. Zur Grundlegung einer Theorie der Institutionalisierung. Berlin: Arbeitsgemeinschaft Qualifikations-Entwicklungs-Management.

Schäffter, O. (2000): Didaktisierte Lernkontexte lebensbegleitenden Lernens. In: S. Becker et al. (Hrsg.): Handbuch Altenbildung. Opladen: Leske + Budrich, S. 74–87.

Schäffter, O. (2001): Lernkontext und Wissensdifferenz. Zur Transformation des ›Lerngegenstands‹ im Zuge seiner Institutionalisierung. In: Hessische Blätter für Volksbildung, 51 (2001) 2, S. 128–141.

Schäffter, O. (2008): Lebenslanges Lernen im Prozess der Institutionalisierung. Umrisse einer erwachsenenpädagogischen Theorie des Lernens in kulturtheoretischer Perspektive. In: H. Herzberg (Hrsg.): Lebenslanges Lernen. Frankfurt a. M. u. a.: Lang, S. 67–89.

Schatzki, T. R./Knorr Cetina, K./Savigny, E. von (Hrsg.) (2001): The Practice Turn in Contemporary Theory. London: Taylor and Francis.

Schemmann, M. (2002): Lifelong Learning as a Global Formula. In: K. Harney/A. Heikkinen/S. Rahn/M. Schemmann (Hrsg.): Lifelong Learning: One Fucus, Different Systems. Frankfurt a. M.: Peter Lang, S. 23–31.

Schemmann, M. (2007): Internationale Weiterbildungspolitik und Globalisierung. Bielefeld: wbv.

Schiersmann, C. (2021): Beraten im Kontext Lebenslangen Lernens. Bielefeld: wbv.

Schiersmann, C./Weber, P./Petersen, C.-M. (2013): Kompetenz als Kern von Professionalität. In: C. Schiersmann/P. Weber (Hrsg.): Beratung in Bildung, Beruf und Beschäftigung. Eckpunkte und Erprobung eines integrierten Qualitätskonzeptes Bielefeld: wbv, S. 195–222.

Schleiff, A. (2018): Kompetenz als Medium des Lebenslaufs. In: Chr. Hof/H. Rosenberg (Hrsg.): Lernen im Lebenslauf. Theoretische Perspektiven und empirische Zugänge. Wiesbaden: Springer VS, S. 139–162.

Schmidt, B. (2009): Bildungsverhalten und -interessen älterer Erwachsener. In: Chr. Hof/J. Ludwig/Chr. Zeuner (Hrsg.): Strukturen Lebenslangen Lernens. Baltmannsweiler: Schneider, S. 112–122.

Schmidt-Hertha, B. (2014): Kompetenzerwerb und Lernen im Alter. Studientexte für Erwachsenenbildung. Bielefeld: wbv.

Schmidt-Hertha, B. (2018): Kompetenzerwerb im Lebenslauf – Ergebnisse aus PIACC und CiLL. In: Chr. Hof/H. Rosenberg (Hrsg.): Lernen im Lebenslauf.

Theoretische Perspektiven und empirische Zugänge. Wiesbaden: Springer VS, S. 121–138.

Schmidt-Hertha, B./Haberzeth, E./Hillmert, S. (2020): Lebenslang Lernen können. Gesellschaftliche Transformationen als Herausforderung für Bildung und Weiterbildung. Bielefeld: wbv.

Schmidt-Lauff, S. (2008): Zeit für Bildung im Erwachsenenalter: Interdisziplinäre und empirische Zugänge. Münster: Waxmann.

Schmidt-Lauff, S./Felden, H. von/Pätzold, H. (Hrsg.). (2015). Transitionen in der Erwachsenenbildung. Gesellschaftliche, institutionelle und individuelle Übergänge. Opladen u. a.: Budrich.

Schrader, J. (2003): Wissensformen in der Weiterbildung. In: W. Gieseke (Hrsg.): Institutionelle Innensichten der Weiterbildung. Bielefeld: wbv, S. 228–253.

Schramek, R./Kricheldorff, C./Schmidt-Hertha, B./Steinfort-Diedenhofen, J. (Hrsg.) (2018): Alter(n), Lernen, Bildung. Theorien, Konzepte und Diskurse. Stuttgart: Kohlhammer.

Schreiber-Barsch, S. (2007): Learning Communities als Infrastruktur Lebenslangen Lernens. Vergleichende Fallstudien europäischer Praxis. Bielefeld.

Schreiber-Barsch, S./Zeuner, Chr. (2018): Lebenslanges Lernen: Positionen, Konzepte, Programmatiken, Befunde. In: EEO Enzyklopädie Erziehungswissenschaft. Weinheim und Basel: Beltz Juventa. DOI 10.3262/EEO16180393.

Schröer, W./Stauber, B./Walther, A./Böhnisch, L./Lenz, K. (Hrsg.). (2013): Handbuch Übergänge. Weinheim: Beltz.

Schuetze, H. G. (1995): Weiterbildung im bildungspolitischen Konzept der OECD. In: Grundlagen der Weiterbildung – Praxishilfen. Neuwied: Luchterhand.

Schuetze, H. G. (2005a): Modelle und Begründungen lebenslangen Lernens und die Rolle der Hochschule – Internationale Perspektiven. In: G. Wiesner/A. Wolter (Hrsg.): Die lernende Gesellschaft. Lernkulturen und Kompetenzentwicklung in der Wissensgesellschaft. Weinheim/München: Juventa, S. 225–244.

Schuetze, H. G. (2005b): Weiterbildung und die Politik lebenslangen Lernens. In: W. Jütte/K. Weber (Hrsg.): Kontexte wissenschaftlicher Weiterbildung. Münster u. a.: Waxmann, S. 56–73.

Schulenberg, W. (1968): Bildungsappell und Rollenkonflikt. Zur Kritik des Erwachsenenseins und der Erwachsenenbildung in der Gegenwart. In: C. Ritters (Hrsg.): Theorien der Erwachsenenbildung. Weinheim, S. 145–170.

Schuller, T. et al. (Hrsg.) (2004): The Benefits of Learning: The Impact of Education on Health, Family Life and Social Capital. London/New York: Routledge.

Schulze, Th. (1993): Zum ersten Mal und immer wieder neu. Skizzen zu einem phänomenologischen Lernbegriff. In: H. Bauersfeld/R. Bromme (Hrsg.): Bildung und Aufklärung. Studien zur Rationalität des Lehrens und Lernens. Münster u. a.: Waxmann, S. 241–269.

Schüßler, I./Thurnes, Chr. M. (2005): Lernkulturen in der Weiterbildung. Bielefeld: wbv.

Schütz, A. (1981): Der sinnhafte Aufbau der sozialen Welt. Frankfurt a. M.: Suhrkamp.

Schütze, F. (1983): Biographieforschung und narratives Interview. In: Neue Praxis, 13(3), 283–293. https://nbn- resolving.org/urn:nbn:de:0168-ssoar-53147.

Seitter, W. (2001): Von der Volksbildung zum lebenslangen Lernen. Erwachsenenbildung als Medium zur Temporalisierung des Lebenslaufs. In: M. Friedenthal-Haase (Hrsg.): Erwachsenenbildung im 20. Jahrhundert – was war wesentlich? München, Mehring, S. 83–96.

Seitter, W. (2011): Erwachsenenbildung und Weiterbildung in historischer Perspektive In: Th. Fuhr/Ph. Gonon/Chr. Hof (Hrsg.): Erwachsenenbildung/Weiterbildung. (= Handbuch Erziehungswissenschaft 4). Studienausgabe. Paderborn: Schöningh UTB, S. 65–86.

Seltrecht, A. (2012): Informelles Lernen. In: B. Schäffer/O. Dörner (Hrsg.): Handbuch qualitative Erwachsenen- und Weiterbildungsforschung. Opladen: Budrich, S. 530–542.

Sennett, R. (2000): Der flexible Mensch. Die Kultur des neuen Kapitalismus. München.

Siebert, H. (1985): Lernen im Lebenslauf. Zur biographischen Orientierung der Erwachsenenbildung. Frankfurt a. M.

Siebert, H. (2003): Didaktisches Handeln in der Erwachsenenbildung. Neuwied; Kriftel.

Simons, R.-J. (1994): Verschiedene Formen von Lernen und Lernfertigkeiten in Organisationen. In: Unterrichtswissenschaft, Jg. 22, H. 3, S. 243–266.

Singh, M. (2002): The Global and International Discourse of Lifelong Learning from the Perspective of UNESCO. In: K. Harney/A. Heikkinen/S. Rahn/M. Schemmann (Hrsg.): Lifelong Learning: One Focus, Different Systems. Frankfurt a. M.: Peter Lang, S. 11–22.

Stalder, F. (2016): Kultur der Digitalität. Berlin: Suhrkamp.

Stang, R. (2016): Lernwelten im Wandel. Entwicklungen und Anforderungen bei der Gestaltung zukünftiger Lernumgebungen. Berlin/Boston: De Gruyter Saur.

Stanik, T. (2015): Beratung in der Weiterbildung als institutionelle Interaktion. Frankfurt a. M.: Peter Lang.

Stauber, B./Pohl, A./Walther, A. (Hrsg.) (2007): Subjektorientierte Übergangsforschung. Weinheim/München: Beltz Juventa.

Stehr, N. (1994): Arbeit, Eigentum und Wissen. Zur Theorie von Wissensgesellschaften. Frankfurt a. M.: Suhrkamp.

Stehr, N. (2000): Die Zerbrechlichkeit moderner Gesellschaft. Weilerswist: Velbrück.

Straka, G. A. (2000): Lernen unter informellen Bedingungen. Begriffsbestimmung, Diskussion in Deutschland, Evaluation der Desiderate. In: Arbeitsgemeinschaft Qualifikations-Entwicklungs-Management (Hrsg.): Kompetenzentwicklung 2000. Münster: Waxmann, S. 15–70.

Strzelewicz, W./Raapke, H.-D./Schulenberg, W. (1966): Bildung und gesellschaftliches Bewusstsein – Eine mehrstufige soziologische Untersuchung in Westdeutschland. Stuttgart: Enke.

Thiersch, S./Silkenbeumer, M./Labede, J. (Hrsg.). (2020): Individualisierte Übergänge. Aufstiege, Abstiege und Umstiege im Bildungssystem. Wiesbaden: VS.

Thomann, G. (2003): Formen der Beratung. Versuch einer Begriffserklärung. In: Education permanente (Schweiz), 37, S. 40–43.

Thompson, Chr. (2018): Umstrittene Gründe. Erziehungswissenschaftliche Beiträge zur Bildung und Kritik des Wissens der Bildungsforschung. In: Erziehungswissenschaft, 29 (2018) 56, S. 105–112.

Tippelt, R. (2003): Lebenslange Kompetenzentwicklung: Die Vernetzung von Schule, Erwachsenenbildung und Hochschule. In: Hessische Blätter für Volksbildung, 53 (2003) 1, S. 35–46.

Tippelt, R. (2007): Übergänge im Bildungswesen. Fragen zum Übergangsmanagement in regionalen Kontexten. In: Th. Eckert (Hrsg.): Übergänge im Bildungswesen. Münster u. a.: Waxmann, S. 11–22.

Tippelt, R. (2018): Lebenslanges Lernen als Kompetenzentwicklung. In: Chr. Hof/H. Rosenberg (Hrsg.): Lernen im Lebenslauf. Theoretische Per-spektiven und empirische Zugänge. Wiesbaden: Springer VS, S. 105–120.

Tippelt, R. et al. (2003): Weiterbildung, Lebensstil und soziale Lage in einer Metropole – Studie zu Weiterbildungsverhalten und -interessen der Münchner Bevölkerung. Bielefeld: wbv.

Töpper, A. (2008): Beratung in Bildung, Beruf und Beschäftigung. In: G. Fellermayer/E. Kramer (Hrsg.): Bildungsberatung und Kompetenzentwicklung. Beiträge zur aktuellen Diskussion. Berlin: Karin Kramer Verlag, S. 35–41.

Trier, M. et al. (2001): Lernen im sozialen Umfeld. Entwicklung individueller Handlungskompetenz. Positionen und Ergebnisse praktischer Projektgestaltung. QUEM-report – Schriften zur beruflichen Weiterbildung, H. 70. Berlin: ABWF.

Tröhler, D. (2004): »Lebenslanges Lernen« als condition humana: Ein Plädoyer für einen revidierten Lernbegriff. In: Vierteljahresschrift für wissenschaftliche Pädagogik, Jg. 80, S. 326–338.

Tuijnman, A./Boström, A.-K. (2002): Changing Notions of Lifelong Education and Lifelong Learning. In: Internationale Zeitschrift für Erziehungswissenschaft (2002), H. 1–2, S. 93–110.

Tuschling, A. (2004): Lebenslanges Lernen. In: U. Bröckling/S. Krasmann/Th. Lemke (Hrsg.): Glossar der Gegenwart. Frankfurt a. M., S. 152–158.

UNESCO (1996): Learning: the treasure within. Report to Unesco the international commission on education for the twenty-first century. Paris: UNESCO.

UNESCO Institut für Lebenslanges Lernen (2021): 4. Weltbericht zur Erwachsenenbildung. Hamburg: Unesco Institut für Lebenslanges Lernen.

Volkholz, V./Köchling, A. (2001): Lernen und Arbeiten. In: ABWF (Hrsg.): Kompetenzentwicklung 2001. Münster: Waxmann, S. 375–415.

Volkholz, V./Köchling, A./Langhoff, Th. (2004): Kompetenzentwicklung und Arbeitsgestaltung im Betrieb – zwei Welten? In: Kompetenzentwicklung 2004 – Lernförderliche Strukturbedingungen. Münster: Waxmann, S. 65–114.

Vonhof, C. (2019): Agiles Lernen In: S. Büttner (Hrsg.): Die digitale Transformation in Institutionen des kulturellen Gedächtnisses. Berlin: Simon Verlag für Bibliothekswissen, S. 155–172.

Voß, G. (2004): Werden Arbeitnehmer zu Unternehmern ihrer selbst? Thesen zu Arbeit, Lebensführung und Gesellschaft im 21. Jahrhundert. In: G. Gamm/G. Hetzel/M. Lilienthal: Die Gesellschaft im 21. Jahrhundert. Perspektiven auf Arbeit, Leben, Politik. Frankfurt a. M., New York 2004, S. 135–155.

Wahl, J. (2017): Lebenslanges Lernen zwischen Bildungspolitik und pädagogischer Praxis. Bielefeld: wbv.

Walther, A./Stauber, B./Rieger-Ladich, M./Wanka, A. (Hrsg.) (2020): Reflexive Übergangsforschung: Theoretische Grundlagen und methodologische Herausforderungen. Opladen: Budrich.

Weber, E. (1994): Biographische Orientierung der Pädagogik: Erziehung und Bildung im Lebenslauf. In: Bildung und Erziehung an der Schwelle zum dritten Jahrtausend. München: Pims, S. 364–403.

Weidenmann, B. (2002): Multicodierung und Multimedialität im Lernprozess. In: Information und Lernen mit Multimedia und Internet. Weinheim, S. 44–62.

Weinert, F. E. (1982): Selbstgesteuertes Lernen als Voraussetzung, Methode und Ziel des Unterrichts. In: Unterrichtswissenschaft, H. 2, S. 99–110.

Weinert, F. E. (2014): Vergleichende Leistungsmessung in Schulen – eine umstrittene Selbstverständlichkeit. In: Ders. (Hrsg.): Leistungsmessungen in der Schule, 3. Auflage. Weinheim: Beltz, S. 17–32.

Weishaupt, H. (2010): Bildung und Region. In: R. Tippelt/B. Schmidt-Hertha (Hrsg.): Handbuch Bildungsforschung. Wiesbaden: Springer, S. 217–231.

Weisser, J. (2002): Einführung in die Weiterbildung. Weinheim: Beltz.

Welzer, H. (1993): Transitionen. Zur Sozialpsychologie biographischer Wandlungsprozesse. Tübingen: edition discord.

Werquin, P. (2016): International Perspectives on the Definition of Informal Learning. In: M. Rohs (Hrsg.): Handbuch Informelles Lernen. Wiesbaden: Springer VS, 39–64.

West, L./Alheit, P./Anderson, A./Merrill B. (Hrsg.) (2007): Using Biographical and Life-history Approaches in the Study of Adult and Lifelong Learning: Perspectives from across Europe. Frankfurt a. M.: Peter Lang.

Wiesner, G./Wolter A. (Hrsg.) (2005): Die lernende Gesellschaft. Weinheim, München: Juventa.

Wilkens, I. (2005) Weiterbildung/lebenslanges Lernen und soziale Segmentation. In: M. Baethge/H. Alda (Hrsg.): Berichterstattung zur sozioökonomischen Entwicklung in Deutschland. Arbeit und Lebensweisen. Erster Bericht. Wiesbaden: VS Verlag für Sozialwissenschaften, S. 505–521.

Willke, H. (1998): Systemisches Wissensmanagement. Stuttgart: UTB.

Winkler, K./Mandl, H. (2005): Virtuelle Communities – Kennzeichen, Gestaltungsprinzipien. In: MedienPädagogik, S. 1–27. http://www.medienpaed.com/05-2/winkler_mandl1.pdf.

Witt, C. de (2011): Kommunikation in Online-Lerngemeinschaften. Digitale Hochschullehre im Spiegel des Pragmatismus. In: Zeitschrift für Pädagogik 57 (2011) 3, S. 312–325.

Wolf, G. (2007): Der Lernhabitus – Ein Schlüssel zum lebenslangen Lernen. In: DIE-Zeitschrift für Erwachsenenbildung H. 2, S. 43–458.

World Bank (2003): Lifelong Learning in the Global Knowledge Economy: Challenges for Developing Countries. A World Bank Report. Washington, D.C.

Wrana, D. (2003): Lernen lebenslänglich … die Karriere lebenslangen Lernens. Eine gouvernementalitätstheoretische Studie zum Weiterbildungssystem. In: www.copyriot.com/gouvernementalität (Hrsg.): »führe mich sanft«. Gouvernementalitäts-Anschlüsse an Michel Foucault. Frankfurt a. M., S. 104–143. http://copyriot.com/gouvernementalitaet/pdf/fms-ebook.pdf.

Wrana, D. (2020): Art. Wissen. In: G. Weiß/J. Zirfas (Hrsg.): Handbuch Bildungs- und Erziehungsphilosophie. Philosophische Kernbegriffe in pädagogischen Kontexten. Wiesbaden: Springer, S. 133–142.

Zeuner, C./Schreiber-Barsch, S. (2018): Lebenslanges Lernen: Positionen, Konzepte, Programmatiken, Befunde. In: EEO Enzyklopädie Erziehungswissenschaft Online. Weinheim: Beltz Juventa.